계명대학교 동산도서관 소장본

『杜詩諺解』 권 12의 연구 및 역주

계명대학교 동산도서관 소장본

『杜詩諺解』 권 12의 연구 및 역주

초판1쇄 인쇄　2024년 6월 24일
초판1쇄 발행　2024년 6월 30일

지 은 이　장요한
펴 낸 이　신일희
펴 낸 곳　계명대학교 출판부
출판등록　제347-1998-1호(1970. 9. 1)
주　　소　대구광역시 달서구 달구벌대로 1095
대표전화　053-580-6233
팩　　스　053-580-6235
홈페이지　www.kmupress.com

ISBN 979-11-6516-232-0 93700　정가 29,000원

이 저서는 2021년 대한민국 교육부와 한국연구재단의 인문사회분야
중견연구자지원사업의 지원을 받아 수행된 연구임(NRF-2021S1A5A2A01062764)

계명대학교 동산도서관 소장본

『杜詩諺解』 권 12의 연구 및 역주

장요한 지음

계명대학교 출판부

차 례

01

머리말

01

머리말

이 책은 계명대학교 동산도서관 소장본인 초간본 『杜詩諺解』 권 12의 서지와 국어학적 특징을 살펴보고, 이 책에 담긴 46편의 시마다 판독문, 현대어역, 주석을 덧붙인 것이다.

주지하는 바와 같이 초간본 『杜詩諺解』는 성종 12년(1481년)에 을해자로 간행한 최초의 시가 언해 자료로서 매우 귀중한 한글 문헌이다. 이 『杜詩諺解』는 중국의 시선(詩仙) 두보(杜甫)가 지은 시 1400여 편을 언해한 책으로 본래 책명은 『分類杜工部詩諺解』이고 총 25권으로 간행되었다. 이 책이 성종 때에 간행되기는 하였으나 세종 때부터 두보의 시에 대한 주해가 시작되었다.

> 命購《杜詩》諸家註于中外 時 令集賢殿參校《杜詩》諸家註釋 會稡爲一故 求購之(중외에 두시에 대한 제가의 주해를 구입하도록 명하였다. 이 때에 집현전에서 두시에 대한 여러 사람의 주석을 참고 교정하여 하나로 만들도록 하였으므로 구입하도록 한 것이었다.)〈세종실록 100권, 세종25년 4월 21일〉

세종은 두시에 대한 제가(諸家)의 주해를 구입하도록 하여 두보의 시에 대한 주해 연구를 지시하였는데 그 결과물이 성종 때『分類杜工部詩諺解』(이하『杜詩諺解』) 총 25권으로 간행된 것이다.

조선 최초의 시가 언해로서 그 위상을 높아졌던『杜詩諺解』가 처음부터 지식인의 관심을 받은 것은 아니다. 조선 초에는 '杜詩'가 배울 만한 것이 못 된다고 평가되어 외면을 받았으나 이 시에 대한 인식이 점차 달라졌다.

> 上曰 若《杜詩》則吟風詠月 非儒者正學 然亦不可不涉 若等尤加勉學 如《杜詩》韓 柳文等書 靡不熟看可也(두시와 같은 것은 풍월을 읊조리는 것이므로 유자의 정식 학문이 아니나, 또한 대강 익히지 않을 수 없으니 그대들은 더욱 학문에 힘써서 두시·한류문 등의 글을 모두 익혀 보는 것이 가하다 하셨다.)〈세종실록 48권, 세종12년 5월 18일〉

위 기사문에서 '杜詩'에 대한 세종 대왕의 인식을 엿볼 수 있다. 이 기사는 '杜詩'가 유자와 같은 정식 학문의 위상을 가지지는 못하나 그래도 학자로서 익혀야 하는 시문임을 권채에게 말한 장면이다. 이러한 왕가의 인식은 점차 발전하여 '杜詩'는 치국을 위해서 반드시 익혀야 하는 시문으로 그 위상이 높아졌다.

> 侍讀官李昌臣啓曰 詞章 雖若不關於治國 中朝使臣 如張寧 祈順輩出來 則必與唱和 詞章不可視爲餘事 而不習之也 杜詩 詩家之祖 前司成柳允謙 傳受其父方善 頗精熟 請令年少文臣受業 上曰可(시독관 이창신이 아뢰기를, 사장이 비록 치국에 관계되지 않는 것 같으나, 중국의 사신으로 장영과 기순 같은 무리가 나온다면 반드시 더불어 창화해야 하니, 사장을 여사로 보아서 익히지

> 않음은 옳지 않습니다. 그리고 두시는 시가의 근본인데, 전 사성 유윤겸이 그 아비 유방선에게 전수하여 자못 정통하고 능숙하니, 청컨대 연소한 문신으로 하여금 수업하게 하소서. 하니, 임금이 말하기를, 옳다.〈성종실록 122권, 성종 11년 10월 26일 3번째 기사〉

위 기사는 성종 때 시독관 이창신이 성종께 중국과의 교역을 위해서 두시를 익혀야 하므로 문신들에게 수업하도록 요청하여 성종이 옳다고 한 내용이다. 이러한 사실을 고려할 때『杜詩諺解』는 문헌 자체적인 연구(서지학, 문학, 국어학)뿐 아니라 한문 번역사, 조선 학문의 동향, 외교사 등의 연구 분야에서도 활용될 수 있는 중세 국어의 대표적인 문헌이다. 하지만 이때 간행된 초간본『杜詩諺解』 전질이 전해지지 않고 있으며 그나마 각 권이 도처에 산재하고 있어 그 전모를 파악하기 어려운 실정이다.

계명대학교 동산도서관에서 소장하고 있는 초간본『杜詩諺解』 권 12는 현존하는 유일본으로 그 가치는 매우 크다. 2001년 8월 보물 1051-2호로 지정될 정도로 그 가치를 인정받고 있다. 이 초간본『杜詩諺解』 권 12는 권 11과 함께 1책으로 구성되었으며 그 판면은 총 35장이다. 권 12에는 〈初月〉로부터 〈晴二首〉까지 총 46편의 두보 시가 들어 있는데 마지막 〈晴二首〉는 1-2 구의 언해문 "오란 비예 巫山이 어듭더니 새려 개니" 뒤로는 이어지지 않는다. 인조 10년(1632년)에 간행된 중간본을 비교해 볼 때 13편이 낙장된 것으로 추정된다.

초간본『杜詩諺解』 권 11·12는 1982년 장서가였던 이인재 선생의 문고에서 옮겨 온 것으로 계명대학교 동산도서관에서 2000년 12월 10일 초간본『杜詩諺解』 권 11·12 영인본을 출판하였는데 아직도 몇몇 연구 자료에는 권 12가 현전하지 않는 것으로 기술되는 일이 있고,『杜詩諺解』 관련 선행 연구에서도 권 12는 제외된 채로 기술되어 있어 낱권이지만 개별적인 연구가 필요한 상황이다. 한편 인조 10년(1632년)에 간행된 중간본『杜詩諺解』가 있지만 중간본에 누락된 시가 초간본에 존재하는 일이 있어 중간본만으로 해당 자료를 파악하는 것은 여러모로 한계가 있다. 더욱이『杜詩諺解』는 중간본을 개간하였기에 초간본과 중간본 사이에 상당한 언어 변개가 확인된다. 따라서 초간본 연구는 초간본대로, 그 중간본과의 비교는 비교대로 국어사 연구에 기여하는 바가 있어 면밀한 검토가 요구된다. 이에 본 연구에서는 초간본『杜詩諺解』권 12를 중심으로 서지와 체제, 그리고 국어학적 특징(표기와 음운, 문법, 어휘)을 면밀히 검토하고, 권 12에 실린 46편의 시를 판독 및 현대어역, 주석 작업을 수행하였다.

동산도서관 벽오고문헌실은 2024년 기준 79,300여 점의 고문헌이 소장되어 있으며 국가문화유산 23종 97책과 대구시 유형문화유산 8종 18책을 보유하고 있을 만큼 대표적인 대학의 고문헌 수장고라 하겠다. 그런데 아직도 연구자의 손길이 닿지 않는 책들이 많다. 정부 및 학교의 지원을 받아 영인본과 총서, 목록집 등의 발간과 원문 이미지 DB 구축, 귀중본 전시회 등을 진행하고는 있지만 진행 과정에 한계가 있다. 그렇다 보니 아직도 고문헌의 내용과 가치가 제대로 밝혀지지 않은 책들이 연구자의 관심을 기다리고 있다. 틈틈이 한글 문헌을 중심으로 추리고 살펴보면서 고문헌실을 들락거리고 있는데 이번에 출간되는 이 역주서가『宸翰帖 坤』에 이은 또 하나의 성과라 할 수 있다. 한국연구재단의 도움을 받아 출간에 이르게 되었는데『杜詩諺解』의 언해문이 해석하기에 고약한 사실은 이미 알고는 있었지만 막상 주석을 달고 현대어역으로 바꾸려 하니 언해문에만 기대기 어려운 구절이 많았다. 미루고 미루기를 몇 번을 반복하며 살펴보았지만 제대로 해독하지 못한 부분, 혹 잘못 해독한 부분도 곳곳에 있다. 하지만 약속한 시간이 있고 아직 미심쩍은 부분을 마냥 두고 고민한다고 해서 해결될 것도 아니어서

부족한 상태로 세상에 내놓고자 한다. 이 책에 대한 질정은 언제든 감사한 마음으로 받겠다.

이 책이 나오기까지 많은 도움을 받았다. 계명대 동산도서관장님과 벽오고문헌실 최경훈 선생님께서는 이 책이 출간될 수 있도록 학교의 승인과 원문 사진을 협조해 주셨다. 그리고 이 책을 준비하면서 1년간 세미나 강독을 진행하였는데 치멕게렐, 채지현, 박원향, 구경희 제자들은 함께 머리 싸매며 고민하였다. 또한 박민서, 김미선 제자는 마지막까지 자료를 검토하였다. 그러고 보면 소중한 귀중본이 우리 도서관에 들어올 수 있도록 애써 주신 장인기 선생님도 잊을 수 없는 분이다. 도움을 주신 모든 분들께 깊은 감사 인사를 드린다. 그리고 지난 겨울 찬바람을 이겨내지 못하시고 1월의 서설(瑞雪) 속에 하나님의 부름을 받으신 고(故) 신금수(申琴秀) 어머님께 이 책을 바칩니다.

02

『杜詩諺解』 권 12의 서지와 체제

02

『杜詩諺解』 권 12의 서지와 체제

2.1. 『杜詩諺解』 권 12의 서지

동산도서관에 소장된 『杜詩諺解』 권 12는 권 11과 함께 1책으로 구성되어 있으며 판면은 총 35장이고, 권 12에는 〈初月〉로부터 〈晴二首〉까지 총 46편의 두보 시가 들어 있는데 마지막 〈晴二首〉는 1-2 구 뒤로는 언해문이 존재하지 않는다.[01] 아래는 책의 표지와 권 12의 지면이다.

---

01 앞서 언급한 바와 같이, 이 책은 1982년 장서가였던 이인재 선생의 문고에서 옮겨 온 것으로 계명대학교 동산도서관에서 2000년 12월 10일 초간본 『杜詩諺解』 권 11·12 영인본을 출간한 바 있다.

<그림 1 권 11·12 표지>

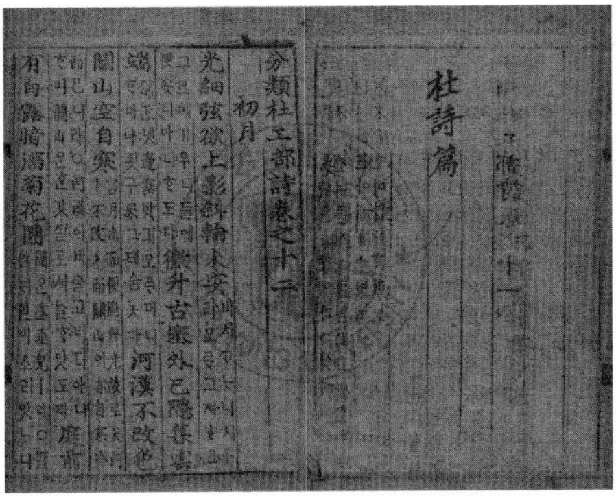

<그림 2 권 12 지면>

위의 그림처럼 표지는 낙서된 흔적으로 제첨이나 서명은 확인되지 않는다. 그런데 본문은 금속활자인 을해자(乙亥字)로 인출해서인지 글자가 선명하여 판독하기에는 문제가 되지 않는다.

이 책의 크기는 28.3x18.3cm이고 사주단변에 반곽은 21.8x14.5cm이다. 계선이 있으며 8행 17자로 구성되어 있다. 아래는 이 책의 판심이다. 판심에는 판심제 '杜詩 十二'와 장차가 있으며, 백구 내향흑어미로 구성되어 있다.

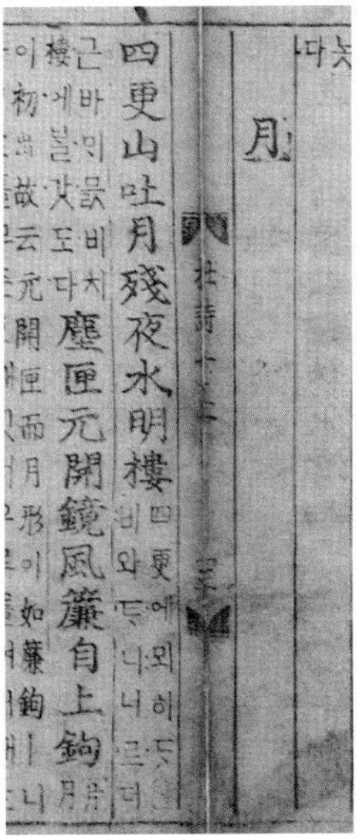

<그림 3 판심>

한편, 앞서 언급한 바와 같이 이 책은 중간본 『杜詩諺解』 권 12와 비교해 볼 때 13편이 낙장되어 있는데 그 이유는 알 수 없다. 아래는 〈晴 二首〉의 두 구 이후 낙장된 것과 마지막 지면 부분이다.

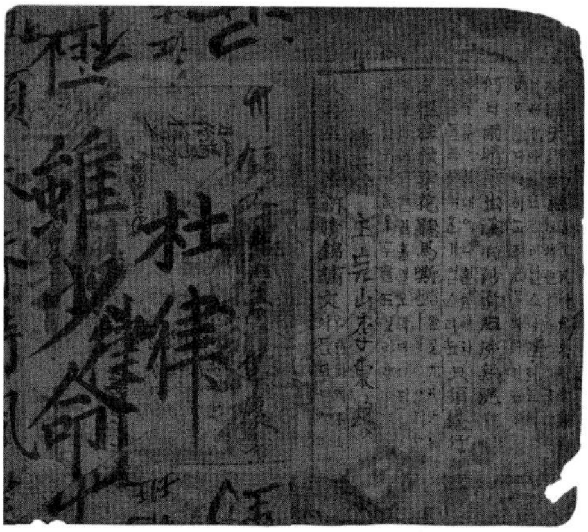

<그림 4 권 12의 낙장 부분>

중간본『杜詩諺解』권 12에는 〈晴 二 首〉 뒤에 〈晩晴〉, 〈晩晴〉, 〈雨晴〉, 〈雨晴〉, 〈晩晴吳郞見過北舍〉, 〈返照〉, 〈舟中夜雪有懷盧十四侍御弟〉, 〈對雪〉, 〈對雪〉, 〈又雪〉, 〈雷〉, 〈雷〉, 〈雲〉이 있다. 중간본이 초간본을 참조한 것을 고려한다면 초간본에 낙장된 시를 짐작할 수 있을 것이다.

2.2. 체제

초간본『杜詩諺解』권 12는 총 46편의 시로 구성되어 있으며 크게는 '月'과 '雨雪雲雷附'로 구분되어 있다. 구체적인 구분과 시 제목, 형식, 면 등은 아래와 같다.

순서	구분	시 제목	시 형식	면	비고
1	月	初月	5언 율시	1a-b	
2		月		1b	
3		月三數		2a-3a	
4		月		3a-3b	
5		月圓		4a	
6		月夜		4b	
7		一百五日夜對月		5a	
8		八月十五夜月二首		5b-6a	2번째 수 중간본 누락
9		十六夜翫月		6a-6b	
10		七月夜對月		7a	
11		翫月呈漢中王		7a-7b	
12		江月		7b-8a	
13		舟月對驛近寺		8b	
14		江邊星月二首		9a-9b	
15		天河		10a	
16	雨雪雲雷附	喜雨		10b-11a	
17		大雨		11a-12b	
18		雨三首		12b-15a	
19		秋雨歎三首	7언 율시	15a-18a	
20		苦雨奉寄隴西公兼呈王徵士	5언 율시	16b-18a	
21		雨		18a-19b	
22		雨		19b-21a	
23		喜晴-30/22		21a-22b	
24		晩晴	7언 율시	22b-23b	
25		復陰		23b-24a	
26		雨	5언 율시	24a-24b	
27		春夜喜雨		25a	
28		江雨有懷鄭典設	7언 율시	25a-25b	
29		雨不絕		26a-26b	
30		梅雨	5언 율시	26b-27a	
31		喜雨		27a	
32		雨		27b	
33		夜雨-40/32		28a	
34		更題		28b	
35		雨四首		28b-30b	

36	雨雪雲雷附	白帝	7언 율시	30b	
37		村雨	5언 율시	31a-31b	
38		朝雨		31b-32a	
39		對雨書懷走邀許主簿		32a-32b	
40		白水明府舅宅喜雨得過字		32b-33a	
41		晨雨		33a-33b	
42		江閣對雨有懷行營裴二端公		33b-34a	
43		對雨		34b-35a	
44		雨		35a-35b	
45		中丞嚴公雨中垂寄見憶一絕奉答二絕	7언 율시	35b-36a	
46		晴二首	5언 율시	36a	마모 및 낙장

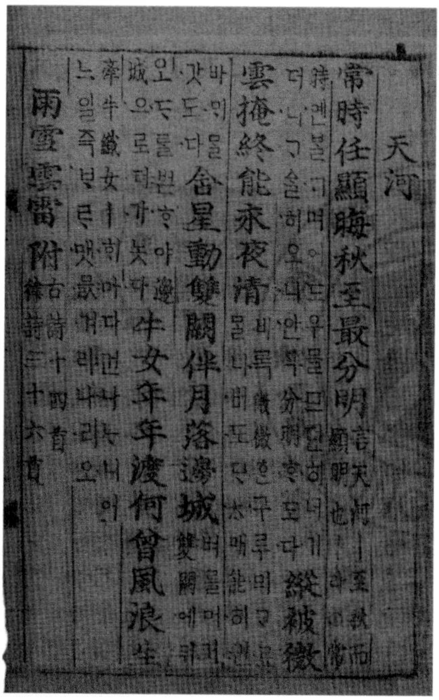
天河
常時任顯晦秋至最分明
雲掩終能永夜淸
含星動雙闕伴月落邊城
牛女年年渡何曾風浪生
雨雪雲雷附 古詩十四首 律詩三十六首

<그림 5 권 12의 10a>

이 초간본에 실린 46편의 시는 '달'(月)과 '비'(雨)의 소재로 나뉜다. 1편에서 15편까지는 '달'(月)과 관련한 시가 수록되어 있고 16편에서 46편까지는 '비'(雨)와 관련한 시가 수록되어 있다. '비'(雨) 관련 시가 시작되는 지면에 아래와 같이 "雨 雪 雲 雷 附 古詩十四首 律詩三十六首" 시의 소재와 시의 유형을 새겨 넣었다.

한편, 중간본과 비교하였을 때 중간본에 누락된 것으로 보이는 부분이 있다. '달'(月)과 관련한 시 중에 "八月十五夜月二首"(5b-6a)의 두 번째 수가 중간본에는 수록되지 않았다. 그 이유는 알 수 없으나 시 제목은 "八月十五夜月二首"인데 중간본에는 두 번째 수가 실리지 않았다. 그리고 그 다음 시인 "十六夜翫月"(6a-6b)도 중간본에 누락되어 있으며 그 이은 "七月夜對月"은 제목이 빠져 있다. 판심의 장차를 볼 때 한 장이 낙장된 것은 아니고 애초 중간본을 간행할 때 이 부분이 제외된 것으로 보인다.

03

『杜詩諺解』 권 12의 국어학적 특징

03

『杜詩諺解』 권 12의 국어학적 특징

여기에서는 본격적으로 연구되지 않았던 초간본 『杜詩諺解』 권 12를 중심으로 서지와 국어학적 특징을 살펴보되[02] 국어학적 특징은 중간본과 비교함으로써 그 두드러진 언어 변화 사실을 제시하면서 검토하고자 한다. 계명대학교 동산도서관에 소장되어 있는 초간본 『杜詩諺解』 권 11-12(1책) 중 권 12는 현존하는 유일본으로 2001년 8월 보물 1051-2호로 지정되면서 공개되었지만 아직도 몇몇 자료나 연구에 권 12가 현전하지 않는 것으로 기술되는 일이 있고 『杜詩諺解』의 국어학적 연구에서도 이 책은 그 대상에서 제외된 채로 기술된 경우가 있어 낱권이지만 개별적 연구가 필요한 상황이다.

최초의 시가 언해 자료이며 총 25권에 달하는 방대한 『杜詩諺解』의 국어사적 가치는 이미 안병희(1977, 1998), 이호권(2001, 2003), 정재영(1998), 조남호(1998) 등을 통해서 소개된 바 있으며 1632년년(인조 10년)에 간행된 개간본과의 국어사적 비교는 백두현(1989), 윤용선(1993), 조남

---

02 초간본 『杜詩諺解』 권 12 연구는 동산도서관의 도움을 받아 원본 이미지를 제공 받았으며 연구 활용 동의를 받아 진행되었다. 이 연구 이후 순차적으로 역주본을 간행할 예정이다.

호(1995), 김성규(1998), 박용찬(2010, 2011), 김성주(2019) 등에서 검토된 바 있다. 표기에서부터 음운, 형태, 어휘 등 다양한 관점에서 그 특징이 검토되었다. 그 과정에서 'ㅎ' 종성 체언의 변화 양상과 'ㅅ'의 기능 양화 및 소실, 선어말어미 '-오-'의 소실, 비자동적 교체 어간의 단일화 현상 등이 주요하게 언급된 바 있다. 또한, 최근 역주 사업이 활발하게 진행되면서 『杜詩諺解』도 책마다 역주본이 간행되고 있다.[03]

초간본 『杜詩諺解』 권 12도 대체로 중세 국어의 면모를 보이고 있으나 중간본과 비교하였을 때 이 책에서 확인되는 몇 가지 흥미로운 특징이 확인된다. 이에 이 글에서는 표기와 음운, 문법, 어휘로 구분하여 그 특징을 살펴보도록 하겠다. 우선 2장에서는 동산도서관에 소장된 『杜詩諺解』 권 11-12(1책)의 서지를 검토하고, 다음으로 3장에서는 표기와 음운, 문법과 어휘의 특징을 기술하기로 하겠다. 중간본과 비교하여 주요 특징으로 보이는 종성 표기와 관형격 조사 'ㅅ'의 쓰임, '-어 # 잇-'의 축약, 감탄법 선어말어미와 그 변화 등을 중심으로 살펴보았다. 4장에서는 검토한 내용을 정리하여 글의 주요 내용을 제시하기로 하겠다.

---

03 『杜詩諺解』의 역주본은 이현희(1997)를 시작으로 세종대왕기념사업회에서 임홍빈(2011, 2012, 2013, 2014, 2015-16), 김영배 · 김성주(2015, 2016, 2017), 송준호(2014, 2015) 등이 출간되었다. 최근 임홍빈 선생님께서 계명대에서 간행한 초간본 『杜詩諺解』 권 12의 영인본과 중간본(뒤 낙장 부분)을 토대로 『杜詩諺解』 권 12을 간행하셨는데 영인본만을 참고한 점과 역주 내용의 차이가 있어 본 역주본은 역주본대로 평가될 수 있을 것이다.

3.1. 표기와 음운의 특징

이 문헌은 중세 국어 시기의 대표적인 언해문으로 음소·음절 표기를 따른다. 아래처럼 분철 표기를 보이는 일이 한 예가 확인되어 남겨둔다.

(1) ᄒᆞᆫ 번 밥 머글 저긔 네다ᄉᆞᆺ 번ᄋᆞᆯ 니러〈17b〉

위 (1)의 '번ᄋᆞᆯ'은 단위 명사 '번'에 '-ᄋᆞᆯ'이 통합된 구성으로 분철 표기된 예이다. 명사에 조사가 통합된 경우나 어간에 어미가 통합된 경우에 대체로 연철 표기되는 경향을 고려할 때 이 위 (1)은 예외적이라 할 수 있다. 단위 명사 '번'이 "여ᄉᆞᆺ 버늘"〈13a〉처럼 연철 표기된 예도 확인된다.

한편, 중간본의 경우 대체로 초간본처럼 연철표기 경향을 보이는데 "녀름에"〈중간본:20b〉처럼 분철된 예가 확인되기도 하고 아래처럼 중철표기 예도 몇 곳에서 확인된다.[04]

(2) 가. ᄆᆞᆯᄀᆞᆫ 비치〈4a〉
가′. ᄆᆞᆯᄀᆞᆫ 빗치〈중간본:4a〉
나. 세 열흐를〈22b〉
나′. 세 열흘를〈중간본:22a〉
다. ᄂᆞᄎᆞᆯ〈23a〉
다′. ᄂᆞᆺᄎᆞᆯ〈중간본:22a〉

---

04 편의상 출처 표기할 때 중간본만 <중간본:00>으로 표기하겠다. 초간본은 <00>으로 표기한다.

병서 표기와 관련해서는 초간본과 중간본이 차이를 보이지 않는데 한 예만 다르게 표기되어 제시해 두고자 한다. 아래 (3 가)의 'ᄡᅥ'가 중간본 (3 나)에서는 '써'로 표기되어 있다.

(3) 가. ᄲᆞᆯ리 峽으로 ᄡᅥ 디나가ᄆᆞᆯ 보노니 칙칙ᄒᆞ야 ᄀᆞᄅᆞᄆᆞ로 건나오ᄆᆞᆯ 짓ᄂᆞ다〈35a〉
나. ᄲᆞᆯ리 峽으로 써 지나가ᄆᆞᆯ 보노니 칙칙ᄒᆞ야 ᄀᆞᄅᆞᄆᆞ로 건나오ᄆᆞᆯ 짓노라〈중간본:33b〉

다음으로 'ㄺ'겹받침의 예를 살펴보자. 'ㄺ'이 종성 자리에 올 때는 8종성 표기법을 따르는데 아래 예들은 'ㄺ'이 모두 표기된 경우이다. 그런데 그 예들도 중간본에서는 8종성 표기법을 따른 예들로 바뀌어 있다. 아래 그 예들을 제시해 두었다.

(4) 가. 그르메 ᄆᆞᆰ도다〈1b〉
가′. 그르메 ᄆᆞᆯ도다〈중간본:1b〉
나. 츩 오시〈11a〉
나′. 츨 오시〈중간본:10b〉
다. 얽ᄆᆡ여〈21a〉
다′. 얼ᄆᆞ여〈중간본:19a〉
라. 두듥과〈27a〉
라′. 두들과〈중간본:25b〉

위 (4)는 초간본에서 'ㄺ' 겹받침이 그대로 표기된 경우가 중간본에서는 'ㄹ' 표기로 바뀐 경우를 제시한 것이다. 초간본과 달리 중간본이 'ㄺ' 겹받침에 대해서는 그 음성을 반영한 표기, 즉 음소·음절 표기가 반영된 것으로 볼 수 있겠다. 그런데 용언의 어간과 같이 체언인 경우도 'ㄹ'만 표기된 점은 특기할 만하다. (4 나)의 '츩'이 (4 나′)에서는 '츨'으로, (4 라)의 '두듥'이 (4 라′)에서는 '두들'으로 표기되어 발음을 따른 것인지 용언의 어간 표기를 따른 것인지 살펴볼 만하다. 한편, 'ㄻ'은 'ㄺ'과 차이를 보인다. 이 'ㄻ'은 "옮ᄃᆞᆺᄒᆞ야"⟨6a⟩와 "옴ᄃᆞᆺᄒᆞ야"⟨중간본:5b⟩처럼 중간본에 'ㅁ'만 표기된 예가 확인되어 'ㄻ'이 종성에서는 'ㅁ'으로 발음된 것을 알 수 있다.

다음으로 'ㅎ' 종성 체언의 경우 'ㅎ' 소실과 관련하여 중간본과 비교해 보자. 초간본 『杜詩諺解』 권 12와 중간본을 비교하였을 때 아래 예에서만 'ㅎ'이 소실한 예를 찾을 수 있었다. 'ㅎ' 종성 체언은 중간본에도 대체로 유지되는 경향을 보였다. 한편, 유성후두말찰음과 관련한 표기는 [ɦ]의 소실 이전의 "놀애"⟨중간본:32a⟩ 표기가 주로 쓰였으나 이후 표기도 확인된다. 두 표기가 공존한 것으로 보인다.

(5) 하ᄂᆞᆯ콰 ᄯᅡ쾌⟨10b⟩ 하ᄂᆞᆯ과 ᄯᅡ괘⟨중간본:9b⟩

(6) 가. 둘에⟨7b⟩
가′ . 두레⟨중간본:6b⟩
가″ . 半 둘에⟨중간본:7a⟩
나. 울엣소리⟨34a⟩
나′ . 우렛소리⟨중간본:33a⟩
나″ . 울엣소리⟨중간본:33b⟩

초간본 『杜詩諺解』 권 12에서 종성의 'ㄷ' 표기는 아래 (7)과 같이 중간본에서 모두 'ㅅ'으로 대체되었다. 혼용되는 일도, 혹은 'ㅅ' 표기가 'ㄷ'으로 표기된 일도 존재하지 않았다. 한편 (8)과 같이 종성의 'ㄷ'이 'ㄴ'으로 동화된 초간본의 표기도 중간본에서는 'ㅅ'으로 표기되어 나타났다. 근대 국어 시기에 종성의 'ㅅ'과 'ㄷ'이 혼재된 양상을 고려할 때 이 중간본『杜詩諺解』권 12의 특징은 특기할 만하다.

(7) 가. 곧도다〈5a〉 : 곳도다〈중간본:5a〉
나. 걷나가리라〈5a〉 : 것너가리라〈중간본:5a〉
다. 싣나모〈8b〉 : 싯나모〈중간본:7b〉
라. 닫고〈16b〉 : 닷고〈중간본:15b〉
마. 듣노라〈32b〉 : 듯노라〈중간본:31b〉
바. 니르왇고〈33b〉 : 니르왓고〈중간본:32b〉

(8) 가. 건ᄂᆞ니〈11a〉 : 것ᄂᆞ니〈중간본:11a〉
나. 전노라〈34b〉 : 젓노라〈중간본:33a〉

이미 알려진 구개음화 현상 표기도 확인된다. 물론 구개음화가 반영되지 않은 예도 존재하는데 아래와 같이 구개음화가 반영된 예들이 여럿 확인된다.

(9) 가. 밋디 몯ᄒᆞ나〈22b〉 : 밋지 못ᄒᆞ나〈중간본:21a〉
나. 실ᄀᆞ티〈30b〉 : 실ᄀᆞ치〈중간본:29b〉
나. 디내노라〈32b〉 : 지내노라〈중간본:31a〉
다. 디나가물〈35b〉 : 지나가물〈중간본:33b〉

축약형 중에 특기할 만한 것은 '-ᄒᆞ야 # 잇-'이 축약된 형태인데 이 경우는 "ᄀᆞ독ᄒᆞ얫도다"〈7b〉와 "몯ᄒᆞ얏도다"〈33b〉처럼 '-얫-'과 '-얏-'이 모두 나타나기는 하나 대체적으로 '-얫-'으로 실현되는 일이 많다. 그런데 중간본에서는 '-얏-'으로 표기된 일이 많다. '-얫-'이 아주 나타나지 않는 것은 아니나 '-얫-'이 '-얏-'으로 대체된 경우가 많이 존재하였다.

(10) 가. ᄀᆞ독ᄒᆞ얫도다〈7b〉 : ᄀᆞ독ᄒᆞ얏도다〈중간본:6a〉
나. 몯ᄒᆞ얫노라〈8b〉 : 못ᄒᆞ얏노라〈중간본:7b〉
다. 아니ᄒᆞ얫다〈11a〉 : 아니ᄒᆞ얏다〈중간본:10a〉
라. 守ᄒᆞ얫노라〈16b〉 : 守ᄒᆞ얏노라〈중간본:15b〉

위 (10)처럼 초간본에서의 '-얫-'이 중간본에서 '-얏-'으로 대체된 것을 '-야 # 잇-'의 문법화 단계를 보여주는 현상으로 해석할 수도 있다. 이현희(1991:65-66), 최동주(1995:138), 정언학(2006:299) 등에서 이 '-얏-'을 문법화 2단계의 변화 과정에 있는 형태로 파악한 바 있다. 축약 단계에서 융합형 단계로 변화된 형태로 파악한 것이다.

3.2. 곡용과 활용의 특징

『杜詩諺解』의 초간본과 중간본 비교에서 두드러진 곡용의 특징은 합성어와 구에 통합된 '-ㅅ'이 중간본에서 탈락된 일이 많다는 점이다. 이 '-ㅅ'의 약화가 두드러지게 나타난다고 볼 수 있다.

(11) 가. 믌ᄀᆞᅀᅵ로다〈8b〉
가′. 믈ᄀᆞ이로다〈중간본:7b〉
나. 믌비치〈3a〉

나′. 믈비치〈중간본:3b〉

다. ᄃᆞᆳ비치〈4a〉

다′. ᄃᆞᆯ비치〈중간본:4a〉

라. 믌겨릐〈4a〉

라′. 믈겨릐〈중간본:4a〉

마. 오ᄂᆞᆳ 바ᄆᆡ〈2a〉

마′. 오ᄂᆞᆯ 바ᄆᆡ〈중간본:2a〉

바. ᄀᆞᄅᆞᇝ ᄆᆞᅀᆞᆯ히〈7a〉

바′. ᄀᆞᄅᆞᆷ ᄆᆞ올히〈중간본:6a〉

사. 이슰 氣運이〈7a〉

사′. 이슬 氣運이〈중간본:6a〉

위 (11)과 관련하여 [NP + 조사 + -ㅅ]과 같은 조사 중첩에 흥미로운 부분이 있다. 중세 국어에서 관형격 조사 '-ㅅ'은 조사 '-에'와 '-애', '-과'와 '-와' 뒤에 통합되는 일이 존재하였다.

(12) 가. 龍宮엣 玉女ᄃᆞᆯ히 虛空애 반만 몸 내야 玉女ᄃᆞᆯ히〈월석 2:31b〉

나. 이 獄앳 衆生ᄋᆞᆫ 前生애 므슷 罪業을 짓관ᄃᆡ〈월석 23:78b〉

다. 須達이 부텨와 즁괏 마ᄅᆞᆯ 듣고〈석상6:16b〉

라. 드틀와 ᄣᅵ왓 시르믈 벗고져〈석상20:12a〉

위 (12)의 '-엣', '-앳', '-괏', '-왓'은 조사 '-에/애', '-과/와'에 관형격 조사 '-ㅅ'이 통합된 구성이다. 이때 (12 다, 라)와 같은 '-괏'이나 '-왓'은 후행하는 명사를 수식하는 의미로 해석되고, '-엣/앳'은 '-에 있는' 정도로 해석된다. '-엣/앳'이 다소 복잡한 의미를 띠기는 하지만 후행하는 명사를 수식한다는 점에는 별다른 차이가 없다.

그런데 『杜詩諺解』 권 12에 나타난 '-엣/앳' 중에 [장소 + 수식]의 표현이 아닌 다른 양상을 보이는 예들이 있어 살펴볼 필요가 있다.

(13) 가. ᄇᆞᄅᆞ맷 鴛鴦ᄋᆞᆫ 갓가온 믌ᄀᆞ새 갈맷고 비옛 져비ᄂᆞᆫ 기픈 나못가지예 모댓도다〈31b〉

나. ᄇᆞᄅᆞ맷 옷기지 寂靜ᄒᆞ고〈3a〉

위 (13 가)는 '바람에 원앙은 가까운 물가에 숨어 있고 비에 제비는 깊은 나뭇가지에 모여 있도다.' 정도로 해석된다. 이때 "ᄇᆞᄅᆞ맷"과 "비옛"은 후행하는 사건의 원인을 뜻하는 부사어로 해석되어 [장소+수식]의 표현을 나타내는 '-엣/앳/옛' 구성과는 의미적·통사적으로 차이를 보인다. 즉, "ᄇᆞᄅᆞ맷"과 "비옛"이 후행하는 명사가 일어나거나 위치한 곳으로 해석하기도 어렵고 후행하는 명사를 수식하는 구성으로 보기도 어렵다. (13 나)의 "ᄇᆞᄅᆞ맷"도 이와 유사하다. (13 나)는 '바람에 옷깃이 적정하고' 정도로 해석되는데 이때 'ᄇᆞᄅᆞ맷'에서 조사 '-애'는 후행하는 서술어 '寂靜ᄒᆞ고'에 지배를 받는다. 즉 이 문장은 '옷기지 ᄇᆞᄅᆞ매 寂靜ᄒᆞ고'로 달리 표현할 수 있다. 그러므로 (13)의 "ᄇᆞᄅᆞ맷", "비옛", "ᄇᆞᄅᆞ맷"의 '-ㅅ'은 다른 관점에서 살펴볼 필요가 있다. 현재로서는 과도한 오용으로 보이나 이와 같은 예들이 더 많이 수집된다면 그와 관련한 문법을 발견할 수 있을지도 모를 일이다.

아래도 '-ㅅ'의 쓰임이 특기할 만한 예이다.

(14) 가. 뷘 묏 바ᇝ中에 어드우니〈34b〉

나. 사ᄅᆞᄆᆡ 病엣 됴ᄒᆞᆫ 藥이니〈석상 20:30b〉

(14 가)는 '빈 산이 밤중에 어두우니' 정도로 해석되고 (14 나)는 '사람의 병에 좋은 약이니' 정도로 해석된다. 즉, (14 가)에서 '묏'은 주어여서 주격 조사가 출현하여야 할 자리이기 때문에 '-ㅅ'이 통합되는 자리가 아니다. 이른바 주어적 속격이 나타나야 할 자리도 아니어서 과도한 사용으로 판단되는 예이다. (14 나)는 석보상절의 예이긴 하나 '病엣'의 '-ㅅ'이 예외적이어서 제시하였다. '病엣'은 서술어 '됴ᄒᆞᆫ'의 부사어이기 때문에 '-ㅅ'의 쓰임은 예외적이라 할 만하다. 혹 [[사ᄅᆞ미 病엣][됴ᄒᆞᆫ 藥]] 구조로 파악한다면 '病'에 통합된 '-에'를 설명하기가 어렵기 때문에 이와 같은 구조로 보기는 어렵다.

다음으로 1인칭 선어말어미 '-오-'를 살펴보자. 주지하는 바와 같이 이 선어말어미 '-오-'는 근대 국어에 들어서면서 점차 소실되어 갔다. 그런데 『杜詩諺解』 권 12 초간본과 중간본을 비교해 보면 흥미로운 사실이 발견된다. 우선 초간본과 중간본 모두 동일하게 나타나는 경우, 즉 현재 시제 선어말어미 '-ᄂᆞ-'와 축약된 '-노-'부터 살펴보자.

(15) 가. 干戈ᄅᆞᆯ 짜해 ᄀᆞ독ᄒᆞ야 슈믈 아노니〈1b〉
가′. 干戈ᄅᆞᆯ 짜해 ᄀᆞ독ᄒᆞ야 슈믈 아노니〈중간본:1b〉
나. 곳다온 내ᄅᆞᆯ 세 번 맏고 우노라〈15b〉
나′. 곳다온 내ᄅᆞᆯ 세 번 맛고 우노라〈중간본:14b〉
다. 漢ㅅ 旌旗ᄅᆞᆯ 일흘가 전노라〈34b〉
다′. 漢ㅅ 旌旗ᄅᆞᆯ 일흘가 젓노라〈중간본:3a〉

위 (15)와 같이 현재 시제 선어말어미 '-ᄂᆞ-'와 축약된 '-노-'는 초간본이나 중간본 모두 동일하게 나타났다. '-노니', '-노라'의 경우는 두 이본에서 차이를 보이지 않았다. 오히려 초간본의 '-ᄂᆞ다'를 '-노라'로 바꿔 표기한 경우가 확인된다.

(16) 가. ᄲᆞᆯ리 峽으로 ᄠᅧ 디나가ᄆᆞᆯ 보노니 칙칙ᄒᆞ야 ᄀᆞᄅᆞᄆᆞ로 건나오ᄆᆞᆯ <u>짓ᄂᆞ다</u>〈35a〉

나. ᄲᆞᆯ리 峽으로 ᄡᅧ 지나가ᄆᆞᆯ 보노니 칙칙ᄒᆞ야 ᄀᆞᄅᆞᄆᆞ로 건나오ᄆᆞᆯ <u>짓노라</u>〈중간본:33b〉

(16)는 '빠르게 협곡으로 떠서 지나가는 것을 보는데 빽빽하여 강으로 건너오는 것을 만드는구나.' 정도로 해석된다. 비구름이 좁은 협곡을 지나면서 그 압력으로 빽빽하게 강으로 내려오는 장면을 묘사한 것이어서 후행절의 서술어 '짓ᄂᆞ다'의 주어가 화자가 아니므로 '-오-'를 쓰지 않는 것이 맞다. 그런데 중간본에서 이를 '짓노라'로 바꿔 표기하였다. 아무래도 선행절 '보노니'에 영향을 받아 비구름이 빽빽하여 강으로 내려오는 것을 보는 화자를 염두에 두어 "짓노라"로 바꾼 것으로 생각된다.

한편, '-오-'의 이형태 '-로-'나, '-거-'와 축약한 '-가-' 그리고 '-과'는 '-노라', '-노니'와 다른 양상으로 나타났다.

(17) 가. ᄒᆞ오ᅀᅡ 늘근 <u>모미로라</u>〈7a〉

가′. ᄒᆞ오아 늘근 <u>모미로다</u>〈중간본:6a〉

나. 블근 樓ᄂᆞᆫ 힌 <u>믌ᄀᆞᅀᅵ로다</u>〈8b〉

나′. 블근 樓ᄂᆞᆫ 힌 <u>믈ᄀᆞ이로다</u>〈중간본:7b〉

다. 巴山ㅅ 길흘 시름 <u>아니ᄒᆞ가니와</u>〈34b〉

다′. 巴山ㅅ 길흘 시름 <u>아니ᄒᆞ거니와</u>〈중간본:33a〉

라. 터리 아니 나ᄂᆞᆫ ᄧᅡ홀 빌유믈 <u>알와라</u>〈12a〉

라′. 터리 아니 나ᄂᆞᆫ ᄧᅡ홀 빌유믈 <u>알아라</u>〈중간본:11a〉

위 (17 가)에서 "모미로라"의 '-로-'는 '-오-'이 이형태로 서술격 조사 뒤에서 '-오-'가 '-로-'로 변동하는 교체가 반영된 것이다. 이 '-로-'는 감탄법 선어말어미 '-로-'와 달리 종결어미 '-다'가 통합되지 않고 '-라'가 통합되었다. 즉, '-로라'와 '-로다'처럼 종결어미의 통합 양상을 보고도 '-로-'가 1인칭 선어말어미인지 감탄법 선어말어미인지 판단할 수 있다. 그런데 초간본 (17 가)의 '-로라'가 중간본 (17 가′)에서 '-로다'로 바뀌어 표기되었다. 이는 '-로라'와 '-로다'의 형태 구성의 차이를 인식하지 못한 것이다. '-로라'가 '-노라'와 같이 주어가 1인칭일 때 나타나는 종결 구성이라는 문법을 인지하지 못한 것에서 비롯된 것으로 보인다. 이 '-오-'의 인식은 (17 다, 다′)의 '-가니와', (17 라, 라′)의 '-와라'에서도 알 수 있다. (17 다)의 '-가니와'에서 '-가-'는 '-거-'와 '-오-'가 축약된 형태로 주어 1인칭일 때 실현되었는데 이 '-가니와'가 중간본에서는 '-거니와'로 바뀌었다. (17 라)의 '-와라'에서 '-와-'는 '-어-'와 '-오-'가 축약된 형태로 주어 1인칭 때 실현되었는데 이 '-와라'가 중간본에서는 '-아라'로 바뀌었다. 즉, 주어 1인칭 선어말어미 '-오-'가 축약된 '-노라'의 쓰임은 근대 국어에 와서도 유지되었으나 '-로라', '-가니와', '-와라' 등은 근대 국어에 와서는 '-로다', '-거니와', '-아라'로 바뀌어 '-오-'가 축약된 인식을 하지 못한 것으로 판단된다.

다음으로 한 두 예밖에 없어서 적극적인 논증은 어려우나 의미 있는 예들이어서 그 예만 제시해 두겠다.

(18) 가. 故園에 솔와 桂樹ㅣ 폣ᄂᆞ니〈4a〉
가′ . 故園에 솔와 桂樹ㅣ 폣ᄂᆞ니〈중:4a〉
나. 솔와 菊花왜〈31b〉
나′ . 솔과 菊花왜〈중:30b〉

(19) 가. 心力이 窮盡ᄒᆞ애라〈17b〉

가′. 心力이 窮盡ᄒᆞ야라 〈중:16b〉

나. ᄆᆞᆯᄀᆞᆫ 서릿 九月ㅅ 하ᄂᆞᆯ해 스므시 ᄇᆞ롓ᄂᆞᆫ 낟 이 사ᄀᆞᆯ 보논 ᄃᆞᆺᄒᆞ애라〈19a〉

나′. ᄆᆞᆯᄀᆞᆫ 서릿 九月ㅅ 하ᄂᆞᆯ해 스므시 ᄇᆞ롓ᄂᆞᆫ 낫 이사ᄀᆞᆯ 보논 ᄃᆞᆺᄒᆞ야라〈중:18a〉

위 (18)은 공동격 조사 '-와'와 '-과'의 교체 환경 변화를 확인할 수 있는 자료이다. (18 가, 가′)은 초간본과 중간본 모두 선행 체언의 받침이 'ㄹ'일 때 '-와'가 통합된 예이지만 (18 나, 나′)은 선행 체언의 받침이 'ㄹ'일 때 중간본에서 '-과'가 나타난 예이다. 주지하는 바와 같이 중세 국어에서는 선행 체언의 받침이 'ㄹ'일 때는 '-와'가 나타났으나 근대 국어에 들어서면서 이 교체 환경에 변화가 일어나 현대 국어의 교체 환경으로 정착하였는데 위 (18)은 이 변화의 과도기를 보여주는 예로 보인다.

(19)는 중세 국어의 감탄법 종결어미 '-에라/애라'가 중간본에서 '-야라'로 바뀐 경우이다. 이 예는 현대 국어의 감탄법 종결어미 '-어라/아라/여라'가 어디에서 시작되었는지 그 기원이 무엇인지를 보여주는 것으로 해석된다.

다음으로 언해문의 번역 내용 중에서 다소 그 의미가 분명하지 않은 예가 있어 살펴보고자 한다.

(20) 가. 片片ᄒᆞᆫ 믈 우흿 구루미오 蕭蕭ᄒᆞᆫ 몰앳 가온딧 비로다(片片水上雲 蕭蕭沙中雨)〈13b〉

나. 落落ᄒᆞᆫ 묏부리예 냇ᄂᆞᆫ 구루미오 어드운 하ᄂᆞᆯᄒᆞᆯ 비겻ᄂᆞᆫ 돌히로다(落落出岫雲 渾渾倚天石 日假何道行 雨含長江白)〈14b〉

위 (20 가)는 강물 위에 떠 있는 조각구름(片雲)과 모래 가운데 떨어지는 빗소리를 표현한 것으로 해석된다. 그런데 구름의 형상과 빗소리를 묘사한 '片片ᄒᆞᆫ', '蕭蕭ᄒᆞᆫ'이 구성적으로 그 기능이 모호하다. 묘사한 경물의 상황을 고려하면, 언해문의 문법 구성과 달리 '片片ᄒᆞᆫ', '蕭蕭ᄒᆞᆫ'을 부사로 처리하여 (20 가)를 '조각조각 물 위의 구름이고 소소(쏴쏴) 모래 가운데 비로다'처럼 해석할 수 있고 명사형 구성으로 처리하여 '편편한 것은 물 위의 구름이고 소소한 것은 모래 가운데 비로다' 정도로 해석할 수 있을 것이다. 여기에서는 언해문의 서술어가 계사 구문인 것을 고려하여 후자로 해석하였다.

(20 나)도 관형 구성 '落落ᄒᆞᆫ'과 '어드운'의 해석이 난해하다. (20 나)는 산골에 드문드문 떨어져 있는 구름과 산속에 어지럽게 펼쳐진 바위를 묘사한 것으로 보인다. 그런데 드문드문 떨어져 있는 구름을 표현한 '落落ᄒᆞᆫ'과 어지럽게 펼쳐진 바위를 표현한 '어드운'이 후행하는 성분을 수식하는 관형 구성으로 언해되어 있지만 구성적으로 그 기능이 모호하다. 본문에서는 묘사한 경물의 모습을 고려하이 '落落ᄒᆞᆫ'과 '어드운'을 명사 구성으로 해석하거나 각각 '구룸'과 '돌ㅎ'을 수식하는 구성으로 해석하고자 한다. 즉, '드문드문한 것은 산봉우리에 나 있는 구름이고' 정도로, 혹은 '드문드문 산봉우리에 나 있는 구름이고'로 해석할 수 있다. '落落ᄒᆞᆫ'이 고시에서 가지가 죽죽 늘어진 모양이나 여기저기 떨어져 있는 모양을 가리킬 때 사용되는 일이 많은 점도 참고된다. 한편, '어드운'은 원문의 '渾渾'을 언해한 것인데 이 '渾渾'은 물이 혼탁한 모양이나 어지럽게 뒤섞인 모양을 표현할 때 주로 사용되는 점을 고려하여 '어지럽게 뒤섞인 것은 하늘을 기댄 돌이구나.' 내지 '어지럽게 뒤섞여 하늘을 기댄 돌이구나.' 정도로 해석하는 것이 자연스럽게 보인다.

아래 언해문도 함께 살펴보자.

(21) 봆비 어득어득ᄒᆞ야 峽中에 마갯ᄂᆞ니 언제 오몰 楚王ㅅ 宮을 브트니오(春雨闇闇塞峽中 早晚來自楚王宮)〈25a〉

위 (21)은 봄비가 어둑어둑한 변방의 협곡 가운데 내리는 장면을 묘사한 내용과 그 비가 아침저녁으로 초나라 왕의 궁전에서 온 것인가 하는 의문의 내용을 담고 있다. 그런데 언해문을 보면 매우 복잡한 양상을 띠고 있다. 언해문을 직역하면 '봄비 어둑어둑하여 협곡 가운데 막고 있는데(막혀 있는데) 언제 온 것을 초왕의 궁전을 의지하였는가' 정도로 해석할 수 있다. 언해문만으로는 그 의미가 분명하지 않다. 우선 '마갯ᄂᆞ니'가 문제인데 이는 '塞'를 '막다'로 언해한 것에서 비롯된 것이다. 그러나 여기에서는 '塞峽'으로 보아 '변방의 협곡'으로 해석하는 것이 더 자연스럽게 보인다. 즉 '봄비가 어둑어둑한 변방의 협곡 가운데 내리고' 내지 '봄비가 변방의 협곡 가운데 어둑어둑하여' 정도로 해석할 수 있다. 한편, '早晚'을 '언제' 정도로 언해한 점도 눈에 띈다. 한문을 직역하면 '아침저녁'인데 이를 '언제(나)', '어느 때' 정도로 해석한 것이 아닌가 한다. "楚王ㅅ 宮을 브트니오"은 '초왕의 궁전에서 시작되었는가' 혹은 '초왕의 궁전에서인가', '초왕의 궁전에서 온 것인가' 정도로 의역해 볼 수 있다. 즉 뒤 구절은 '봄비가 어둑어둑한 변방의 협곡 가운데 내리는데 언제 오기를 초왕의 궁전에서 시작되었는가' 정도로 해석해 볼 수 있다.

3.3. 어휘의 특징

이 『두시언해』 권 12에 쓰인 어휘 중에서 특기할 만한 어휘가 있어 제시해 두고자 한다. 아래는 '殘夜'를 언해한 내용이다.

(22) 四更에 뫼히 ᄃᆞᄅᆞᆯ 비와ᄐᆞ니 너르더근 바ᄆᆡ 믌비치 樓에 ᄇᆞᆯ갓도다(四更山吐月 殘夜水明樓)〈3a〉

위 (22)의 '너르더근 바ᄆᆡ'는 '殘夜'[새벽녘]을 언해한 것인데 '너르더근'의 뜻과 그 형태 구성이 분명하지 않다. '너르더근'이 '殘'을 언해한 것은 분명한데 형태 분석과 그 뜻을 알기가 쉽지 않다. 한편, 한시와 한자마다 석과 음이 달려 있는 『백련초해』에 이 '殘'의 석음이 아래처럼 달려 있어 참고된다.

(23) 쇠잔홀 잔 殘〈백련초東:7a〉

위 (23)의 '殘'의 뜻을 고려하면 위 (22)의 '너르더근'의 의미를 유추해 볼 수는 있을 듯하다. 즉 밤이 쇠잔하고(밤이 물러나고) 새벽이 시작되므로 '너르더근 밤'을 '새벽녘' 정도로 의미 해석할 수 있을 듯하다. 그런데 '너르더근'의 다른 예는 찾기가 어렵다.

음성적으로 유사한 '너르듣-' 형태가 있어 아래 제시해 둔다.

(24) 가. 피와 고기왜 너르 듣더니〈월석23:87b〉
나. 봆ᄇᆞᄅᆞ매 고지 너르 듣도다(春風花爛漫)〈금삼해 2:21a〉

위 (24 가)는 '피와 고기(살)가 넓게 떨어져 있다.' 혹은 '피와 고기(살)가 낭자하더니' 정도로 해석된다. (24 나)는 '봄바람에 꽃이 넓게 흩어져 있도다(활짝 피어 있도다)' 정도로 해석된다. 즉, '너르듣다'는 '넓게 흩어져 있다' 정도로 해석할 수 있다. 앞에서 검토한 (22)의 '너르더근'과는 의미적 차이가 커 보인다.

04

『杜詩諺解』 권 12의 역주

04

『杜詩諺解』 권 12의 역주

일러두기

1. 각 시는 원문 텍스트, 현대어, 주석으로 구성하였다.
2. 원문 이미지는 동산도서관에서 이미 출간한 바 있어 제시하지 않았다.
3. 원문 텍스트와 현대어역은 시의 형식을 반영하여 제시하였다.
4. 원문 텍스트에서 원문의 협주는【 】을 붙여 제시하였다.
5. 현대어역은 원문의 내용을 그대로 반영하되 이해를 돕기 위해서 풀어 적기도 하였다.
6. 시의 이해를 돕기 위해서 간략히 정리한 내용을 판독문 아래 제시하였다.
7. 주석은 표제어, 뜻풀이, 형태 분석, 문법 설명으로 구성하되 문법 설명은 필요한 경우에만 제시하였고 직역으로 이해하기 어려운 구에 대해서도 설명을 덧붙였다.
   - 표제어는 원문을 그대로 제시하되 뜻풀이는 현대어를 기준으로 제시한다.
   - 형태의 현대어역은 직역과 의역을 함께 제시한다.
   - 형태 경계는 '+'으로, 단어 경계는 '#'으로 구분한다.
   - 형태 분석은 형태소가 아닌 형태 그대로를 보여주는 방식으로 분석하되 분석된 형태의 음성 형식에 주석이 필요한 경우는 기술한다.
   - 주요 형태는 간단한 문법적 특징을 기술한다.
   - 중간본과 비교 내용 중 유의미한 문법 정보는 기술한다.

《두시언해 권 12, 1a-1b》

❀ 원문 텍스트

初月

光細弦欲上　影斜輪未安
微升古塞外　已隱暮雲端
河漢不改色　關山空自寒
庭前有白露　暗滿菊花團

[해설] 이 시는 가을밤에 뜬 초승달을 바라보며 그 움직이는 모양을 따라 쓴 시이다. 가을 국화에 드리운 이슬의 모습을 그린 구절을 통해 가을에 지은 시임을 알 수 있다.

❀ 언해문 텍스트

비치 ᄀᆞᄂᆞ니 시우리 오ᄅᆞ고져 ᄒᆞ고
그르메 기우니 둘에 便安티 아니ᄒᆞ도다
잢간 녯 邊塞 밧긔 오ᄅᆞ더니
ᄒᆞ마 나죗 구룺 그테 숨놋다
【言月出而便隱無光故로 天河ㅣ不改色而關山이 亦自寒冷而已니라】
河漢이 비츨 고티디 아니ᄒᆞ며
關山ᄋᆞᆫ ᄒᆞᆫ갓 절로 서늘ᄒᆞ얏도다
【團ᄋᆞᆫ 露垂皃ㅣ라】 ᄠᅳᆯ 알ᄑᆡ 힌 이스리 잇ᄂᆞ니
그ᅀᅳ기 菊花애 ᄀᆞᄃᆞᆨᄒᆞ야 두려웻도다

❀ 현대어 역

초월(초승달, 막 떠오르는 달)

빛이 가느니 활시위(초승달)가 오르고자 하는데
그림자가 기우니 달이 편안하지 아니하도다.
잠깐 옛 변경에 있는 요새 밖으로 오르더니
이미 저녁 구름 끝에 숨는구나.
은하수가 빛을 고치지 아니하며
관산은 한갓 저절로 서늘하여 있도다.
뜰 앞에 흰 이슬이 있는데(맺히더니)
그윽이 국화에 가득하여 드리워 있도다.

❀ 주석

• 初月: 초월. 초승달.
  – 이때 '初月'은 막 떠오르는 달을 가리킨다는 의미로도 해석된다.
• 시우리: 활시위. 초승달. 시울 + –이.
  – '시울'은 '활시위'를 뜻하는데 여기에서는 '초승달'을 비유한 것이다.
• 오ᄅᆞ고져: 오르고자. 오ᄅᆞ– + –고져.
  – '오ᄅᆞ다'는 '오르다'를 뜻하는 동사이고 '–고져'는 의도나 목적을 뜻하는 연결어미이다.
• 그르메: 그림자. 달그림자.
• 기우니: 기우니. 기우– + –니.
  – '기우–'는 '기울–'의 'ㄹ'이 'ㄴ' 앞에서 탈락된 형태이다.
• 둘에: 둘레. 바퀴.
  – '둘에'는 '바퀴 둘레'를 가리키는데 여기에서는 달을 비유하였다.

- 便安티 아니ᄒᆞ도다: 편안하지 아니하다. 불안정하다.
  - 초승달이라서 빛이 약하고 모양이 기울어져 있어 안정감을 주지 못하는 것을 표현한 것으로 해석된다.
- 잢간: 잠깐.
- 녯: 옛.
- 邊塞: 변새. 변경에 있는 요새.
- 밧긔: 밖에. 밖으로. 밝 + -의.
  - '-의'는 처소격 조사로서 여기에서는 처소 '-에'나 방향의 '-로'로 해석되는데 화자의 시선이 달의 움직임을 따라 바뀌는 것으로 고려할 때 '-로'가 더 자연스럽게 느껴진다.
- ᄒᆞ마: 이미
- 나죗 구룺: 저녁 구름의. 나죄 + -ㅅ # 구룸 + -ㅅ.
  - '나죄'는 '저녁'을 뜻하는 명사이다.
  - '-ㅅ'은 관형격 조사이다. 선행 체언이 무정 체언이거나 "世尊ㅅ 일"〈월석 1:1a〉처럼 존칭의 유정 체언일 때 통합되었다. 한편, 선행 체언이 평칭의 유정 체언일 때는 "아기아ᄃᆞᆯᄋᆡ 각시"[아기아ᄃᆞᆯ + -ᄋᆡ]〈월인 148〉, "거부븨 터리"[거붑 + -의]〈능엄 1:74a〉처럼 '-ᄋᆡ'와 '-의'가 통합되었다.
- 그테: 끝에. 긑 + -에.
  - '긑'은 '끝'을 뜻하는 명사이다.
- 숨놋다: 숨는구나. 숨- + -ᄂᆞ- + -옷- + -다.
  - '-옷-'은 감탄법 선어말어미로 『두시언해』와 같은 시나 가사에 자주 등장하였다. 감탄 선어말어미는 '-옷-' 외에도 '-돗-', '-롯-', '-도-', '-로-'가 존재하였다. 한편, '-ᄂᆞ-'와 '-옷-'이 연쇄할 때는 '-놋-'으로 축약되어 나타났고 '-(으)시-'와 연쇄할 때는 '-(으)샷-'으로 축약되기

도 하였다.

– 초승달이 변방에 떠오르다가 잠깐 사이에 구름에 가려지는 것을 의미한다.

• 河漢: 하한. 은하수.

– '河漢'은 중국의 황하강과 한수이강에서 온 말인데 남북으로 길게 보이는 은하계를 강으로 보고 지칭한 것이다.

• 비츨: 빛을. 빛 + –을.

• 고티디: 고치지. 고티– + –디.

– '고티다'는 '고치다'를 뜻하는 동사이다.

• 關山: 관산. 고향의 산. 관소 가까이 있는 산.

• ᄒᆞᆫ갓: 한갓.

• 절로: 저절로.

• ᄠᅳᆯ: 뜰.

• 서놀ᄒᆞ얏도다: 서늘하여 있도다. 서눌ᄒᆞ– + –야 # 잇– + –도– + –다.

– 달이 구름에 사라짐으로써 관산이 절로 추워지는 것을 말한다.

• 알ᅈᅵ: 앞에. 앒 + –ᄋᆡ.

• 이스리: 이슬이. 이슬 + –이.

– 여기에서 '이슬'은 시의 계절적 시점을 말해준다.

• 그ᅀᅳ기: 그윽이.

• 두려웟도다. 두렿– + –어 # 잇– + –도– + –다.

– '두렿다'는 '둥글다', '온전하다'를 뜻하는 형용사이다. 여기에서는 국화에 이슬이 맺혀 있는 장면을 장면으로 해석된다.

《두시언해 권 12, 1b》

❀ 원문 텍스트

月

天上秋期近　人間月影清
入河蟾不沒　擣藥兔長生
只益丹心苦　能添白髮明
干戈知滿地　休照國西營

❀ 언해문 텍스트

하ᄂᆞᆯ 우희 秋期ㅣ 갓가오니
人間애 ᄃᆞᇌ그르메 ᄆᆞᆰ도다
【蟾兔ᄂᆞᆫ 月中所有也ㅣ라】
ᄀᆞᄅᆞ매 드러도 두터비 ᄌᆞᆷ디 아니ᄒᆞᄂᆞ니
藥 딘ᄂᆞᆫ 톳기 長常 사랏도다
블근 ᄆᆞᅀᆞ미 苦ᄅᆞ외요ᄆᆞᆯ 오직 더으며
셴 머리의 ᄇᆞᆯ고ᄆᆞᆯ 能히 더으ᄂᆞ다
【言恐征夫ㅣ 見月而感傷也ㅣ라】
干戈ᄅᆞᆯ ᄯᅡ해 ᄀᆞ독ᄒᆞ야 슈믈 아노니
나랏 西ㅅ녁 軍營에 비취디 마롤디어다

[해설] 이 시는 칠석이 다가오는 달밤에 달을 바라보며 그리운 가족과 군영의 관군들이 달빛에 괴로워할 것을 염려하는 내용을 담고 있다.

❀ 현대어 역

월(달)

하늘 위에 가을이 가까우니
인간 세상에 달그림자 맑도다.
강(은하수)에 들어가도 두꺼비는 잠기지 아니하고
약 찧는 토끼는 늘 살아 있도다.
붉은 마음에 수고로움을 오직 더하며
센머리에 밝음을 능히 더한다.
간과(전쟁) 땅에 가득 있음을 아는데
나라의 서쪽 군영에 비치지 말지어다.

❀ 주석

- 하ᄂᆞᆯ: 하늘.
- 우희: 위에. 우ㅎ + -의.
  - 여기에서 '-의'는 처소격 조사로 쓰였다.
- 秋期ㅣ: 추기가. 가을이. 秋期 + -ㅣ.
  - '추기'는 '가을의 시기'를 뜻하는 명사이다.
  - 여기에서 '-ㅣ'는 주격 조사이다. 중세 국어에서 주격 조사는 '-이'와 '-ㅣ', '-∅'가 존재하였다. '-이'는 선행 체언이 자음일 때, '-ㅣ'는 모음일 때 통합되었다. '-∅'는 'ㅣ' 모음이거나 반모음 'j'일 때 통합되었는데 '-∅'로 나타날 때는 성조가 변동하기도 하였다.
- 갓가오니: 가까우니. 갓가오- + -니.
  - '갓가오-'는 '갓가ᇦ-'의 'ㅸ'이 변화된 형태로 '갓가ᄫᆞ니 〉 갓가오니'의 변화를 겪었다.

• 人間애: 인간 세상에. 人間 + -애.

• 그르메: 그림자.

- '돐그르메'는 원문의 '月影'을 언해한 것으로 '달그림자' 혹은 '달의 모습'을 뜻한다.

• 묽도다: 맑도다. 묽- + -도- + -다.

- '묽도다'에서 어간 '묽-'의 종성이 어말자음군으로 실현된 점이 특기할 만하다. 8종성 표기법에 따라 한 자음만 실현되는 것이 보통인데 여기에서는 'ㄹㄱ' 모두 표기되었다. 중간본에는 '몰도다'로 한 자음만 표기되었다.

- 중세 국어에서는 종성 표기로 'ㄱ, ㄴ, ㄷ, ㄹ, ㅁ, ㅂ, ㅅ, ㅇ' 8자가 사용되었는데 이를 8종성 표기법이라고 한다. 즉, 종성에서는 8 자음이 발음되었고 그 발음이 표기에 그대로 반영된 것이다. 『훈민정음』의 "八終聲可足用"이 반영된 표기법이다.

• ᄀᆞᄅᆞ매: 강에. 은하수에. ᄀᆞᄅᆞᆷ + -애.

- "ᄀᆞᄅᆞ매 드러도"는 원문의 '入河'를 언해한 것인데 후행절이 달에 사는 두꺼비 이야기가 나오는 것으로 보아 은하수로 해석하는 것이 자연스럽다.

• 두터비: 두꺼비.

- 이 '두터비'는 달에 사는 두꺼비를 말하는 것인데 여기에서는 달을 달리 이른 것으로 해석된다. 협주문의 "蟾兎ᄂᆞᆫ 月中所有也ㅣ라"(두꺼비와 토끼는 달 속에 있는 것이다.)를 통해서 알 수 있다.

- 즉, 원문의 "ᄀᆞᄅᆞ매 드러도 두터비 ᄌᆞᆷᄃᆡ 아니ᄒᆞᄂᆞ니"는 달이 은하수가 흐르는 밤하늘에 들어도 여전히 밝게 비친다는 뜻으로 해석된다.

• ᄌᆞᆷᄃᆡ: 잠기지. ᄌᆞᆷ- + -ᄃᆡ.

- '蟾不沒'은 두꺼비가 물에 잠기지(빠지지) 아니한다는 것을 뜻하는데

여기에서는 '두꺼비'가 달을 달리 이른 말로 해석되므로 이 구절은 달이 은하수가 흐르는 밤하늘 속에서도 여전히 밝게 비친다는 것을 의미한다.

- 딛ᄂᆞᆫ: 찧는. 딯- + -ᄂᆞ- + -ㄴ.
  - '딯다'는 '찧다'를 뜻하는 동사이며 언해문의 '딛ᄂᆞᆫ'은 자음동화가 일어난 어형이다.
  - "藥 딛ᄂᆞᆫ 톳기"는 전설에서 불사약을 만드는 토끼를 가리킨다.
- 톳기: 토끼.
- 長常: 장상. 늘.
- 사랏도다: 살아 있도다. 살- + -아 # 잇- + -도- + -다.
- 블근 ᄆᆞᅀᆞᄆᆡ: 붉은 마음에. 븕- + -은 # ᄆᆞᅀᆞᆷ + -ᄋᆡ.
  - "블근 ᄆᆞᅀᆞᄆᆡ"는 원문의 '丹心'을 언해한 것인데 밝은 달을 보니 마음이 더욱 괴로워지고 있는 화자 자신의 심경을 표현하기 위해 그리 표현한 것으로 보인다.
- 苦ᄅᆞ외요ᄆᆞᆯ: 수고로움을. 苦ᄅᆞ외- + -욤 + -ᄋᆞᆯ.
  - '-ᄅᆞ외-'는 '-ᄅᆞᄫᅵ-'의 'ㅸ'이 변화된 형태인데 체언어기에 붙어 형용사를 파생하는 접미사이다. 이 접미사는 '-ᄃᆞᄫᅵ-'(-ᄃᆞᆸ-), '-ᄅᆞᆸ-'과 교체되었다. 선행하는 체언 말음이 자음이면 '-ᄃᆞᄫᅵ-'(-ᄃᆞᆸ-)가 통합되고 모음이면 '-ᄅᆞ외-'(-ᄅᆞᄫᅵ-)가 통합되었다. 또한 후행하는 형태의 두음에 따라 교체되었는데 '-ᄃᆞᄫᅵ-', '-ᄅᆞᄫᅵ-'는 후행하는 형태의 두음이 모음이나 매개모음 어미일 때, '-ᄃᆞᆸ-'과 '-ᄅᆞᆸ-'은 자음일 때 통합되었다. 한편, "病을 病ᄃᆞᄫᅵ 너기시니"〈월석,17:19b〉, "그위예셔 義ᄅᆞᄫᅵ 너겨"〈삼강행_런,烈:24a〉의 '-ᄃᆞᄫᅵ-'와 '-ᄅᆞᄫᅵ-'처럼 접미사 '-이'가 결합된 '-ᄃᆞᇦ-'와 '-ᄅᆞᇦ-'도 존재하였다.
  - '-욤'은 명사형어미 '-옴'이 선행하는 반모음에 이끌려 반모음이 'j'가

삽입된 것이다.

• 더으며: 더하며. 더으- + -며.

- '더으다'는 '더하다'를 뜻하는 동사이다.

• 셴: 흰. 셰- + -ㄴ.

- '셰다'는 '머리카락이나 수염 따위의 털이 희어지다.'를 뜻하는 동사이다. 곧 '셴 머리의'는 '센 머리에'. '백발의 머리에'를 가리킨다.

• 불고물: 밝음을. 븕- + -옴 + -올.

- "셴 머리의 불고물 能히 더으ᄂᆞ다"는 백발을 더욱 밝게 해준다는 의미로 달을 보니 근심이 깊어져 머리가 더욱 센다는 것을 뜻한다.

• 干戈ᄅᆞᆯ: 간과를. 방패와 창을. 전쟁을. 干戈 + -ᄅᆞᆯ.

- '干戈ᄅᆞᆯ'의 '-ᄅᆞᆯ' 쓰임이 특기할 만하다. '干戈'는 내포절 서술어 "ᄀᆞ독ᄒᆞ야"의 주어이므로 '干戈'에 통합된 '-ᄅᆞᆯ'을 설명하기가 쉽지는 않다. 시의 맥락과 구문의 내부를 고려할 때 '干戈ᄅᆞᆯ'를 모문 서술어 '아노니'의 목적어로 해석하고 이 모문절의 목적어 '干戈'과 내포절의 주어와 동일 지시적이어서 내포절의 주어가 생략된 것으로 파악하는 것이 나을 듯하다. 그리하였을 때 그 구조가 [[干戈ᄅᆞᆯ] [(干戈) 싸해 ᄀᆞ독ᄒᆞ야 슈믈] 아노니]이 되므로 '아노니'의 목적어가 두 개 출현한 셈이 되기는 하지만 목적어 중출 구조로 처리한다면 구문 해석에 문제 되지는 않을 것이다.

• ᄀᆞ독ᄒᆞ야 슈믈: 가득하여 있음을. ᄀᆞ독ᄒᆞ- + -야 # 시- + -윰 + -을.

- '-야 # 시-'에서 '시-'를 '이시-'의 이형태로 처리하였다. 그런데 이 '시-'를 분석하지 않고 '-야시-'처럼 융합형 어미로 처리하는 일도 있다. 즉, '-여 # 이시- 〉 - 여 시- 〉 -엇-'과 같은 문법화의 발달 과정으로 보는 견해가 있다.

• 나랏: 나라의. 나라 + -ㅅ.

- '-ㅅ'은 관형격 조사로 선행 체언이 무정 명사이거나 존칭의 유정일 때 통합되었다.

• 西ㅅ녁: 서쪽. 西 + -ㅅ # 녁.

• 비취디: 비추지. 비취- + -디.

- "나랏 西ㅅ녁 軍營에 비취디 마롤디어다"는 서쪽 군영으로 장안의 서북쪽 봉상에 진을 치고 있는 관군이 달을 보며 더욱 괴로워할 것을 생각하여 군영의 병사들에게 달을 비추지 말 것을 의미한다. 협주문의 "言恐征夫ㅣ 見月而感傷也ㅣ라"(전쟁터에 나간 병사들이 달을 보고 감상에 빠져 괴로워하는 것을 말한다.)에서 구절의 의미를 확인할 수 있다.

• 마롤디어다: 말지어다. 말- + -오- + -ㄹ # ᄃᆞ + -이- + -어- + -다.

- 'ㄹ디어다'는 현대 국어의 '-을지어다'의 기원형인데 형식 명사 구성에서 발달한 것이다. 명령형을 취하지 않지만 '마땅히 그렇게 하여라.' 정도를 뜻하는 명령 표현으로 쓰이는 것이 특징적이다.

《두시언해 권 12, 2a-3a》

❀ 원문 텍스트

月三數

斷續巫山雨　天河此夜新
若無青嶂月　愁殺白頭人
魍魎移深樹　蝦蟆動半輪
故園當北斗　直想照西秦

併照巫山出　新窺楚水清
羈栖愁裏見　二十四回明
必驗升沈體　如知進退情
不違銀漢落　亦伴玉繩橫

萬里瞿塘峽　春來六上弦
時時開暗室　故故滿青天
爽合風襟靜　當空淚臉懸
南飛有烏鵲　夜久落江邊

❀ 언해문 텍스트

巫山앳 비 그츠락 니스락 ᄒᆞ더니
하ᄂᆞᆳ 銀河ㅣ 오ᄂᆞᆳ 바ᄆᆡ 새롭도다
【殺ᄋᆞᆫ 去聲이니 語助辭ㅣ라】
프른 묏부리옛 ᄃᆞ리 萬一 업더든
머리 셴 사ᄅᆞᄆᆞᆯ 시름케 ᄒᆞ리랏다
【月中에 有蝦蟆하니라 半輪은 缺月也ㅣ라】

귓거슨 기픈 남그로 올마 숨고
두터비ᄂᆞᆫ 半둘에예셔 뮈놋다
【此ᄂᆞᆫ 想長安故居ᄒᆞ니라】
故園이 北斗ㅅ 벼레 當ᄒᆞ얏ᄂᆞ니
西秦에 비취여 슈믈 바ᄅᆞ 스치노라

巫山애 다 비취여 냇고
楚ㅅ 므를 새려 엿와 ᄆᆞᆰ도다
나그내로 栖止ᄒᆞ얏ᄂᆞᆫ 시름 소개셔 보니
스믈네 디위를 ᄇᆞᆰᄂᆞ다
【月이 初山則升而進之道ㅣ오 落則沈而退之道也ㅣ라】
오ᄅᆞ며 ᄃᆞᆷᄂᆞᆫ 體를 반ᄃᆞ기 알며
나ᅀᅡ가며 믈러오ᄂᆞᆫ ᄠᅳ들 아ᄂᆞᆫ ᄃᆞᆺᄒᆞ도다
【銀漢은 天河ㅣ오 玉繩은 星名이라】
銀漢ᄋᆡ 듀믈 어그릇디 아니ᄒᆞ며
玉繩의 빗거 가믈 ᄯᅩ 번ᄒᆞ놋다

萬里ㅅ 瞿塘峽에
봄 오매 여슷 버늘 시우리 오ᄅᆞ거다
時時예 어드운 지븨 開明ᄒᆞ고
짐즛 프른 하ᄂᆞᆯ해 ᄀᆞ독ᄒᆞ얏도다
서늘호미 모ᄃᆞ니 ᄇᆞᄅᆞ맷 옷기지 寂靜ᄒᆞ고
虛空ᄋᆞᆯ 當ᄒᆞ야 눉믈 무든 ᄡᅢ매 돌엿도다
【古詩예 月明星稀ᄒᆞ니 烏鵲南飛라 ᄒᆞ다】
南녀그로 ᄂᆞᄂᆞᆫ 가막가치 잇더니
바미 오라니 ᄀᆞᆳᄀᆞᅀᆞ로 뎌 가놋다

[해설] 기주에서 지은 연작시로 비가 그친 후 은하수가 펼쳐진 밤에 달을 노래하고, 기주에 체류하고 있는 자신의 처지를 슬퍼하고 고향을 그리며 쓴 시이다.

❀ 현대어 역

월 삼 수

무산에 비가 그칠락 말락 하였는데
하늘의 은하가 오늘 밤에 새롭도다.
푸른 산봉우리에 달이 만일 없었다면
머리 센 사람을 시름 있게 했었을 것이다.
도깨비는 깊은 (숲속) 나무로 올라가 숨고
두꺼비는 반둘레(반달)에서 움직이는구나.
고원이 북두성에 당하여 있는데(마주하여 있는데)
서진에 비치고 있음을 바로 떠오르는구나.

무산에 다 비치고
초의 물(초수)을 새로 엿보니 맑도다.
나그네로 서지하고 있는(살고 있는) 시름 속에서 보니
스물네 번을 밝는다.
오르며 잠기는 형체를 반드시 알며
나아가며 물러나는 뜻을 아는 듯하도다.
(달이) 은하수에 지는 것이 어긋나지 아니하며
옥승에 비껴가는 것을 또 벗하는구나.

만 리의 구당협에
봄이 오매 여섯 번을 시울이(초승달) 올랐다.
때때로 어두운 집에 빛이 들어오고
짐짓 푸른 하늘에 가득하여 있도다.
서늘함이 모이니 바람에 옷깃이 적정하고
허공을 당하여(달이 높이 떠서) 눈물 묻은 뺨에 달렸도다.
남쪽으로 날아가는 까막까치 있더니
밤이 오래니 강가로 떨어져 가는구나.

❀ 주석

• 巫山앳: 무산에의. 巫山 + -애 + -ㅅ.

- '巫山앳'은 '무산에의' 혹은 '무산에 내리는' 정도로 해석된다. 한편, '무산'은 중국 사천성 동쪽에 있는 명산. 사천성과 후베이성의 경계에 있는 명산이다.

- '-ㅅ'은 관형격 조사이다. 선행 체언이 무정 체언이거나 "世尊ㅅ 일"〈월석 1:1a〉처럼 존칭의 유정 체언일 때 통합되었다. 한편, 선행 체언이 평칭의 유정 체언일 때는 "아기아ᄃᆞᆯᄋᆡ 각시"〈월인 148〉, "거부븨 터리"〈능엄 1:74a〉처럼 '-ᄋᆡ'와 '-의'가 통합되었다.

• 그ᄎᆞ락 니ᅀᅳ락: 그칠락 이어질락. 그칠락 말락. 긏- + -으락 # 닛- + -으락.

- '-으락'은 두 동작이나 상태가 번갈아 되풀이됨을 뜻하는 연결어미로 주로 'V1으락 V2으락 ᄒᆞ-' 구성으로 쓰였다.

• 하ᄂᆞᇗ: 하늘의. 하ᄂᆞᆯ + -ㅅ.

- '-ㅅ'은 관형격 조사이다.

• 오ᄂᆞᇗ: 오늘의. 오ᄂᆞᆯ + -ㅅ.

- 중간본에는 관형격 조사 '-ㅅ'가 탈락된 '오ᄂᆞᆯ'로 표기되었다. 초간본에 합성어나 구 사이에 삽입된 '-ㅅ'의 경우 중간본에서는 생략된 형태가 나타나는 일이 많다. '-ㅅ'이 문법적 지위가 약화되면서 일어난 현상으로 해석된다.

• 바ᄆᆡ: 밤에. 밤 + -ᄋᆡ.

- 이때 '-ᄋᆡ'는 처소격 '-에'로 쓰였다. 중세 국어에서 '-ᄋᆡ'는 대체로 관형격 조사로 쓰였으나 몇몇 예에서는 처소격의 '-에'의 기능으로 쓰였다. 이 예가 그 처소격으로 쓰인 것인데 이를 특이 처격 조사로 명명하

기도 한다.

- 프른: 푸른. 프르- + -ㄴ.

  - '프르다'는 '푸르다'를 뜻하는 형용사이다.

- 묏부리옛: 산봉우리에. 묏부리 + -예 + -ㅅ.

  - '-옛'은 다시 '-예'와 '-ㅅ'으로 분석되는데 선행 명사가 장소의 의미로 쓰이고 명사가 이어질 때 이와 같이 처소격 조사와 관형격 조사가 함께 나타나는 일이 많았다.
  - 조사 '-예'는 처소를 나타내는 조사인데 중세 국어 시기에 '-에', '-애', '-ᄋᆡ', '-의', '-예'가 존재하였다. '-에'와 '-의'는 선행 음절의 모음이 음성일 때, '-애'와 '-ᄋᆡ'는 선행 음절의 모음이 양성일 때 통합되었다. 한편, 선행 체언의 말음이 모음 'ㅣ'이거나 반모음 'j'일 때는 '-예'가 나타나기도 하였다.

- ᄃᆞ리: 달이. ᄃᆞᆯ + -이.

- 업더든: 없었다면. 업- + -더든.

  - '-더든'은 '-었(었)다면', '-었(었)더라면' 정도를 뜻하는 연결어미이다.

- 셴: 센. 셰- + -ㄴ.

  - "머리 셴 사ᄅᆞᄆᆞᆯ"은 원문의 '白頭人'을 언해한 것으로 '머리가 센 사람을'을 뜻하며 두보 자신을 가리키는 것으로 해석된다.

- 사ᄅᆞᄆᆞᆯ: 사람을. 사ᄅᆞᆷ + -ᄋᆞᆯ.

- ᄒᆞ리랏다: 했었을 것이다. ᄒᆞ- + -리러- + -옷- + -다.

  - '-리랏다'에서 분석되는 '-리러-'는 과거의 추측(과거의 확정된 사실을 가정한 경우)을 뜻하는 어미인데 '-러-'는 '-더-'의 이형태이다. '-더-'는 서술격 조사와 '-리-' 뒤에서 '-러-'로 교체되었으며 이 '-러-'는 감탄의 선어말어미 '-옷-'과 결합하여 '-랏-'으로 실현되었다.

- 귓거슨: 도깨비는. 귓것 + -은.

- '귓것'은 '도깨비', '귀신' 등을 뜻하는 단어로 쓰였다.
- '귓것'은 원문의 '魍魎'을 언해한 것인데 '魍魎'은 전설 속의 산천 요괴를 가리킨다.

• 기픈: 깊은. 깊- + -은.

• 남그로: 나무로. 남ㄱ + -으로.
- '남ㄱ'은 '나무'를 뜻하는 명사로 '나모'와 비자동적으로 교체되었다. '남기'(남ㄱ+-이), '남ᄀᆞᆯ'(남ㄱ+-ᄋᆞᆯ)처럼 모음으로 시작하는 조사와 통합될 때는 '남ㄱ'이 나타났고 '나모도'(나모+-도)처럼 자음으로 시작하는 조사와 '-와'가 통합될 때, 조사가 후행하지 않을 때는 '나모'가 나타났다.

• 올마: 옮아. 옮기어. 올라. 옮- + -아.

• 두터비: 두꺼비.
- '두터비'는 원문의 '蝦蟆'를 언해한 것인데 전설 속의 달에 산다는 (달) 두꺼비를 말한다. 협주문의 "月中에 有蝦蟆하니라"(달 속에 두꺼비가 있다.)를 통해 알 수 있다.

• 半둘에: 반 둘레. 반쪽 수레. 반달.
- "半둘에예셔"는 반달의 모습을 표현한 것으로 은하수에 반쪽이 빠져 있는 듯한 달의 형상을 표현한 것이다. 협주문의 "半輪은 缺月也ㅣ라"(반바퀴는 이지러진 달이다.)를 통해 알 수 있다.

• 뮈놋다: 움직이는구나. 뮈- + -ᄂᆞ- + -옷- + -다.
- 감탄법 선어말어미 '-옷-'은 선어말어미 '-ᄂᆞ-', '-더-'와 축약되어 '-놋-', '-돗-'으로 실현되기도 하였다. 한편, '-옷-'는 연결어미 '-으니' 앞에서는 '-로소니'로 실현되었다.

• 故園: 고원.
- 여기에서 '故園'은 시인의 고향을 가리킨다.

• 北斗ㅅ 벼레: 북두의 별에. 북두성에. 北斗 + -ㅅ # 별 + -에.

• 當ᄒᆞ얏ᄂᆞ니: 당하여 있는데. 마주하여 있는데. 當ᄒᆞ- + -야 # 잇- + -ᄂᆞ- + -니.

 - 시인의 고향 장안이 북두성을 마주하는 모습을 표현한 것이다.

• 西秦에: 서진에. 西秦 + -에.

 - '西秦'은 중국의 오호십육국의 하나로 선비족인 걸복국인(乞伏國人)이 세운 나라인데 여기에서는 장안(長安)을 가리킨다.

• 비취여 슈믈: 비추고 있음을. 비취- + -여 # 시- + -움 + -을.

 - '-여 # 시-'에서 '시-'를 '이시-'의 이형태로 처리하였다. 그런데 이 '시-'를 분석하지 않고 '-야시-'처럼 융합형 어미로 처리하는 일도 있다. 즉, '-여 # 이시- 〉 - 여 시- 〉 -엇-'과 같은 문법화의 발달 과정으로 보는 견해가 있다.

• 바ᄅᆞ: 바로.

• ᄉᆞ치노라: ᄉᆞ치는구나. 생각하는구나. ᄉᆞ치- + -ᄂᆞ- + -오- + -라.

• 巫山애: 무산에. 巫山 + -애.

• 비취여: 비추어. 비취- + -여.

• 냇고: 나와 있고. 나- + -아 # 잇- 고.

 - '냇고'의 '앳'은 '-아 # 잇-'이 축약된 형태이다. "巫山애 다 비취여 냇고"는 '무산에 다 비출 만큼 떠 있고' 정도로 해석된다.

• 楚ㅅ 므를: 초의 물. 초수. 기주 지역에 흐르는 강.

• 새려: 새로.

• 엿와: 엿보아. 엿오- + -아.

 - '엿오다'는 '엿보다'를 뜻하는 동사인데 중세 국어 시기 '엿오다', '엿우다', '여ᇫ오다'가 모두 쓰였다. "그 ᄢᅴ 天魔 엿와"〈능엄9:94a〉, "그ᅀᅳ기 채 엿우미"〈금삼2:2a〉, "天魔 여ᇫ와"〈능엄10:41a〉

• 몱도다: 맑도다. 몱- + -도- + -다.

- '몱도다'의 어간 종성이 자음군으로 실현되어 특기할 만하다. 8종성 표기법에 따라 종성에서는 한 자음만 표기되었기 때문이다. 중간본에는 '몰도다'로 표기되었다.

• 栖止ᄒᆞ얏ᄂᆞᆫ: 서지하여 있는. 살고 있는. 栖止ᄒᆞ- + -야 # 잇- + -ᄂᆞ- + -ㄴ.

- '얏'은 '-야 # 잇-'이 축약된 형태이다. '얫'으로 축약된 일도 있다.

• 소개셔: 속에서. 속 + -애셔.

- '-애셔'는 '-에서'를 뜻하는 조사로 선행하는 음절의 모음이 양성 모음일 때 통합되었다. 음성일 때는 '-에셔'가 통합되었다.

• 디위롤: 번째를. 디위 + -롤.

- '디위'는 '번', '번째' 정도를 뜻하는 단위 명사이며 "스믈네 디위롤 붉ᄂᆞ다"는 달이 스물네 번째 밝았다는 것을 뜻하므로 작자가 기주에 거주한 기간이 2년임을 의미한다.

• ᄃᆞᆷᄂᆞᆫ: 잠기는. ᄃᆞᆷ- + -ᄂᆞ- + -ㄴ.

- 'ᄃᆞᆷ다'는 '잠기다'를 뜻하는 동사이다. 여기에서 "오ᄅᆞ며 ᄃᆞᆷᄂᆞᆫ"(升沈)는 달이 뜨고 지는 것을 의미하므로 'ᄃᆞᆷ다'는 달이 지는 것을 뜻한다.

• 나ᅀᅡ가며 믈러오ᄂᆞᆫ: 나아가며 물러가는. 나ᅀᅡ가- + -며 # 물러오- + -ᄂᆞ- + -ㄴ.

- '나ᅀᅡ가며 믈러오ᄂᆞᆫ'(進退)은 달이 차고 기우는 것을 의미한다. 협주문의 "月이 初山則升而進之道ㅣ오 落則沈而退之道也ㅣ라"(달이 처음 나와서, 즉 올라서 나아가는 길이고 떨어져서 즉 잠기어 나가는 길이다.)를 통해서 "나ᅀᅡ가며 믈러오ᄂᆞᆫ"은 '달이 차고 기우는' 것을 가리키는 의미를 알 수 있다.

• ᄠᅳ들: 뜻을. ᄠᅳᆮ + -을.

- 銀漢ᄋᆡ: 은한의. 은한이. 銀漢 + -ᄋᆡ.
  - '銀漢ᄋᆡ'의 '-ᄋᆡ'는 주어적 속격으로 알려진 용법으로 [銀漢ᄋᆡ 듀믈]처럼 명사절의 주어에 '-ᄋᆡ'와 같은 속격(혹은 관형격) 조사가 통합되는 일이 있는데 주어적 속격은 이를 일컫는 말이다.
- 듀믈: 짐을. 디- + -움 + -을.
  - '디다'는 '지다'를 뜻하는 동사이다.
- 어그릇디: 어긋나지. 틀리지. 어그릇- + -디.
  - '어그릇다'는 후행하는 어미가 모음일 때는 '어그릋-'으로 실현되어 기본형은 '어그릋-'으로 삼을 수 있다. '어긋나다', '틀리다'를 뜻하는 동사인데 여기에서는 달이 은하수를 저버리고 먼저 지는 것이 어긋나지 않는 것을 가리킨 것으로 해석된다. 즉, 상현달이 일찍 뜨기 때문에 밤에 먼저 지고, 하현달이 늦게 뜨기 때문에 옥승과 비껴 서 있는 장면을 가리키는 것으로 추정된다.
- 玉繩의: 옥승의. 옥승이. 玉繩 + -의.
  - 여기에서 '-의'도 주어적 속격으로 쓰인 경우에 해당되며 '玉繩'은 별이름으로 북두칠성 제5성의 북쪽에 있는 두 개의 별, 천을(天乙)과 태을(太乙)을 말한다.
- 빗거: 비껴. 비ᇧ- + -어.
  - '비ᇧ다'는 '비끼다'를 뜻하는 동사이다. 접미사 '-이'가 결합된 '빗기다'가 '비끼다' 의미로 사용되는 일이 많다.
- 벋ᄒᆞ놋다: 벗하는구나. 벋ᄒᆞ- + -ᄂᆞ- + -옷- + -다.
- 瞿塘峽: 양자강(장강)의 풍광이 수려한 협곡. 양자강은 구당협, 무협, 서능협을 총칭하는 삼협이 절경을 이룬다.
- 여슷 버늘: 여섯 번을.
- 시우리: 시울(上弦)이. 상현달이.

• 오ᄅᆞ거다: 올랐다. 오ᄅᆞ- + -거- + -다.

– 여기에서 선어말어미 '-거-'는 사태에 대한 화자의 기정 내지 확정 인식을 표현하는 용법으로 쓰였다.

– "여슷 버늘 시우리 오ᄅᆞ거다"는 봄이 온 이래 상현달이 여섯 번이 떴다는 것을 뜻하므로 여섯 달이 지난 시간을 지시한다.

• 時時예: 시시에. 때때로.

• 지븨: 집에. 집 + -의.

– 이때 '-의'는 처소격 조사 '-에'의 기능으로 쓰였다.

• 짐즛: 짐짓.

• 하ᄂᆞᆯ해: 하늘에. 하ᄂᆞᆯㅎ +-애.

– '하ᄂᆞᆯㅎ'은 'ㅎ' 종성 체언으로 '하늘'을 뜻하는 명사이다.

• ᄀᆞᄃᆞᆨᄒᆞ얏도다: 가득하여 있도다. ᄀᆞᄃᆞᆨᄒᆞ- + -야 # 잇- + -도- + -다.

– '얏'은 '-야 # 잇-'이 축약된 형태이다. '얫'으로 축약되는 일도 있다.

• 서늘호미: 서늘함이. 서늘ᄒᆞ- + -옴 + -이.

– '-옴'은 명사형어미이다.

• 모ᄃᆞ니: 모이니. 몯- + -ᄋᆞ니.

– '몯다'는 '모이다'를 뜻하는 동사이다.

• ᄇᆞᄅᆞᄆᆡᆺ: 바람에. ᄇᆞᄅᆞᆷ + -애 + -ㅅ.

– "ᄇᆞᄅᆞᄆᆡᆺ 옷기지 寂靜ᄒᆞ고"에서 관형격 조사 '-ㅅ'은 그 기능이 특기할 만하다. 이 구문에서 '옷기지'는 서술어 '寂靜ᄒᆞ고'의 주어이고 'ᄇᆞᄅᆞᄆᆡᆺ'은 옷깃이 적정한 원인이 된다. 즉 'ᄇᆞᄅᆞᄆᆡᆺ'이 수식하는 성분이 존재하지 않으므로 이때 '-ㅅ'을 관형격 조사로 처리하기 곤란하다. 현재로서는 '-ㅅ'가 과도히 오용된 예로 해석된다.

• 옷기지: 옷깃이. 옷깆 + -이.

– "옷기지 寂靜ᄒᆞ고"는 '襟靜'을 언해한 것으로 바람에 나부끼는 옷깃이

움직이지 않고 있는 모양을 표현한 것으로 해석된다.

- 當ᄒᆞ야: 당하여. 대하여. 마주하여. 當ᄒᆞ- + -야.
  - '當ᄒᆞ다'는 '당하다', '대하다', '마주하다' 정도로 해석된다. 언해문 "虛空ᄋᆞᆯ 當ᄒᆞ야"는 달이 높이 떠서 화자의 얼굴을 마주하고 있는 장면을 표현한 것으로 보인다.
- 눈믈: 눈물.
- 무든: 묻은. 묻- + -은.
- ᄡᅡ매: 뺨에. ᄡᅡᆷ + -애.
  - 'ᄡᅡᆷ'은 '뺨'을 뜻하는 명사이다.
- ᄃᆞᆯ엿도다: 달렸도다. ᄃᆞᆯ이- + -어 # 잇- + -도- + -다.
  - 'ᄃᆞᆯ이다'는 '달리다'를 뜻하는 동사이다.
- 南녀그로: 남녘으로. 남쪽으로. 南녁 + -으로.
- ᄂᆞᄂᆞᆫ: 나는. ᄂᆞ- + -ᄂᆞ- + -ㄴ.
  - 'ᄂᆞ-'는 'ᄂᆞᆯ-'의 'ㄹ'이 'ㄴ' 앞에서 탈락된 형태이다.
- 가막가치: 까막까치.
- 바미: 밤이. 밤 + -이.
- 오라니: 오래니. 오래되니. 오라- + -니.
  - '오라다'는 '오래다'를 뜻하는 형용사이다.
- ᄀᆞᄅᆞᇝᄀᆞᅀᆞ로: 강가로. ᄀᆞᄅᆞᆷ + -ㅅ # ᄀᆞᇫ + -ᄋᆞ로.
  - 'ᄀᆞᄅᆞᆷ'은 '강'을 뜻하고, 'ᄀᆞᇫ'은 '가장자리'를 뜻하는 명사이다.
- 뎌: 져. 떨어져. 디- + -어.
  - '디다'는 '지다', '떨어지다'를 뜻하는 동사이다.
- 가ᄂᆞ옷다: 가는구나. 가- + -ᄂᆞ- + -옷- + -다.

《두시언해 권 12, 3a-3b》

❀ 원문 텍스트

月

四更山吐月 殘夜水明樓
塵匣元開鏡 風簾自上鉤
兔應疑鶴髮 蟾亦戀貂裘
斟酌姮娥寡 天寒奈九秋

❀ 언해문 텍스트

四更에 뫼히 ᄃᆞᄅᆞᆯ 비와ᄐᆞ니
너르더근 바ᄆᆡ 믌비치 樓에 ᄇᆞᆯ갓도다
【片月이 初出故云元開匣而月形이 如簾鉤ㅣ니라】
드틀 무든 匣애 ᄀᆞᆺ 거우루를 여러 내ᄂᆞᆫ ᄃᆞᆺ고
ᄇᆞᄅᆞᆷ 부ᄂᆞᆫ 바리 절로 갈공에 올앗ᄂᆞᆫ ᄃᆞᆺᄒᆞ도다
【言月中之蟾兔ㅣ 疑戀甫之髮與裘也ㅣ라】
톳기 당당이 내 셴머리ᄅᆞᆯ 疑心ᄒᆞ며
두터비도 ᄯᅩ 내 니벳ᄂᆞᆫ 갓오ᄉᆞᆯ 思戀ᄒᆞᄂᆞ니라
【羿妻姮娥ㅣ 服不死藥而奔月ᄒᆞ니라】
姮娥ㅣ ᄒᆞ올로 이슈믈 斟酌ᄒᆞ노니
하ᄂᆞᆯ히 치운 九秋에 엇던고

[해설] 이 시는 깊은 밤에 누대에서 달을 보면서 전설에 빗대어 자신이 보내야 할 쓸쓸한 가을에 대하여 읊은 시이다.

❀ 현대어역

월(달)

사경에 산이 달을 뱉으니
잔야(새벽녘)의 물빛이 누에 밝아 있도다.
먼지가 쌓인 경대에서 막 거울을 열어 내는 듯하고
바람 부는 발이 절로 갈고리에 올라 있는 듯하다.
토끼가 당당히 내 센머리를 의심하며
두꺼비도 또 내 입고 있는 갖옷을 연모한다.
항아가 홀로 있음을 짐작하니
하늘이 추운 가을에 어떠한고.

❀ 주석

• 四更에: 사경에. 四更 + -에.
  - '四更'은 하룻밤을 다섯으로 나눈 넷째 부분(部分), 즉 새벽 1시~3시까지의 동안을 가리킨다.
• 뫼히: 산이. 뫼ㅎ + -이.
  - '뫼ㅎ'은 '산'을 뜻하는 명사이다.
• ᄃᆞ를: 달을. ᄃᆞᆯ + -ᄋᆞᆯ.
• 비와ᄐᆞ니: 뱉으니. 비왙- + -ᄋᆞ니.
  - '비왙다'는 '뱉다'를 뜻하는 동사이다.
  - "뫼히 ᄃᆞ를 비와ᄐᆞ니"는 산봉우리 위에 달이 떠 올라오는 모습을 표현한 것이다.
• 너르더근 바ᄆᆡ: 잔야(殘夜). 새벽녘.

– '너르더근'이 다른 문헌에는 나타나지 않는 어휘로 그 뜻이 분명하지 않으나 '너르더근 밤'이 '잔야'(殘夜)를 언해한 것이므로 곧 날이 새려는 밤을 가리키는 것으로 추정된다.

• 믌비치: 물빛이. 믌빛 + –이.

– '믌빛'이 중간본에는 '–ㅅ'이 탈락된 '믈빛'으로 표기되었다.

• 볼갓도다: 밝아 있도다. 볽– + –아 # 잇– + –도– + –다.

– "믌비치 樓에 볼갓도다"는 달빛이 비친 물빛이 누대를 밝혀주는 형상을 표현한 것으로 보인다. 즉 물에 비친 달빛으로 누대가 환하게 밝아 있는 뜻으로 해석된다.

• 드틀: 티끌. 먼지.

• 匣애: 상자에서. 경대에서. 匣 + –애.

• 굿: 갓. 이제 막.

• 거우루를: 거울을. 거우루 + –를.

• 여러: 열어. 열– + –어.

– "열어 내는"는 '여는 듯', '열어 꺼내는' 정도로 해석된다.

• 돗고: 듯하고. 돗(ᄒᆞ)– + –고.

– '돗고'는 '돗ᄒᆞ–'와 '–고'가 축약되면서 'ᄒᆞ'가 탈락된 형태이다.

• ᄇᆞᄅᆞᆷ: 바람.

• 바리: 발이. [簾].

• 절로: 절로. 저절로.

• 갈공예: 갈고리에. 갈공 + –예.

– 처소격 조사 '–예'가 통합된 것은 예외적이다. 조사 '–예'는 선행음이 'ㅣ'나 반모음일 때 통합되고, '갈공'처럼 선행음이 자음이고 선행 음절의 모음이 양성일 때는 '–애'가 통합되는 것이 일반적이기 때문이다.

• 올앗ᄂᆞᆫ: 올라 있는. 올ㅇ– + –아 # 잇– + –ᄂᆞ– + –ㄴ.

- 중세 국어에서 '오르다'는 '오ᄅᆞ-', '올ㅇ-'으로 실현되는데 이른바 비자동적 교체 어간으로 '오ᄅᆞ-'는 후행음이 자음일 때 '올ㅇ-'은 선행음이 모음일 때 실현되었다.

• 톳기: 토끼.
  - 전설에서 달 속에 산다는 토끼를 말한다.

• 당당이: 당당히.

• 셴머리ᄅᆞᆯ: 센머리를. 셰- + -ㄴ # 머리 + -ᄅᆞᆯ.
  - '셴머리'는 '鶴髮'을 언해한 것으로 늙은 사람의 모습을 가리킨다.

• 두터비: 두꺼비.
  - 전설에서 달 속에 산다는 두꺼비를 가리킨다. 협주문의 "言月中之蟾兎"에서 그 내용을 확인할 수 있다.

• ᄯᅩ: 또.

• 내: 내가.
  - '내'는 '나', '내'를 뜻하는 1인칭 대명사이다.

• 니벳ᄂᆞᆫ: 입고 있는. 닙- + -어 # 잇- + -ᄂᆞ- + -ㄴ.

• 갓오ᄉᆞᆯ: 갖옷. 갓옷 + -ᄋᆞᆯ.
  - 여기에서 갖옷은 원문의 '貂裘'를 언해한 것으로 담비의 모피로 만든 갖옷을 가리킨다.

• 姮娥ᄋᆡ: 항아의. 항아가. 姮娥 + -ᄋᆡ.
  - 이때 조사 '-ᄋᆡ'는 주어적 속격으로 쓰인 것이다. "姮娥ᄋᆡ ᄒᆞ올로 이슈믈"처럼 명사절의 주어 姮娥에 통합된 '-ᄋᆡ'를 주어적 속격이라 한다.
  - 항아(姮娥)는 전설에서 달에 있는 궁에 산다는 선녀를 말한다. 항아가 불사약을 몰래 훔쳐먹고 신선이 되어 달로 도망가 정령이 되었다고 전해진다.

• ᄒᆞ올로: 홀로.

• 이슈믈: 있음을. 이시- + -움 + -을.

- '이시다'는 '있다'를 뜻하며 명사형어미 '-움'과 축약되어 '-이슘'으로 나타났다.

• 하ᄂᆞᆯ히: 하늘이. 하ᄂᆞᆯㅎ + -이.

- '하ᄂᆞᆯㅎ'은 'ㅎ' 종성 체언으로 '하늘'을 뜻하는 명사이다.

• 치운: 추운. 치우- + -ㄴ.

- '치우-'는 '치ᇦ-'의 'ㅸ'이 변화된 형태로 '치ᄫᅳᆫ 〉 치운'의 변화를 겪었다. '치우다'는 '춥다'를 뜻하는 형용사이다.

• 九秋: 구추. 음력 구월. 가을.

• 엇던고: 어떠한고. 엇더ᄒᆞ- + -ㄴ고.

- "엇던고"는 '엇더ᄒᆞ-'의 'ᄒᆞ'가 탈락된 것인데 "셔율 ᄆᆞᆯ갑시 엇더ᄒᆞᆫ고"〈번노 上:8a〉처럼 '엇더ᄒᆞ-'가 실현되는 것이 보통이다.
- "하ᄂᆞᆯ히 치운 九秋에 엇던고"는 '하늘이 추운 가을에 어찌할꼬?' 혹은 '하늘이 추운 가을은 어찌한고?' 정도로 해석하는 것이 자연스럽다.

《두시언해 권 12, 4a》

❀ 원문 텍스트

月圓

孤月當樓滿 寒江動夜扉
委波金不定 照席綺愈依
未缺空山靜 高懸列宿稀
故園松桂發 萬里共清輝

❀ 언해문 텍스트

외ᄅᆞ왼 ᄃᆞᆳ비치 樓의 當ᄒᆞ야 ᄀᆞ독ᄒᆞ니
서늘ᄒᆞᆫ ᄀᆞᄅᆞᄆᆞᆫ 밠 門ㅅ 부체예 뮈놋다
【言月色이 委於波浪則搖蕩ᄒᆞ야 如金不定이오 照綺席ᄒᆞ니 炯爛而光相依也ㅣ라】
비치 믌겨릐 더디 이니 金ㅅ비치 定티 아니ᄒᆞᆫ ᄃᆞᆺ고
돗ᄀᆡ 비취여 기베 더옥 븓놋다
이저디디 아니ᄒᆞ야시니 뷘 뫼히 寂靜ᄒᆞ고
노피 ᄃᆞᆯ여시니 버럿ᄂᆞᆫ 벼리 드므도다
故園에 솔와 桂樹ㅣ 펫ᄂᆞ니
萬里예 ᄆᆞᆯᄀᆞᆫ 비치 다ᄆᆞᆺ ᄒᆞ얫도다

[해설] 이 시는 높은 누각 위에 둥근 달이 떠올라 가을밤의 한기 중에 장강에 비친 달빛을 바라보며 고향을 그리워하는 마음을 읊은 시이다.

❀ 현대어역

> 월원(달이 둥글다. 보름달)
>
> 외로운 달빛이 누각에 마주하여 가득하니
> 서늘한 강은 밤 사립문에서 움직이는구나.
> 달빛이 물결에 던져지니 달의 금빛이 일정하지 아니한 듯하고(흔들리고)
> 돗자리에 비치니 비단보다 더욱 빛나는구나.
> (달이) 이지러지지 아니하여 있으니 빈 산이 적정하고
> 높이 달려 있으니 펼쳐진 별이 드물도다.
> 고원에 소나무와 계수가 펴 있으니(여전하니)
> 만 리에 맑은 빛이 함께 하여 있도다.

❀ 주석

- 외ᄅᆞ왼: 외로운. 외ᄅᆞ외- + -ㄴ.
  - '외ᄅᆞ외-'는 '외ᄅᆞᄫᆡ-'의 'ᄫ'이 변화된 형태로 '외ᄅᆞᄫᆡᆫ 〉 외ᄅᆞ왼'의 변화를 겪었다. 그런데 '-ᄅᆞ외-'가 형용사 파생 접미사라는 점에서 볼 때 '외'와 '-ᄅᆞ외-'로 분석될 만하나 명사 '외'가 확인되지 않아 공시적 분석은 어렵다. 다만 '외ᄅᆞᄫᆡᆫ', '외ᄅᆞ왼', '외ᄅᆞᆸ고' 등을 통해 '외'의 존재를 추정할 뿐이다.
- ᄃᆞᆳ비치: 달빛이. ᄃᆞᆳ빛 + -이.
  - 중간본에는 '-ㅅ'이 탈락된 'ᄃᆞᆯ빛'으로 표기되었다.
- 樓ᄋᆡ: 누에. 樓 + -ᄋᆡ.
  - 이때 '-ᄋᆡ'는 처소격 조사 '-에'의 의미로 쓰인 예이다.
- 當ᄒᆞ야: 당하여. 대하여. 마주하여. 當ᄒᆞ- + -야.

- "樓의 當ᄒᆞ야"는 달빛이 누대를 비추는 상황을 표현한 것으로 '달을 마주하여' 정도가 자연스럽게 보인다.

• ᄀᆞ독ᄒᆞ니: 가득하니. ᄀᆞ독ᄒᆞ- + -니.

- 여기에서 'ᄀᆞ독ᄒᆞ니'는 달이 둥근 상황으로 해석할 수도 있고 누대를 밝게 비추는 상황으로 해석할 수도 있는데 전자가 더 자연스럽게 보인다.

• 서늘ᄒᆞᆫ: 서늘한. 서늘ᄒᆞ- + -ㄴ.

• ᄀᆞᄅᆞᄆᆞᆫ: 강은. ᄀᆞᄅᆞᆷ + -ᄋᆞᆫ.

• 門ㅅ 부체예: 문의 문짝에. 사립문에.

- '부체'는 '문짝'을 의미하는데 여기에서 "門ㅅ 부체"는 사립문의 문짝을 의미하는 것으로 보인다. 협주문의 "照綺席ᄒᆞ니 炯爛而光相依也ㅣ라"(비단으로 꾸민 자리를 비추니 빛이 현란하여 서로 겹치는 것과 같다.)를 참고할 수 있다.

• 비치: 빛이. 빛 + -이.

• 뮈ᄂᆞᆺ다: 움직이는구나. 어른거리는구나. 뮈- + -ᄂᆞ- + -옷- + -다.

- 강물에 비친 사립문 그림자가 어른거리는 상황을 표현한 것으로 보인다.

• 믌겨릐: 물결에. 믌결 + -의.

- 여기에서 '-의'는 처소의 '-에'의 의미로 쓰였다. 중세 국어에서 '-의'는 관형격 조사로 쓰이는 일이 많으나 이처럼 처소의 '-에'와 같이 쓰이는 일도 있다. 이 기능은 근대 국어에서도 확인된다. 중간본에는 '-ㅅ'이 탈락된 '믈결'로 표기되었다.

• 더디이니: 던져지니. 더디이- + -니.

- '더디이-'는 '더디-'(던지다)에 접미사 '-이'가 결합된 형태로 '던져지다' 정도로 해석된다.

• 金ㅅ비치: 금빛이. 金 + -ㅅ # 빛 + -이.

• 定티: 일정하지. 定ᄒᆞ- + -디.

• ᄃᆞᆺ고: 듯하고. ᄃᆞᆺ(ᄒᆞ)- + -고.

- 'ᄃᆞᆺ고'는 'ᄃᆞᆺᄒᆞ고'가 축약되면서 'ᄒᆞ'가 탈락된 형식이다. 그러므로 언해문의 "아니ᄒᆞᆫ ᄃᆞᆺ고"는 '아니한 듯하고'로 해석된다.

• 돗긔: 돗자리에. 돗ㄱ + -ᄋᆡ.

- '돗ㄱ'는 '돗자리'를 뜻하는 명사이고 이때 '-ᄋᆡ'는 처소격 조사로 쓰였다.

• 비취여: 비치어. 비취- + -여.

- 이때 '비취다'는 '비치다'의 의미로 쓰였다. '비취다'가 "光明이 大千世界를 비취시며"〈월석2:013b〉처럼 '비추다'의 의미로도 사용되기 때문에 의미 관계를 고려하여 그 용법을 살펴야 한다.

• 기베: 비단보다. 깁 + -에.

- 여기에서 '-에'는 비교격 조사로 쓰였다.

• 븐ᄂᆞᆺ다: 의지하는구나. 빛나는구나. 븐- + -ᄂᆞ- + -ᄋᆞᆺ- + -다.

- '븐-'은 '븥-'[依]의 말음 'ㅌ'이 후행하는 'ㄴ'에 이끌려 동화된 표기로 보인다.

- "기베 더옥 븐ᄂᆞᆺ다"는 반짝이는 빛이 비단에 비추어 더욱 빛나는 것을 뜻하는 것으로 해석된다.

• 이저디디: 이지러지지. 이저디- + -디.

- '이저디다'는 '이지러지다'를 뜻하는 동사이다.

• 아니ᄒᆞ야시니: 아니하여 있으니. 아니ᄒᆞ- + -야 # 시- + -니.

- '-야 # 시-'에서 '시-'를 '이시-'의 이형태로 분석하였다. 그런데 이 '시-'를 분석하지 않고 '-야시-'처럼 융합형 어미로 처리하는 일도 있다. 즉, '-여 # 이시- 〉 - 여 시- 〉 -엇-'과 같은 문법화의 발달 과정으

로 보는 견해가 있다.

• 뷘: 빈. 뷔- + -ㄴ.

- '뷔다'는 '비다'를 뜻하는 동사이다.

• 뫼히: 산이. 뫼ㅎ + -이.

- '뫼ㅎ'은 'ㅎ' 종성 체언으로 '산'을 뜻하는 명사이다.

• 寂靜ᄒᆞ고: 적정하고. 고요하고. 寂靜ᄒᆞ- + -고.

• 노피: 높이.

• 돌여시니: 달려 있으니. 돌이- + -어 # 이시- + -니.

- '돌이다'는 '달리다'를 뜻하는 동사이고 '-어 # 시-'의 '시-'는 '이시-'의 이형태이다.

• 버럿ᄂᆞᆫ: 벌려 있는. 펼쳐 있는. 벌- + -어 # 잇- + -ᄂᆞ- + -ㄴ.

- '벌다'는 '벌리다'를 뜻하는 동사로 '버럿ᄂᆞᆫ'은 '벌려 있는', '펼쳐 있는' 정도로 해석된다.

• 드므도다: 드물도다. 드므- + -도- + -다.

- '드므-'는 '드믈-'의 'ㄹ'이 'ㄷ' 앞에서 탈락된 형태로 '드물다'를 뜻하는 형용사이다.

• 故園에: 옛 뜰에. 고향에. 故園 + -에.

• 솔와: 솔과. 소나무와. 솔 + -와.

- 중세 국어에서 조사 '-와'는 선행 체언의 말음이 모음이거나 'ㄹ'일 때 통합되었고 그 외의 자리에서는 '-과'가 통합되었다.

• 桂樹ㅣ: 계수가. 桂樹 + -ㅣ.

• 펫ᄂᆞ니: 피어 있는데. 피- + -어 # 잇- + -ᄂᆞ- + -니.

• 萬里예: 만 리에. 萬里 + -예.

• ᄆᆞᆯᄀᆞᆫ: 맑은. ᄆᆞᆰ- + -ᄋᆞᆫ.

- 'ᄆᆞᆰ-'은 '맑다'를 뜻하는 형용사이다.

• 다몿: 더불어. 함께.

– "비치 다몿 ᄒᆞ얫도다"는 만 리 밖 고향에도 이 달빛이 비치는 것을 의미하는 것으로 해석된다.

• ᄒᆞ얫도다: 하여 있도다. ᄒᆞ- + -야 # 잇- + -도- + -다.

– '-야 # 잇-'이 '-얫-'으로 축약되었는데 중간본에는 'ᄒᆞ얏도다'의 '-얏-'으로 축약되어 표기되었다. 이 중간본의 축약형을 '-아 # 잇- 〉 -얏- 〉 -앗-'의 문법화 단계를 보여주는 변화로 해석할 수도 있다.

《두시언해 권 12, 4b》

❀ 원문 텍스트

月夜

今夜鄜州月 閨中只獨看
遙憐小兒女 未解憶長安
香霧雲鬟濕 清輝玉臂寒
何時倚虛幌 雙照淚痕乾

❀ 언해문 텍스트

【時예 甫ᄋᆡ 妻子ㅣ 在鄜州ᄒᆞ니라】
오ᄂᆞᆳ 밤 鄜州옛 ᄃᆞᄅᆞᆯ
도장 안해셔 오직 ᄒᆞ오ᅀᅡ 보ᄂᆞ니라
효ᄀᆞᆫ 兒女ᄅᆞᆯ 아ᅀᆞ라히 憐愛ᄒᆞ노니
長安 ᄉᆞ랑호ᄆᆞᆯ 그르디 몯ᄒᆞ얏ᄂᆞ니라
【此ᄂᆞᆫ 想其妻也ㅣ라】
곳다온 雲霧에 구룸 ᄀᆞᄐᆞᆫ 머리 저젓고
ᄆᆞᆯᄀᆞᆫ 비체 玉 ᄀᆞᄐᆞᆫ ᄇᆞᆯ히 서늘ᄒᆞ니라
【此ᄂᆞᆫ 言何時예 歸家ᄒᆞ야 倚幌而坐ㅣ어든 月照夫妻也오】
어느 ᄢᅴ 뷘 帳ᄋᆞᆯ 지여셔
둘희 눉믌 그제 ᄆᆞᄅᆞ닐 비취에 ᄒᆞ려뇨

[해설] 안록산(安祿山)의 반란군에게 포로가 되어 장안에 억류된 때, 두보가 휘영청 밝은 달을 바라보면서 낯선 타향 부주에서 피난살이 중인 아내와 자녀들을 생각하며 쓴 시이다.

❀ 현대어역

> 월야(달밤)
>
> 오늘 밤 부주의 달을
> 규중 안에서 오직 홀로 본다.
> 작은(가엾은) 아녀자를 아득히 연애하니
> (어린 것들은) 장안을 생각함을 풀지 못하여 있다(생각하지 못하는구나.).
> 꽃다운(향기로운) 운무에 구름 같은 머리 젖어 있고
> 맑은 빛에 옥 같은 팔이 서늘하다.
> 어느 때 빈 휘장을 지어서
> 둘이서 눈물 흔적 마른 것을 비치게 하려뇨.

❀ 주석

- 오ᄂᆞᆳ: 오늘의. 오ᄂᆞᆯ + -ㅅ.
  - '오ᄂᆞᆳ 밤'이 중간본에는 '-ㅅ'이 탈락된 '오늘 밤'으로 표기되었다.
- 鄜州옛: 부주에의. 鄜州 + -예 + -ㅅ.
  - '옛'은 '에의', '에서의' 정도로 해석된다. 여기에서는 부주에 떠 있는 달을 지시하기 위해서 '鄜州옛'으로 표현한 것으로 보인다.
  - '鄜州'는 중국 섬서성 부현으로 두보의 가족이 안록산 난을 피해 잠시 머물던 곳을 가리킨다. 협주문의 "時예 甫의 妻子ㅣ 在鄜州ᄒᆞ니라"(당시에 두보의 처자가 부주에 있었다.)를 통해서 알 수 있다.
- 도장: 안방. 규중(閨中). 부녀자가 거처하는 방.
  - 여기에서는 규중에 거처하는 사람, 즉 "도장 안해셔"는 '도장 안에서 달을 보고 있는 두보의 아내'를 가리킨다.

- 안해셔: 안에서. 안ㅎ + -애셔.
  - '안ㅎ'은 'ㅎ' 종성 체언으로 '안'을 뜻하는 명사이다.
- ᄒᆞ오사: 홀로.
- 보ᄂᆞ니라: 본다. 보- + -ᄂᆞ- + -니- + -라.
  - 여기에서 보는 주체를 두보로 해석해서는 안 되고, 두보의 아내로 해석해야 한다. 시적 화자인 두보가 보는 주체라면 서술어에 1인칭 활용 선어말어미 '-오-'가 통합되었겠지만 이곳에는 통합되지 않았다. 따라서 보는 주체를 두보로 볼 수 없고 시적 의미 맥락을 고려할 때 두보의 아내로 해석하는 것이 온당하다.
- 효ᄀᆞᆫ: 작은. 가엾은. 횩- + -ᄋᆞᆫ.
  - '횩다'는 '작다'를 뜻하는 형용사인데 문맥을 고려할 때 '가엾은' 정도로 해석된다.
- 아ᅀᆞ라히: 아득히.
- 憐愛ᄒᆞ노니: 불쌍히 여겨 사랑하니. 憐愛ᄒᆞ- + -ᄂᆞ- + -오- + -니.
  - 여기에서 '-오-'는 주어 1인칭 활용 선어말어미이다.
- ᄉᆞ랑호ᄆᆞᆯ: 생각함을. ᄉᆞ랑ᄒᆞ- + -옴 + -ᄋᆞᆯ.
  - 'ᄉᆞ랑ᄒᆞ다'는 '생각하다'를 뜻하는 동사이며 '-옴'은 명사형 전성어미이다.
- 그르디: 풀지. 생각하지. [解]. 그르- + -디.
  - 여기에 쓰인 '그르다'는 '풀다', '생각하다' 정도로 해석되는 동사이다.
- 몯ᄒᆞ얏ᄂᆞ니라: 못하여 있다. 몯ᄒᆞ- + -야 # 잇- + -ᄂᆞ- + -니- + -라.
  - "그르디 몯ᄒᆞ얏ᄂᆞ니라"는 '생각하지 못하는구나.' 정도로 해석되는데 자녀들이 너무 어려서 포로가 된 아버지 두보 자신을 생각하지 못하는 것을 의미한다. 여기에서는 "그리디 몯ᄒᆞ얏ᄂᆞ니라"의 주체는 시적 화자, 즉 두보가 아닌 자녀들이기 때문에 '-오-'가 통합되지 않은 것이다.
- 곳다온: 꽃다운. 향기나는. 곳다오- + -ㄴ.

– ‘곳다오-’은 ‘곳닿-’의 ‘ㅸ’이 변화된 형태로 ‘곳다ᄫᆞᆫ 〉 곳다온’의 변화를 겪었다.

• 雲霧에: 운무에. 雲霧 + -에.

• ᄀᆞᆮᄐᆞᆫ: 같은. ᄀᆞᇀ- + -ᄋᆞᆫ.

• 저젓고: 젖어 있고. 젖- + -어 # 잇- + -고.

– “곳다온 雲霧에 구룸 ᄀᆞᄐᆞᆫ 머리 저젓고”는 향기로운 안개가 보얗게 피어올라 구름같이 틀어 올린 아내의 쪽 찐 머리가 촉촉하게 젖어 있는 모양을 그린 것으로 아름다운 아내를 그리워하는 마음을 드러내고 있다. 협주문의 “此ᄂᆞᆫ 想其妻也ㅣ라”(이는 그 처를 생각하는 것이다.)를 통해서도 아내를 그리워하는 구절임을 알 수 있다.

• ᄆᆞᆯᄀᆞᆫ: 맑은. ᄆᆞᆰ- + -ᄋᆞᆫ.

• 비체: 빛에. 빛 + -에.

• ᄇᆞᆯ히: 팔이. ᄇᆞᆯㅎ + -이.

– ‘ᄇᆞᆯㅎ’은 ‘ㅎ’ 종성 체언으로 ‘팔’을 뜻한다. 중간본에는 ‘ᄑᆞᆯㅎ’으로 표기되었다.

– “ᄆᆞᆯᄀᆞᆫ 비체 玉 ᄀᆞᄐᆞᆫ ᄇᆞᆯ히 서늘ᄒᆞ니라”는 맑은 달빛이 아내의 옥같이 아름다운 팔을 싸늘하게 비추고 있는 모양을 그린 것으로 아내의 아름다움을 그리워하는 의미를 담고 있다.

• 서늘ᄒᆞ니라: 서늘하니라. 서늘ᄒᆞ- + -니- + -라.

• ᄣᅢ: 때.

• 뷘: 빈. 비어 있는. 뷔- + -ㄴ.

– ‘뷔다’는 ‘비다’를 뜻하는 동사이다.

• 幌: 휘장. 장막.

• 지여셔: 지어서. 의지하여. 지- + -여셔.

– ‘지다’는 대체로 ‘지다’[負]의 의미로 쓰였는데 여기에서는 ‘의지하

다'[依]의 의미로 쓰였다.

- 연결어미 '-여셔'의 '-여'는 '지-'의 'ㅣ' 모음의 영향으로 반모음 'j'가 '-어서'에 삽입된 것으로 보인다.

• 둘희: 둘의. 두 사람의. 둘ㅎ + -의.

- '둘ㅎ'은 '둘'을 뜻하는 수사로 여기에서는 '두 사람의' 정도로 해석된다.

• 눉믌: 눈물의. 눉믈 + -ㅅ.

- 중간본에는 '-ㅅ'이 탈락된 '눈물'로 표기되었다.

• 그제: 흔적.

• ᄆᆞᄅᆞ닐: 마른 것을. ᄆᆞᄅᆞ- + -ㄴ # 이 + -ㄹ.

• 비취에: 비추게. 비취- + -에.

- '-에'는 부사형어미인데 '이' 모음이나 반모음 'j', 'ㄹ' 뒤에서 나타났고 그 외의 환경에서는 '-게'나 나타났다.

- 이 구절은 환한 달빛에 그동안 흘렸던 눈물 자국을 말리고 싶은 마음을 드러낸 것으로 해석된다. 협주문의 "此ᄂᆞᆫ 言何時예 歸家ᄒᆞ야 倚幌而坐ㅣ어든 月照夫妻也오"(이는 언제 집으로 돌아가 휘장에 기대어 앉거든 달이 부부를 비출 것인고)에서도 알 수 있듯이 부인과 가족에 대한 그리움이 지극한 심정임을 표현하고 있다.

• ᄒᆞ려뇨: 하겠는가. 하려는가. ᄒᆞ- + -리어- + -뇨.

- '-리어-'는 선어말어미 '-리-'와 '-어-'가 결합된 어미 형태인데 주로 미래에 확정될 사실을 가상하는 의미로 쓰였다.

- 의문의 종결어미 '-뇨'를 선어말어미 '-니-'와 의문어미 '-오'로 분석하고 이 '-오'를 의문어미 '-고'의 'ㄱ'이 약화 탈락된 것으로 설명하기도 하는데 '-오'가 어간에 직접 결합되는 예가 확인되지 않고 항상 '-니-'나 '-리-'를 수반하기 때문에 '-니오', '-뇨'를 분석하지 않기도 한다. 여기에서는 '-뇨'를 '-니오'와 달리 융합형 어미로 다루고자 한다.

《두시언해 권 12, 5a》

❀ 원문 텍스트

一百五日夜對月
【冬至後一百五日이 爲寒食이라】

無家對寒食 有淚如金波
斫却月中桂 清光應更多
仳離放紅蕊 想像嚬青娥
牛女謾愁思 秋期猶渡河

❀ 원문 텍스트

【金波ᄂᆞᆫ 月光이 如金之波流也ㅣ라】
집 업시셔 寒食ᄋᆞᆯ 對호니
잇ᄂᆞᆫ 눉므리 金믌결 ᄀᆞᆮ도다
ᄃᆞᆳ 가온ᄃᆡᆺ 桂樹를 버히면
ᄆᆞᆯᄀᆞᆫ 비치 당당이 가ᄉᆡ야 하리로다
여희여슈메 블근 곳부리 폣ᄂᆞ니
프른 눈서블 찡긔여슈믈 스치노라
【言牛女ᄂᆞᆫ 秋猶渡河而會라 不如甫之長別也ㅣ라】
牽牛 織女ᄂᆞᆫ 쇽졀업시 시름ᄒᆞ놋다
ᄀᆞᄉᆞᆯ힌 오히려 銀河ᄅᆞᆯ 건나가리라

[해설] 이 시는 한식날을 맞아 달을 보며 두고 온 아내를 그리워하며 만날 날이 기약 없음을 한탄한 내용을 담고 있다.

❀ 현대어역

일백오일야대월(백오일이 되는 밤에 달을 대하다.)

집 없이 한식을 대하니
있는 눈물이 금물결 같도다.
달 가운데 계수를 베면
맑은 달빛이 응당 다시 밝으리로다.
헤어져 있음에도 붉은 꽃봉오리 피어 있었는데
푸른 눈썹을 찡그리고 있음을 스치노라.
견우(견우와 직녀)는 속절없이 시름을 하는구나.
가을에는 오히려 은하를 건너가리라.

❀ 주석

- 一百五日: 한식일(寒食日).
  - '一百五日'은 동지로부터 105일째 되는 날로 4월 5일이나 6일쯤이 되는 날인 한식날을 가리킨다. 한식날이라 하지 않고 그 기간의 날짜 수를 기록한 것은 두보가 집을 떠나 가족과 헤어진 날이 오래되었음을 드러내고자 한 것으로 보인다. 협주문의 "冬至後一百五日이 爲寒食이라"(동지 후 일백오일이 한식이 된다.)에서 한식일임을 알 수 있다.
- 업시셔: 없이. 없이 있어. 없- + -이 # 시- + -어.
  - 이때 '시-'는 '이시-'의 이형태로 분석된다. 여기에서 "집 업시셔"는 집을 떠나 홀로 있는 자신을 묘사한 것으로 해석된다.
- 對호니: 대하니. 對ᄒᆞ- + -오- + -니.
- 잇ᄂᆞᆫ: 있는. 잇- + -ᄂᆞ- + -ㄴ.

– ‘잇다’는 ‘있다’를 뜻한다.

• 눉므리: 눈물이. 눉믈 + –이.

– 중간본에는 ‘–ㅅ’이 탈락된 ‘눈물’로 표기되었다.

• 金믌결: 금물결.

– ‘金믌결’은 달빛이 강물에 비쳐 물결 위에 황금빛이 나는 것을 표현한 것이다. 협주문의 “金波는 月光이 如金之波流也ㅣ라”(금물결은 달빛이 금의 물결과 같은 것이다.)에서도 알 수 있다. ‘믌결’도 중간본에는 ‘믈결’로 표기되었다.

• 곧도다: 같도다. 곧– + –도– + –다.

– ‘곧–’는 ‘곹–’의 종성 ‘ㅌ’이 음절말에서 8종성 표기에 따라 표기된 형태이다.

– 중세 국어에서는 종성 표기로 ‘ㄱ, ㄴ, ㄷ, ㄹ, ㅁ, ㅂ, ㅅ, ㅇ’ 8자가 사용되었는데 이를 8종성 표기법이라고 한다. 즉, 종성에서는 8 자음이 발음되었고 그 발음이 표기에 그대로 표기된 것이다. 『훈민정음』의 “八終聲可足用”이 반영된 표기법이다.

• 돐: 달의. 돌 + –ㅅ.

– “돐 가온딧 桂樹를”은 ‘달 가운데의 계수를’로 해석되어 관형격 조사가 ‘돌’과 ‘가온딕’에 각각 통합된 구문이다.

• 버히면: 베면. 버히– + –면.

– ‘버히다’는 ‘베다’를 뜻하는 동사이다. “桂樹를 버히면”은 달빛이 계수나무에 가려져 있어 계수나무를 베어내어 빛을 밝게 하고자 하는 시인의 마음이 드러나 있다.

• 몰곤: 맑은. 묽– + –온.

• 비치: 빛이. 빛 + –이.

• 당당이: 당연히. 마땅히. 응당.

• 가식야: 다시

• 하리로다: 많으리로다. 밝으리로다. 하- + -리- + -로- + -다.

- '하-'는 '많다', '크다'를 뜻하는 동사이다.
- '-로-'는 감탄의 선어말어미인데 '-도-'와 교체되었다. '-로-'는 미래 선어말어미 '-리-'와 서술격조사(계사) 뒤에서 나타났고 그 외의 환경에서는 '-도-'가 나타났다. '-도-'와 '-로-' 외에 '-롯-', '-돗-', '-옷-' 등도 존재하였고, 다른 선어말어미와 축약된 '-샷-', '-놋-', '-닷-' 등도 존재하였다.

• 여희여슈매: 헤어져 있음에. 여희- + -여 # 시- + -움 + -애.

- '여희다'는 '이별하다', '헤어지다' 정도로 해석되는 동사이다.
- '슈매'는 '이시-'의 이형태 '시-'에 명사형어미 '-움', 조사 '-애'가 통합된 형식이다. 여기에서 가족, 혹은 부인과 떨어져 있는 상황을 고려할 때 '여희여슈매'는 '헤어져 있음에도' 정도로 해석하는 것이 자연스럽게 느껴진다.

• 블근: 붉은. 븕- + -은.

• 곳부리: 꽃봉오리.

• 펏ᄂᆞ니: 피어 있는데. 피- + -어 # 잇- + -ᄂᆞ- + -니.

- '피-'에 '-어'가 통합되면 보통은 '퍼'로 실현되는데 여기에서는 '퍼'로 표기된 것이 특징적이다. 또한 앞에서는 '펫ᄂᆞ니'로 표기되었는데 여기에서는 '펏ᄂᆞ니'로 표기되어 '-어 잇'의 축약이 다양하게 실현되는 것을 확인할 수 있다.

• 프른: 푸른. 프르- + -은.

• 눈서블: 눈썹을. 눈섭 + -을.

• 삥긔여: 찡그리어. 삥긔- + -여.

- '삥긔다'는 '찡그리다'를 뜻하는 형용사이다.

– "프른 눈서블 찡긔여슈믈 스치노라"에서 '스치노라'는 원문의 '想'을 언해한 것으로 두보가 아내를 생각하는 장면을 표현한 것이다. 아내가 피어난 꽃을 대하여 눈을 찡그리며 시름에 젖어 있는 모습을 두보가 생각하는 내용을 담은 것이다.

• 스치노라: 스치노라. 생각하노라. 스치- + -ᄂᆞ- + -오- + -라.

• 쇽졀업시: 속절없이.

• 시름ᄒᆞᄂᆞᆺ다: 시름하는구나. 시름ᄒᆞ- + -ᄂᆞ- + -옷- + -다.

– 'ᄂᆞᆺ'은 현재 시제 선어말어미 '-ᄂᆞ-'와 감탄법 선어말어미 '-옷-'이 축약된 형태이다.

• ᄀᆞ숤힌: 가을엔. ᄀᆞ숧 + -ᄋᆡ + -ㄴ.

– 'ᄀᆞ숤힌'은 원문의 '秋期'기를 언해한 것으로 견우와 직녀가 만난다는 칠석날을 가리키는데 본문의 "ᄀᆞ숤힌 오히려 銀河를 걷나가리라"는 아내와 떨어져 있는 두보가 아내와 재회할 날을 기대하는 심정을 담고 있는 것으로 해석된다.

• 걷나가리라: 건너가리라. 걷나가- + -리- + -라.

– '걷나가-'는 '걷나-'와 '가-'가 결합된 합성어이다.

《두시언해 권 12, 5b-6a》

❀ 원문 텍스트

八月十五夜月 二首

滿目飛明鏡 歸心折大刀
轉蓬行地遠 攀桂仰天高
水路疑霜雪 林棲見羽毛
此時瞻白兎 直欲數秋毫

稍下巫山峽 猶銜白帝城
氣沈全浦暗 輪側半樓明
刁斗皆催曉 蟾蜍且自傾
張弓倚殘魄 不獨漢家營

❀ 언해문 텍스트

【大刀頭에 有環ᄒᆞ니 謂還也ㅣ니 今折則言不環也ㅣ라】
누네 ᄀᆞᄃᆞ기 ᄇᆞᆯᄀᆞᆫ 거우뤼 ᄂᆞᄂᆞ니
도라갈 ᄆᆞᅀᆞ문 큰 갈히 것도다
다봇 옮ᄃᆞᆺ ᄒᆞ야 ᄃᆞ니논 ᄯᅡ히 머니
桂樹를 더위 자바 하ᄂᆞᆳ 노포ᄆᆞᆯ 울워노라
믌길홀 서리와 누닌가 疑心ᄒᆞ노니
수프레 깃ᄒᆞ얫ᄂᆞᆫ 새터리ᄅᆞᆯ 아라보리로다
【月色이 明徹故로 鳥羽兎毫ᄅᆞᆯ 皆可見也ㅣ라】
이 ᄢᅴ 힌 톳기ᄅᆞᆯ 보노니
곧 ᄀᆞᅀᆞᆯ 터리ᄅᆞᆯ 혜오져 ᄒᆞ노라

巫山峽에 져기 ᄂᆞ리고
白帝城을 오히려 머겟도다
氣運이 沈沒ᄒᆞ니 오ᄋᆞ로 개 어듭고
둘에 기우니 半만 樓ㅣ 붉도다
【刀斗ᄂᆞᆫ 軍中에 擊之ᄒᆞ야 警夜者ㅣ라 蟾蜍ᄂᆞᆫ 月中所有ㅣ라】
刀斗ㅣ 다 새배를 뵈아ᄂᆞ니
두터비ᄂᆞᆫ 제 기우럿도다
【言張弓而倚曉月之殘魂者ᄂᆞᆫ 漢虜之營이 皆然也ㅣ니라】
활 지혀 가지고 殘魄애 비겻ᄂᆞ니ᄂᆞᆫ
ᄒᆞ올로 漢家ㅅ 軍營ᄲᅮᆫ 아니니라

[해설] 이 시는 가을밤 달을 읊으면서 기주에서 나그네로 살아가는 외로운 심정과 장안에 대한 그리운 심정을 담고 있다. 한편, 중간본에는 1수만 전해진다.

❀ 현대어역

팔월십오야월 이 수(팔월보름달 두 수)

눈에 가득히 밝은 거울이 나는데
돌아갈 마음은 큰 칼이 꺾도다.
다북쑥 옮기듯 하여 다니는 땅이 머니
계수를 붙잡아 하늘 높음을 우러른다.
물길을 서리와 눈인가 의심하노니
수풀에 깃들어 있는 새털을 알아보리로다.
이때 흰 토끼를 보는데
곧 가을 털을 세고자 한다.

(달이) 무산협에 조금씩 내리고(지고)
백제성을 여전히 머금고 있도다.

기운이 침몰하니 온전히 개 어둡고(어둡지만)
달이 기우니 반만 누각이 밝도다.
조두가 모두 새벽을 재촉하는데
두꺼비는 스스로 기울어 있도다.
활 지고(장전해서) 달의 남은 모습에 의지하는 이는
홀로 한가의 군영뿐 아니니라.

❀ 주석

- 누네: 눈에. 눈 + -에.
- ᄀᆞᄃᆞᆨ기: 가득히.
- ᄇᆞᆯᄀᆞᆫ: 밝은. ᄇᆞᆰ- + -ᄋᆞᆫ.
- 거우뤼: 거울이. 거우루 + -ㅣ.
  - 여기에서 '-ㅣ'는 주격 조사이다. 중세 국어에서 주격 조사는 '-이'와 '-ㅣ', '-∅'가 존재하였다. '-이'는 선행 체언이 자음일 때, '-ㅣ'는 모음일 때 통합되었다. '-∅'는 'ㅣ' 모음이거나 반모음 'j'일 때 통합되었는데 '-∅'로 나타날 때는 성조가 변동되기도 하였다.
  - "ᄇᆞᆯᄀᆞᆫ 거우뤼"는 보름달이 거울에 비친 장면을 표현한 것으로 보인다.
- ᄂᆞᄂᆞ니: 나니. 나는데. ᄂᆞ- + -ᄂᆞ- + -니.
  - 어간 'ᄂᆞ-'는 'ᄂᆞᆯ-'의 'ㄹ'이 후행음이 'ㄴ'일 때 탈락하는 음운 현상이 반영된 표기이다.
- 도라갈: 돌아갈. 도라가- + -ㄹ.
  - '도라가-'는 '[[돌- + -아] [가-]]'로 구성된 합성어이다.
- ᄆᆞᅀᆞ문: 마음은. ᄆᆞᅀᆞᆷ + -ᄋᆞᆫ.
- 갈히: 칼이. 갈ㅎ + -이.

• 것도다: 꺾도다. 것- + -도- + -다.

- 어간 '것-'은 '걹-'의 종성 'ㅺ'가 8종성 표기법에 따라 한 자음 'ㅅ'만 표기된 형태이다. 중세 국어에서는 종성 자리에 8개 자음, 즉 'ㄱ, ㄴ, ㄷ, ㄹ, ㅁ, ㅂ, ㅅ, ㆁ'만 표기되었다.

• 다봇: 다북쑥.

• 옮돗: 옮기듯. 옮- + -돗.

- "다봇 옮돗 ᄒᆞ야"는 '곳곳에 흩어져 자라는 다북쑥'을 표현한 것으로 보인다.

• ᄃᆞᆫ니논: 다니는. ᄃᆞᆫ니- + -ᄂᆞ- + -오- + -ㄴ.

- 'ᄃᆞᆫ니-'는 'ᄃᆞᆮ-'와 '니-'가 직접 결합된 합성어인데 'ᄃᆞᆮ-'의 종성 'ㄷ'이 후행하는 '니-'의 'ㄴ'에 동화되어 'ᄃᆞᆫ-'으로 실현된 것이다.

• ᄯᅡ히: 땅이. ᄯᅡㅎ + -이.

- 'ᄯᅡㅎ'은 'ㅎ' 종성 체언으로 근대 국어를 거치면서 '땅'으로 변화되었다.

• 머니: 머니. 머- + -니.

- '머-'는 '멀-'의 'ㄹ'이 'ㄴ' 앞에서 탈락된 형태이다.

• 더위자바: 붙잡아. 더위잡- + -아.

- '더위잡다'는 '붙잡다'를 뜻하는 동사이다.

• 하ᄂᆞᆳ: 하늘이. 하ᄂᆞᆯ + -ㅅ.

- 이때 '-ㅅ'은 주어적 속격으로 쓰인 것이다. "하ᄂᆞᆳ 노포ᄆᆞᆯ"의 명사절에서 '하ᄂᆞᆯ'은 서술어 '높-'의 주어이기 때문에 주격 조사가 통합해야 하나 이처럼 명사절이나 관형사절에서는 관형격 조사(속격 조사)가 통합되는 일이 있다. 중간본에는 '-ㅅ'이 탈락된 '하ᄂᆞᆯ'로 표기되었다.

• 노포ᄆᆞᆯ: 높음을. 높- + -옴 + -ᄋᆞᆯ.

• 울워노라: 우러른다. 울워- + -ᄂᆞ- + -오- + -라.

- 어간 '울워-'는 '울월-'의 'ㄹ'이 'ㄴ' 앞에서 탈락된 음운 현상이 반영된 표기이다.
- '-오-'는 1인칭 활용 선어말어미로 '울워노라'의 주체가 시적 화자임을 표시한 것이다. '-라'는 평서법 종결어미인데 1인칭 활용 선어말어미나 '-니-', '-리-', 서술격 조사 뒤에 통합되었다.

• 믌길홀: 물길을. 믌길ㅎ + -올.
- '길ㅎ'은 'ㅎ' 종성 체언으로 '길'을 뜻하는 명사이다. '믌길'이 중간본에서는 '-ㅅ'이 탈락된 '믈길'로 표기되었다.

• 서리와: 서리와. 서리 + -와.

• 누닌가: 눈인가. 눈 + -이- + -ㄴ가.
- 물길을 서리인가 눈인가 의심하는 것은 밝은 달빛에 비친 물결이 하얗게 보이는 장면을 묘사하기 위함인 것으로 보인다.

• 수프레: 수풀에. 수플 + -에.
- '수플'은 '수풀'을 뜻하는 명사로 근대 국어 시기에 '수플 〉 수풀'의 원순모음화를 겪었다.

• 깃ᄒᆞ얫ᄂᆞᆫ: 깃들어 있는. 깃ᄒᆞ- + -야 # 잇- + -ᄂᆞ- + -ㄴ.
- '깃ᄒᆞ다'는 '깃들다'를 뜻하는 동사이며, '얫'은 연결어미 '-야'와 어간 '잇-'이 축약된 형태이다.

• 새터리롤: 새털을. 새터리 + -롤.
- '터리'는 '털'을 뜻하는 명사이다.

• ᄢᅴ: 때.

• 힌: 흰.

• 톳기롤: 토끼를. 톳기 + -롤.
- '톳기'는 '토끼'를 뜻하는 명사이다.

• 보노니: 보는데. 보- + -ᄂᆞ- + -오- + -니.

- '-노-'는 현재 시제 선어말어미 '-ᄂᆞ-'와 1인칭 활용 선어말어미 '-오-'가 축약된 형태이다.

• ᄀᆞᄉᆞᆯ: 가을.

• 터리ᄅᆞᆯ: 털을. 터리 + -ᄅᆞᆯ.

• 혜오져: 세고자. 혜- + -오져.

- '혜다'는 '세다'를 뜻하는 동사이고, 연결어미 '-오져'는 '-고져'와 교체되었는데 선행음이 '이' 모음이나 반모음 'j', 'ㄹ'일 때 나타났다.

- 협주문의 "月色이 明徹故로 鳥羽兎毫ᄅᆞᆯ 皆可見也ㅣ라"(달빛이 밝고 투명해서 새깃과 토끼털을 다 볼 수 있는 것이다.)를 통해 볼 때 이 구절은 새깃과 토끼털을 다 볼 수 있을 정도로 달빛이 맑고 투명함을 표현한 것으로 해석된다.

• 巫山峽에: 무산협에. 巫山峽 + -에.

• 져기: 조금. 조금씩.

• ᄂᆞ리고: 내리고. 지고. ᄂᆞ리- + -고.

- 'ᄂᆞ리다'는 '내리다'를 뜻하는 동산인데 여기에서는 달이 지는 상황을 표현한 것이다.

• 오히려: 오히려. 여전히.

- 여기에서는 '오히려'가 '여전히' 정도로 해석되는데 '오히려'의 쓰임이 일반적이지 않아서 특기할 만하다.

• 머것도다: 머금고 있다. 먹- + -어 # 잇- + -도- + -다.

- 여기에서 '먹다'는 '머금다'를 뜻하는 동사로 해석되고, '머것'의 '엇'은 연결어미 '-어'와 어간 '잇-'이 축약된 형태이다.

• 沈沒ᄒᆞ니: 침몰하니. 가라앉으니. 沈沒ᄒᆞ- + -니.

- 여기에서 '沈沒ᄒᆞ-'는 기분이 '가라앉다', '내려앉다' 정도를 뜻하는 것으로 해석된다.

• 오ᄋᆞ로: 온전히.

• 개: 개. 강이나 내에 바닷물이 드나드는 곳.

• 둘에: 둘레. 바퀴.

 - '둘에'는 '둘레', '바퀴'를 뜻하는데 여기에서는 달을 비유한 것이다.

• 기우니: 기우니. 기우- + -니.

 - '기우-'는 '기울-'의 'ㄹ'이 'ㄴ' 앞에서 탈락된 형태이다.

• 半만: 반만. 半 + -만.

• 樓ㅣ: 누각이. 樓 + -ㅣ.

• ᄇᆞᆰ도다: 밝도다. ᄇᆞᆰ- + -도- + -다.

• ᄃᆞ콰ㅣ: 조두가. ᄃᆞ콰 + -ㅣ.

 - 'ᄃᆞ콰'는 옛날 군에서 냄비와 장의 겸용으로 쓰던 기구를 말한다. 협주문의 "刀斗ᄂᆞᆫ 軍中에 擊之ᄒᆞ야 警夜者ㅣ라"(조두는 군대에서 그것을 쳐서 밤에 경비하는 것이다.)를 참고할 수 있다.

• 새배를: 새벽을. 새배 + -를.

 - '새배'는 '새벽'을 뜻하는 명사이다.

• 뵈아ᄂᆞ니: 재촉하는데. 뵈아- + -ᄂᆞ- + -니.

 - '뵈아다'는 '재촉하다'를 뜻하는 동사이다.

• 두터비ᄂᆞᆫ: 두꺼비는. 두터비 + -ᄂᆞᆫ.

 - '두터비'는 '두꺼비'를 뜻하는 명사이다.

• 제: 스스로.

• 기우럿도다: 기울어 있도다. 기울- + -어 # 잇- + -도- + -다.

• 활: 활.

• 지허: 지어. 짛- + -어.

 - '짛-'는 '얹-'를 뜻하는 동사로 "활 지허 가지고"는 '활을 얹어서', '활을 장전해서' 정도로 해석된다.

• 殘魄애: 잔백에. 새벽달의 남은 모습에. 殘魄 + -애.

• 비겻ᄂᆞ니ᄂᆞᆫ: 의지하는 이는. 기대는 이는. 비기- + -어 # 잇- + -ᄂᆞ- + -ㄴ # 이 + -ᄂᆞᆫ.

  - '비기다'는 '의지하다', '기대다'를 뜻하는 동사이다. 여기에서 '비겻ᄂᆞ니ᄂᆞᆫ'은 군영의 활이 달의 모습을 배경으로 하고 있음을 가리킨 것으로 해석된다. 협주문의 "言張弓而倚曉月之殘魂者ᄂᆞᆫ 漢虜之營이 皆然也ㅣ니라"(활을 장전하고 새벽달의 모습이 배경이 되고 있는 것은 한나라의 병영이 모두 그와 같은 것을 말한다.)를 참고할 수 있다.

• ᄒᆞ올로: 홀로.

• 漢家ㅅ 軍營쁜: 한가의 군영만. 漢家 + -ㅅ # 軍營 + -쁜.

  - 여기에서 조사 '-쁜'은 '만'의 의미로 쓰였다.
  - "漢家ㅅ 軍營쁜 아니니라"는 '한가의 군영만이 아니다.' 정도로 해석된다.

《두시언해 권 12, 6a-6b》

❀ 원문 텍스트

十六夜翫月

舊挹金波爽 皆傳玉露秋
關山隨地闊 河漢近人流
谷口樵歸唱 孤城笛起愁
巴童渾不寢 半夜有行舟

❀ 원문 텍스트

녜브터 金 ᄀᆞᄐᆞᆫ 믌겨릐 서늘호ᄆᆞᆯ 挹取ᄒᆞ노니
다 傳호ᄃᆡ 玉 ᄀᆞᄐᆞᆫ 이슰 ᄀᆞᅀᆞᆯ히라 ᄒᆞᄂᆞ다
【樂府에 有關山月故로 月詩예 多用關山也ㅣ라】
關山이 짜ᄒᆞᆯ 조차 어위니
河漢은 사ᄅᆞᄆᆡ게 갓가와 흐로놋다
묏곬 이펜 나모 져 도라오ᄂᆞᆫ 놀애 블로미오
외로왼 城읫 뎟소리ᄂᆞᆫ 시르믈 니ᄅᆞ왇놋다
巴州ㅅ 아ᄒᆡᄂᆞᆫ 다 자디 아니ᄒᆞᄂᆞ니
半夜애 녀ᄂᆞᆫ ᄇᆡ 잇도다

[해설] 이 시는 가을의 정취를 달빛과 옥 같은 이슬, 산골 입구에서 나무하는 소리, 아이들의 시끌벅적한 소리를 정겹게 표현하면서도 추석 바로 뒷날이어서인지 배를 타고 고향으로 떠나고 싶은 마음을 담고 있다. 한편, 이 시는 중간본에는 존재하지 않는다.

❀ 현대어역

십육야완월(16일 밤에 달을 감상하다.(추석 바로 뒷날))

예부터 금 같은 물결의 서늘함을 떠 취하니
모두 전하되 옥 같은 이슬의 가을이라 한다.
관산이 땅을 따라 넓으니
하한은 사람에게 가까이 흐르는구나.
산골의 입구에서는 나무를 지어 돌아오는 노래 부르고
외로운 성에서는 피리 소리가 시름을 일으키는구나.
파주의 아이들은 모두 자지 아니하는데
반야에 다니는 배가 있도다.

❀ 주석

• 녜브터: 옛부터. 녜 + -브터.

– '-브터'는 본래 '븥-' 동사에 연결어미 '-어'가 통합된 활용형이었는데 문법화 과정을 거치면서 조사로 변화된 것이다. 중세 국어 시기는 이 두 형태, 즉 활용형과 문법화 형태가 공존하였는데 원문의 '녜브터'의 '-브터'는 문법화의 끝 단계에 이른 것으로 보인다.

• ᄀᆞᄐᆞᆫ: 같은. ᄀᆞᇀ- + -ᄋᆞᆫ.

• 믌겨릐: 물결의. 믌결 + -의.

– '믌결'은 '물결'을 뜻하는 명사이다. "금 ᄀᆞᄐᆞᆫ 믌겨릐"은 '金波' 곧 금 같은 물결을 뜻하는데 여기에서는 달빛이 비친 물결을 가리킨다. 중간본에는 '-ㅅ'이 탈락된 '믈결'로 표기되었다.

• 挹取ᄒᆞ노니: 끌어당기어 취하니. 挹取ᄒᆞ- + -ᄂᆞ- + -오- + -니.

• 傳호ᄃᆡ: 전하되. 傳ᄒᆞ- + -오ᄃᆡ.

• ᄀᆞᄐᆞᆫ: 같은. ᄀᆞᇀ- + -ᄋᆞᆫ.

• ᄀᆞᅀᆞᆯ히라: 가을이다. ᄀᆞᅀᆞᆶ + -이- + -라.

 - "이ᅀᆞᆳ ᄀᆞᅀᆞᆯ히라"는 '이슬의 가을이다.' 내지 '이슬이 내리는 가을이다.' 정도로 해석하는 것이 자연스럽다.

• ᄯᅡ홀: 땅을. ᄯᅡㅎ + -ᄋᆞᆯ.

 - 'ᄯᅡㅎ'은 '땅'을 뜻하는 명사이다.

• 조차: 좇아. 따라. 좇- + -아.

 - '좇다'는 '좇다', '따르다' 정도를 뜻하는 동사이다. "ᄯᅡ홀 조차"는 '땅을 따라' 정도로 해석하는 것이 자연스럽다.

• 어위니: 넓으니. 어위- + -니.

 - '어위다'는 '넓다'를 뜻하는 형용사이다.

• 河漢: 하한. 은하수.

• 사ᄅᆞ미게: 사람에게. 사ᄅᆞᆷ + -ᄋᆡ게.

 - 여기에서 '-ᄋᆡ게'는 '-에게'를 뜻하는 조사로 해석되는데 이 '-ᄋᆡ게'는 선행하는 체언이 존칭일 때는 '-ㅅ게' 내지 '-ㅅ긔'로 나타났다. 기원적으로는 [NP1 + -ᄋᆡ/ㅅ # ᄀᆞᇰ + -의]인데 이 구성이 축약되어 문법화를 거치면서 이른바 여격 조사 형태로 변화되었고 이 두 구성, 즉 통사 구성과 형태 구성이 중세 국어 시기에 공존하였다.

• 갓가와: 가깝게. 가까이. 갓가오- + -아.

 - '갓가오-'는 '갓갛-'의 'ᄫ'이 변화된 형태로 '갓가ᄫᅡ > 갓가와'의 변화를 겪었다.

 - "갓가와 흐르ᄂᆞᆺ다"가 '가깝게 흐르는구나.' 내지 '가까이 흐르는구나.' 정도로 해석되는데 '갓가와'에 통합된 연결어미 '-아'가 부사형어미처럼 해석되어 특기할 만하다.

• 흐르ᄂᆞᆺ다: 흐르는구나. 흐르- + -ᄂᆞ- + -옷- + -다.

• 묏곬 이펜: 산골 입구에서는. 묏골 + -ㅅ # 잎 + -에 + -ㄴ.

- ‘묏골’은 다시 ‘뫼 + -ㅅ # 골’으로 분석되고 ‘산골’을 뜻한다. ‘잎’은 ‘문’이나 ‘창’을 뜻하는 명사로 쓰였는데 여기에서는 ‘입구’ 정도로 해석된다.

• 나모: 나무.

- 중세 국어에서 ‘나무’를 뜻하는 어간은 ‘나모’와 ‘남ㄱ’이 존재하였다. ‘나모’는 단독으로 쓰일 때와 후행하는 조사가 자음일 때 나타났고 ‘남ㄱ’은 후행하는 조사가 모음일 때 나타났다. “부톄 그 나모 아래 안ᄌᆞ샤”〈석상3:39b〉, “이 東山ᄋᆞᆫ 남기 됴ᄒᆞᆯᄊᆡ”〈석상6:24a〉에서 그 쓰임을 확인할 수 있다.

• 져: 지어. 지- + -어.

• 놀애: 노래.

• 블로미오: 부르는 것이고. 블ㄹ- + -옴 + -이- + -오.

- ‘블ㄹ-’는 비자동적 교체 어간으로 ‘부르다’를 뜻하는 동사이고, 연결어미 ‘-오’는 ‘-고’와 교체되었는데 서술격조사, 반모음 ‘j’, ‘ㄹ’ 뒤에서는 ‘-오’가 나타났고 그 외의 자리에는 ‘-고’가 통합되었다.

- “나모 져 도라오ᄂᆞᆫ 놀애”는 ‘나무 지고 돌아오면서 부르는 노래’ 혹은 ‘나무 지고 돌아오면서 노래 부르고’ 정도로 해석되는데 전자가 더 자연스럽게 보인다.

• 외로왼: 외로운. 외로외- + -ㄴ.

- ‘외로외다’. ‘외롭다’를 뜻하고 ‘외로ᄫᅵ-’의 ‘ㅸ’이 변화된 형태이다. 즉, ‘외로ᄫᅵ- 〉 외로외-’의 변화를 겪었다.

• 城읜: 성에는. 城 + -의 + -ㄴ.

- 이때 ‘-의’는 처소격 조사로 쓰였다.

• 뎟소리: 피리 소리.

• 시르믈: 시름을. 시름 + -을.

• 니ᄅᆞ왇놋다: 일으키는구나. 니ᄅᆞ왇- + -ᄂᆞ- + -옷- + -다.

 - '니ᄅᆞ왇다'는 '일으키다'를 뜻하는 동사로 '니ᄅᆞ왇-'은 '니ᄅᆞ-'에 접미사 '-왇(〈ᄇᆞᆮ)'이 결합된 파생이다. 접미사 '-왇-'은 어근의 의미를 강화해 주는 강세 접미사이다.

• 아ᄒᆡᄂᆞᆫ: 아이는. 아ᄒᆡ + -ᄂᆞᆫ.

 - '아ᄒᆡ'는 '아이'를 뜻하는 명사이다.

• 半夜애: 반야. 한밤중. 半夜 + -애.

• 녀ᄂᆞᆫ: 다니는. 녀- + -ᄂᆞ- + -ㄴ.

 - '녀다'는 '가다', '다니다'를 뜻하는 동사이다.

• ᄇᆡ: 배. [舟].

• 잇도다: 있도다. 잇- + -도- + -다.

《두시언해 권 12, 7a》

❀ 원문 텍스트

七月夜對月

秋月仍圓夜 江村獨老身
捲簾還照客 倚杖更隨人
光射潛虬動 明飜宿鳥頻
茅齋依橘柚 清切露華新

❀ 원문 텍스트

ᄀᆞᅀᆞᆳ 돌 지즈로 두려운 바ᄆᆡ
ᄀᆞᄅᆞᆱ ᄆᆞᅀᆞᆯ히 ᄒᆞ오사 늘근 모미로라
바ᄅᆞᆯ 거두니 도로 나그내ᄅᆞᆯ 비취오
막대ᄅᆞᆯ 지여슈니 ᄯᅩ 사ᄅᆞ몰 좇ᄂᆞ다
비치 수맷ᄂᆞᆫ 龍ᄋᆞᆯ 소니 움즈기고
ᄇᆞᆯ고맨 자ᄂᆞᆫ 새 두위이주믈 ᄌᆞ조 ᄒᆞ놋다
새지비 橘柚ㅅ 남ᄀᆡ 브터시니
淸切ᄒᆞᆫ 이ᅀᆳ 비치 새롭도다

[해설] 이 시는 앞의 시 [十六夜翫月]을 이어 지은 것으로 가을 달빛 아래의 경물을 묘사한 시인데 "ᄒᆞ오사 늘근 모미로라"에서 두보의 고독감을 느낄 수 있다. 한편, 이 시는 중간본에 존재하지 않는다.

❀ 현대어역

칠월야대월(17일 밤 달을 마주하다.)

가을 달 둥근 밤에
강가 마을(강촌)에 홀로 늙은 몸이로라.
발을 걷으니 도로 나그네를 비추고
막대를 의지하여 있으니 또 사람을 좇는구나.
빛이 숨어 있는 용을 쏘니 움직이고
밝음에 자는 새가 번드침을 자주 하는구나.
초가집이 귤나무(귤나무 울타리)에 의지하여 있으니
청절한 이슬빛이 새롭도다.

❀ 주석

- 七月夜對月: 칠월야대월.
  - 이 시는 앞의 시 [十六夜翫月]에 이어 지은 것이어서 '十七夜對月'을 잘못 표기한 것으로 보인다.
- ᄀᆞᅀᆳ: 가을의. ᄀᆞᅀᆞᆯ + -ㅅ.
- 지즈로: 인하여.
  - 중세 국어에서 '지즈로'는 '인하여' 정도의 의미로 쓰였다. 여기에서도 '가을 달로인하여 둥근달 밤에' 정도로 해석된다.
- 두려운: 둥근. 두려우- + -ㄴ.
  - '두려우-'는 '두려ᇦ-'의 'ㅸ'의 변화로 '두려ᄫᅳᆫ 〉 두려운'의 변화를 겪었으며 '두려우다'는 '둥글다', '온전하다'를 뜻하는 형용사이다.
- 바ᄆᆡ: 밤에. 밤 + -ᄋᆡ.

- 여기에서 '-ᄋᆡ'는 처소격 조사로 쓰였다.

• ᄀᆞᄅᆞᇝ: 강의. ᄀᆞᄅᆞᆷ + -ㅅ.

• ᄆᆞᅀᆞᆯᄒᆡ: 마을에. ᄆᆞᅀᆞᆶ + -ᄋᆡ.

- "ᄀᆞᄅᆞᇝ ᄆᆞᅀᆞᆯᄒᆡ"는 '江村'을 언해한 것으로 '강촌', '강 마을'을 뜻한다.

- 여기에서 '-ᄋᆡ'는 처소격 조사로 쓰였다.

• 모미로라: 몸이다. 몸 + -이- + -로- + -라.

- '-로-'는 주어 1인칭 선어말어미이다. '-오-'와 교체되었는데 '-로-'는 서술격 조사 '-이-' 뒤에 나타났다. 한편, 선어말어미 '-오-', '-로-' 뒤에 평서법 종결어미가 통합될 때는 '-다'가 나타나지 않고 '-라'가 나타났다. 감탄법의 '-로-'가 결합된 '-로다'와는 그 구성에서 차이를 보인다.

• 바ᄅᆞᆯ: 발을. 발 + -ᄋᆞᆯ.

- '발'은 '가늘고 긴 대를 줄로 엮거나, 줄 따위를 여러 개 나란히 늘어뜨려 만든 물건'을 말한다. 원문의 '簾'을 언해한 것이다.

• 비취오: 비추고. 비취- + -오.

- '비취다'는 여기에서 '비추다'를 뜻하는 동사로 쓰였다. 그런데 '비취다'가 "中千界 大千界예 光明이 비취시고"〈월인 상:63a〉처럼 '비치다'로 쓰이기도 하였다. 즉 '비취다'가 타동사와 자동사로 모두 쓰인 것이다.

- 이 '-오'는 연결어미 '-고'의 'ㄱ'가 약화된 형태인데 선행하는 형태가 서술격 조사이거나 선행하는 음이 반모음 'j', 자음 'ㄹ'일 때 '-오'가 통합되었고 그 외의 환경에서는 '-고'가 통합되었다. 한편, 중세 국어에서 'ㄱ'가 약화된 형태는 '알어늘'(알-어늘/거늘), '일오'(일-오/고)에서도 확인된다. 'ㄱ'가 약화된 'ㅇ'은 유성후두마찰음 [ɦ]이므로 선행하는 어간의 말음이 후행하는 어미에 연철되지 않았다.

• 막대: 막대. 지팡이.

• 지여슈니: 지여 있으니. 의지하여 있으니. 지- + -여 # 시- + -우- + -니.

 - '지다'는 '지다', '의지하다'를 뜻하는 동사이다.

 - '슈니'는 '시-'('이시다')에 1인칭 활용 선어말어미 '-우-'와 연결어미 '-(으)니'가 통합된 형태이다. "ᄀᆞ초아 이슈니"〈두시5:29a〉, "머므러슈니"〈두시14:13a〉에서도 확인된다.

• ᄯᅩ: 또.

• 사ᄅᆞ믈: 사람을. 사ᄅᆞᆷ + -ᄋᆞᆯ.

• 좃ᄂᆞ다: 좇는구나. 좃- + -ᄂᆞ- + -다.

 - '좃-'은 '좇-'의 종성 'ㅊ'이 8종성 표기에 따른 형태이다. 'ㅊ'은 종성에서 'ㅅ'으로 표기되었다.

• 비치: 빛이. 빛 + -이.

• 수맷ᄂᆞᆫ: 숨어 있는. 숨- + -어 # 잇- + -ᄂᆞ- + -ㄴ.

 - '수맷ᄂᆞᆫ'은 '숨- + -어 # 잇- + -ᄂᆞ- + -ㄴ'으로 분석되는데 왜 '-어 # 잇-'이 '-앳-'으로 축약되었는지 의심스럽다. 어간 '숨-'의 모음이 음성 모음이므로 연결어미 '-어'가 결합된 '숨- + -어 # 잇-'으로 분석되나 그 축약된 형태가 양성의 '앳'으로 나타나 그 원인을 살펴볼 필요가 있다.

• 소니: 쏘다. 소- + -니.

 - '소다'는 '쏘다'를 뜻하는 동사이다. "龍ᄋᆞᆯ 소니 움즈기고"는 '빛이 물속에 비쳐 물결에 따라 움직이는 모양, 즉, 빛이 물속에서 자맥질하는 모양'을 표현한 것으로 보인다.

• 움즈기고: 움직이고. 움즉이- + -고.

• ᄇᆞᆯ고맨: 밝음에는. ᄇᆞᆰ- + -옴 + -애 + -ㄴ.

• 자ᄂᆞᆫ: 자는. 자- + -ᄂᆞ- + -ㄴ.

• 두위이주믈: 번드침을. 뒤집음을. 두위잊- + -움 + -을.

– '두위잊다'는 '번드치다', '뒤집다' 정도를 뜻하는 동사인데 여기에서는 새가 날갯짓하는 모양을 표현하는 것으로 해석된다.

• ᄌᆞ조: 자주.

– 'ᄌᆞ조'는 어기 'ᄌᆞᆾ–'에 부사 파생 접미사 '–오'가 결합된 파생어이다.

• 새지비: 茅齋. 띳집.

• 橘柚ㅅ: 귤유의. 귤의. 橘柚 + –ㅅ.

• 남긔: 나무에. 남ㄱ + –의.

– '남ㄱ'은 '나무'를 뜻하는 명사로 모음으로 시작하는 조사 앞에서 나타났다. 여기에서 '–의'는 처소격 조사로 쓰였다.

• 브터시니: 의지하고 있으니. 븥– + –어 # 시– + –니.

– '븥다'는 '붙다', '의지하다'를 뜻하는 동사이다.

• 淸切ᄒᆞᆫ: 청절한. 깨끗하고 맑은. 淸切ᄒᆞ– + –ㄴ.

• 이슰: 이슬의. 이슬 + –ㅅ.

• 비치: 빛이. 빛 + –이.

《두시언해 권 12, 7a-7b》

❀ 원문 텍스트

翫月呈漢中王

夜深露氣清 江月滿江城
浮客轉危坐 歸舟應獨行
關山同一照 烏鵲自多驚
欲得淮王術 風吹暈已生

❀ 원문 텍스트

바미 기펴 이ᅀᅳᆯ 氣運이 ᄆᆞᆯᄀᆞ니
ᄀᆞᄅᆞ맷 ᄃᆞᆳ비치 ᄀᆞᄅᆞᇝ 城의 ᄀᆞᄃᆞᆨᄒᆞ얫도다
ᄠᅥᄃᆞᆫ니ᄂᆞᆫ 나그내 ᄀᆞ장 노피 안조니
가ᄂᆞᆫ ᄇᆡᄂᆞᆫ 당당이 ᄒᆞ오ᅀᅡ 녀거니라
【言月明故로 不龍宿也ㅣ라】
關山애 ᄒᆞᆫᄀᆞᆯᄋᆞ티 비취유미 ᄒᆞᆫ가지니
가막가치 제 해 놀라ᄂᆞᆺ다
【淮南王이 以蘆灰로 鋪牖下ᄒᆞ야 隨月光令圜ᄒᆞ고 畵缺一面則月暈亦缺於天ᄒᆞ더니 此ᄂᆞᆫ 以淮王으로 比漢中也ㅣ라】
淮王의 術을 得고져 호니
ᄇᆞᄅᆞ미 부니 ᄃᆞᆯ에 ᄒᆞ마 나ᄂᆞ다

[해설] 이 시는 한중왕 이우가 재주에 머물다가 봉주로 돌아가려 하여 지은 것이다.

❀ 현대어역

완월정한중왕(달을 감상하며 한중왕에게 올리다.)

밤이 깊어 이슬 기운이 맑으니
강에 있는(떠 있는) 달빛이 강가의 성에 가득하여 있도다.
떠도는 나그네가 가장 높이 앉았는데
가는 배는 마땅히 홀로 흘러가니라.
관산에 한결같이 비춤이 같으니
까막까치도 저절로 많이 놀라는구나.
회왕의 방술을 얻고자 하는데
바람이 부니 달이 이미 나타난다.

❀ 주석

- 翫月: 완월. 달을 구경하며 즐김.
- 바미: 밤이. 밤 + -이.
- 기퍼: 깊어. 깊- + -어.
- 이슰: 이슬의. 이슬 + -ㅅ.
  - 중간본에는 '-ㅅ'이 탈락된 '이슬'로 표기되었다.
- ᄆᆞᆯᄀᆞ니: 맑으니. ᄆᆞᆰ- + -ᄋᆞ니.
- ᄀᆞᄅᆞ맷: 강에의. ᄀᆞᄅᆞᆷ + -애 + -ㅅ.
- ᄃᆞᆳ비치: 달빛이. ᄃᆞᆯ + -ㅅ # 빛 + -이.
  - "ᄀᆞᄅᆞ맷 ᄃᆞᆳ비치"는 원문의 '江月'을 언해한 것으로 '강 위에 뜬 달'을 가리킨다. 중간본에는 '-ㅅ'이 탈락된 '달빛'으로 표기되었다.
- 城의: 성에. 城 + -의.

- 여기에서 '-의'는 장소를 표시하는 처소격 조사으로 쓰였다.

• ᄀᆞ독ᄒᆞ얫도다: 가득하여 있도다. ᄀᆞ독ᄒᆞ- + -야 # 잇- + -도다.

- 'ᄀᆞ독ᄒᆞ다'는 '가득하다'를 뜻하는 형용사이고, '-얫-'은 '-야 # 잇-'의 축약형인데 중간본에는 '얏'으로 축약되어 초간본과 차이를 보인다.

• ᄠᅥ ᄃᆞ니ᄂᆞᆫ: 떠도는. 떠돌아다니는. ᄠᅥ ᄃᆞ니- + -ᄂᆞ- + -ㄴ.

- 'ᄠᅥ ᄃᆞ니다'는 '떠돌아다니다' 정도로 해석되는데 'ᄠᅳ-'와 'ᄃᆞ니-'가 결합된 합성어이다.

• ᄀᆞ장: 가장.

• 노피: 높이.

• 안조니: 앉으니. 앉- + -오- + -니.

- 1인칭 선어말어미 '-오-'는 화자 자신을 가리키는 '나그내'와 호응한다.

• 가ᄂᆞᆫ: 가는. 가- + -ᄂᆞ- + -ㄴ.

• ᄇᆡᄂᆞᆫ: 배는. ᄇᆡ + -ᄂᆞᆫ.

- 'ᄇᆡ'는 '배'[舟]를 뜻하는 명사이다.

• 당당이: 당연히. 마땅히.

• ᄒᆞ오사: 홀로.

• 녀거니라: 흘러가니라. 녀- + -거- + -니- + -라.

- '녀다'는 '가다', '흘러가다'를 뜻하는 동사이고 '-거-'는 확정을 뜻하는 선어말어미이다. 중간본에는 '녀가니라'로 표기되어 초간본과 차이를 보인다.

• ᄒᆞᆫ갈ᄋᆞ티: 한결같이.

• 비취유미: 비춤이. 비취- + -윰 + -이.

- 명사형어미 '-윰'은 '-움'에 반모음 'j'가 삽입된 형태이다. 중세 국어에서 '-옴/움'은 선행음이 '이' 모음이거나 반모음 'j'일 때 반모음 'j'가 삽

입되는 일이 있다.

– 중세 국어에서 '비취다'는 '비치다'와 '비추다'의 의미로 쓰였는데 여기에서는 타동사 '비추다'의 의미로 쓰였다.

• ᄒᆞᆫ가지니: 한가지니. 같으니. ᄒᆞᆫ가지 + -이- + -니.

– '-이-'는 서술격 조사이다.

• 가막가치: 까막까치.

• 제: 스스로.

• 해: 많이.

• 놀라ᄂᆞᆺ다: 놀라는구나. 놀라- + -ᄂᆞ- + -옷- + -다.

– '-옷-'은 감탄법 선어말어미로 『두시언해』와 같은 시나 가사에 자주 등장하였다. 감탄 선어말어미는 '-옷-' 외에도 '-돗-', '-롯-', '-도-', '-로-'가 존재하였다. 한편, '-ᄂᆞ-'와 '-옷-'이 연쇄할 때는 '-ᄂᆞᆺ-'으로 축약되어 나타났고 '-(으)시-'와 연쇄할 때는 '-(으)샷-'으로 축약되기도 하였다.

• 淮王의: 회왕의. 淮王 + -의.

– '淮王'은 회남왕 유안을 가리키는데 유안은 유방의 손자이며 유장의 아들이다. 여기에서는 한중왕을 비유하여 가리킨 것이다. 협주문의 "淮南王이 以蘆灰로 鋪牖下ᄒᆞ야 隨月光令圜ᄒᆞ고 畵缺一面則月暈亦缺於天ᄒᆞ더니 此ᄂᆞᆫ 以淮王으로 比漢中也ㅣ라"(회남왕이 갈대의 재를 창문 아래에 깔고 달을 따라 아름다운 고리가 빛나게 하였는데 낮에 한쪽이 비게 되면 달무리 또한 하늘에서 한 부분이 비게 하였다. 이는 회왕으로써 한중왕을 비유한 것이다.)에서 그 내용을 확인할 수 있다.

• 術을: 술을. 방술을. 術 + -을.

• 得고져: 득하고자. 얻고자. 得(ᄒᆞ)- + -고져.

– '得고져'는 '得ᄒᆞ-'와 '-고져'가 축약되면서 'ᄒᆞ-'가 탈락된 형태이고

'-고져'는 의도나 목적의 연결어미 '-고자'를 뜻한다.

- 호니: 하는데. ᄒᆞ- + -오- + -니.
  - '-오-'는 1인칭 활용 선어말어미로 행위의 주체가 화자 자신이어서 이를 표시하기 위해 통합된 것이다.
- ᄇᆞᄅᆞ미: 바람이. ᄇᆞᄅᆞᆷ + -이.
- 둘에: 바퀴. 달무리.
  - '둘에'는 원문의 '暈'을 언해한 것으로 달무리를 뜻하는 것으로 해석된다.
- 나ᄂᆞ다: 나타난다. 나- + -ᄂᆞ- + -다.
  - '나다'는 '나타나다', '생기다' 등을 뜻하는 동사이다.

《두시언해 권 12, 7b-8a》

❀ 원문 텍스트

江月

江月光於水 高樓思殺人
天邊長作客 老去一霑巾
玉露團清影 銀河沒半輪
誰家挑錦字 燭滅翠眉嚬

❀ 언해문 텍스트

【殺ᄂᆞᆫ 去聲이니 語助辭ㅣ라】
ᄀᆞᄅᆞ맷 ᄃᆞ리 므레 빗나니
노ᄑᆞᆫ 樓의 이셔 사ᄅᆞᄆᆞᆯ 시름케 ᄒᆞᄂᆞ다
하ᄂᆞᆳ ᄀᆞᅀᆡ 기리 나그내 ᄃᆞ외얏노니
늘거가매 ᄒᆞᆫ번 手巾을 저지노라
玉 ᄀᆞᆮᄒᆞᆫ 이스른 ᄆᆞᆯᄀᆞᆫ 그르메예 두려우니
銀河앤 半ᄃᆞᆯ에 ᄌᆞ맛도다
【竇滔ㅣ 爲秦州刺史ㅣ라 被徙流沙ㅣ어ᄂᆞᆯ 妻蘇氏織錦爲回文旋圖詩ᄒᆞ야 寄之ᄒᆞ니라】
뉘 지븨셔 錦字ᄅᆞᆯ 도도아 ᄧᆞᄂᆞᆫ고
燭ㅅ 브리 ᄢᅳ거늘 프른 눈서블 ᄡᅵᆼ긔엿거니라

[해설] 이 시는 두보가 장강 위에 뜬 달을 바라보면서 떠도는 자신의 신세를 한탄하며 고향을 그리워하는 마음을 읊은 시이다.

현대어역

강월

강에의 달이 물에서 빛나니
높은 누각에서 사람을 시름에 잠기게 한다.
하늘 가장자리에서 오랫동안 나그네 되어 있는데
늙어가매 한번 수건을 젖게 하노라.
옥 같은 이슬은 맑은 그림자에 둘러 있고
은하에는 반 둘레(반달)가 잠겨 있도다.
뉘 집에서 금자를 돋우어서 짜는고.
촛불이 꺼지거늘 푸른 눈썹을 찡그리고 있다.

주석

- 江月: 강월. 강에 뜬 달.
- ᄀᆞᄅᆞ맷: 강에의. ᄀᆞᄅᆞᆷ + -애 + -ㅅ.
  - "ᄀᆞᄅᆞ맷 ᄃᆞ리"은 '강에의 달'로 해석되는데 이는 '강에 떠 있는 달'을 가리킨 것으로 보인다.
- 므레: 물에. 믈 + -에.
- 樓의 이셔: 누각에 있어. 누각에서. 樓 + -의 # 이시- + -어.
  - 이때 '-의 # 이셔'는 처소의 '-에서'로 해석하는 것이 자연스럽다.
- 사ᄅᆞᄆᆞᆯ: 사람을. 사ᄅᆞᆷ + -ᄋᆞᆯ.
- ᄒᆞᄂᆞ다: 한다. 하는구나. ᄒᆞ- + -ᄂᆞ- + -다.
- 하ᄂᆞᆳ: 하늘의. 하ᄂᆞᆯ + -ㅅ.
- ᄀᆞᅀᆡ: 가장자리에서. ᄀᆞᇫ + -ᄋᆡ.
  - 'ᄀᆞᇫ'은 '가장자리'를 뜻하는 명사이고 '-ᄋᆡ'는 처소를 나타내는 조사로

분석된다.

- “하ᄂᆞᆶ ᄀᆞᇫ”는 고향을 떠나 먼 타향에서 오랫동안 생활하고 있는 시적 화자의 상황을 표현한 것이다.

• 기리: 길이. 오랫동안.

• ᄃᆞ외얫노니: 되어 있는데. ᄃᆞ외- + -야 # 잇- + -ᄂᆞ- + -오- + -니.

- ‘ᄃᆞ외다’는 ‘되다’를 뜻하는 동사로 화자가 머나먼 곳에서 오랫동안 나그네로 살아가는 모습을 표현한 것이다.

• 늘거가매: 늙어 감에. 늙- + -어 # 가- + -옴 + -애.

• 저지노라: 젖게 하노라. 저지- + -ᄂᆞ- + -오- + -라.

- “ᄒᆞᆫ번 手巾을 저지노라”는 원문의 ‘一霑巾’을 언해한 것인데 항상 눈물로 수건을 적시고 있는 시적 화자의 심경을 표현한 것으로 해석된다.

• ᄀᆞᆮᄒᆞᆫ: 같은. ᄀᆞᆮᄒᆞ- + -ㄴ.

- ‘ᄀᆞᆮᄒᆞ-’는 ‘같다’를 뜻하는 형용사이다.

- “玉 ᄀᆞᆮᄒᆞᆫ 이스른”은 ‘옥 같은 이슬’[玉露]로 해석되고 ‘玉露’는 가을에 내리는 이슬을 말하므로 이 시의 계절적 배경을 알 수 있는 표현이다.

- ᄆᆞᆯᄀᆞᆫ: 맑은. ᄆᆞᇐ- + -ᄋᆞᆫ.

• 그르메예: 그림자에. 달빛에. 그르메 + -예.

- 조사 ‘-예’는 선행음이 반모음 ‘j’일 때 나타났다. 여기에서 ‘그르메’는 달빛을 비유한 것으로 해석된다.

• 두려우니: 둥그니. (둥글게) 둘러 있으니. 두려우- + -니.

- ‘두려우다’(두렿->두려우-)는 ‘둥글다’, ‘온전하다’를 뜻하는 형용사이다. 여기에서는 이슬이 둘러 있는 모양을 묘사한 것으로 이슬이 많이 내린 모습을 표현한 것이다.

• 銀河앤: 은하에는. 銀河 + -애 + -ㄴ.

• 半 둘에: 반 둘레. 半 # 둘에.

- "半 ᄃᆞᆯ에"는 '반달'을 뜻한다.

• ᄌᆞ맛도다: 잠겨 있도다. ᄌᆞᆷ- + -아 # 잇- + -도다.
- 'ᄌᆞᆷ다'는 '잠기다'를 뜻하는 동사이다. 달이 점차 희미해져 가는 모양을 표현한 것으로 보인다.

• 뉘: 누구.

• 지븨셔: 집에서. 집 + -의셔.

• 錦字: 금자(도금자)를. 錦字 + -ᄅᆞᆯ.
- '挑錦字'는 비단 옷감 위에 글자를 수놓은 것을 뜻하는데 여기에서는 두보 아내의 편지를 말한다. 금자(錦字)는 전진(前秦)의 진주자사(秦州刺史) 두도(竇滔)가 사주(沙州)로 귀양을 가자 그의 아내 소씨(蘇氏)가 남편을 그리워하여 비단을 짜서 직금회문시(織錦回文詩)를 남편에게 보냈다는 고사를 인용한 것으로 추정된다. 협주문의 "竇滔ㅣ 爲秦州刺史ㅣ라 被徙流沙ㅣ어ᄂᆞᆯ 妻蘇氏織錦爲回文旋啚詩ᄒᆞ야 寄之ᄒᆞ니라"(두도가 진주자사가 되었다가 유사로 귀양을 가게 되었거늘 부인 소씨가 비단을 짜서 회문선도시를 지었다.)에서 알 수 있다.

• 도도아: 돋우어. 도도- + -아.
- '도도다'는 '돋우다'를 뜻하는 동사이다.

• ᄧᆞᄂᆞᆫ고: 짜는고. ᄧᆞ- + -ᄂᆞ- + -ㄴ고.
- 'ᄧᆞ다'는 '짜다'를 뜻하는 동사이다.

• 燭ㅅ브리: 촛불. 燭 + -ㅅ # 블 + -이.

• ᄢᅳ거늘: 꺼지거늘. ᄢᅳ- + -거늘.
- 'ᄢᅳ다'는 '끄다' 정도의 의미인데 여기에서는 '꺼지다'로 해석된다.

• 프른: 푸른. 프르- + -ㄴ.

• 눈서블: 눈썹. 눈섭 + -을.

• ᄡᅵᆼ긔엿거니라: 찡그리고 있다. ᄡᅵᆼ긔- + -어 # 잇- + -거- + -니- + -라.

《두시언해 권 12, 8b》

❀ 원문 텍스트

舟月對驛近寺

更深不假燭 月朗自開船
金刹青楓外 朱樓白水邊
城烏啼眇眇 野鷺宿娟娟
皓首江湖客 鉤簾獨未眠

❀ 원문 텍스트

更點이 기프니 燭ㅅ블 비디 아니ᄒᆞ리로소니
ᄃᆞ리 ᄇᆞᆯᄀᆞᆫ 비치 절로 ᄇᆡ예 여렛도다
【刹ᄋᆞᆫ 謂寺也ㅣ라】
金 칠ᄒᆞᆫ 뎌ᄅᆞᆫ 프른 싣나모 밧기오
블근 樓ᄂᆞᆫ 흰 믌ᄀᆞᅀᅵ로다
【娟娟ᄋᆞᆫ 月色이라】
城엣 가마괴ᄂᆞᆫ 아ᅀᆞ라ᄒᆞᆫ ᄃᆡ셔 울오
ᄆᆡ햇 하야로비ᄂᆞᆫ 고온 ᄃᆞᆳ 비체셔 자놋다
머리 허여ᄒᆞᆫ ᄀᆞᄅᆞ매 왯ᄂᆞᆫ 나그내
바ᄅᆞᆯ 갈공이예 걸오 ᄒᆞ오ᅀᅡ ᄌᆞ오디 몯ᄒᆞ얫노라

[해설] 이 시는 달빛 아래 배를 타며 역관을 마주한 달밤의 풍경을 묘사한 것인데 달빛의 풍경에 시적 화자의 외로운 마음을 드러내고 있다.

❀ 현대어역

주월대역근사(달빛 아래 배를 타고서 절 근처 역관을 마주하다.)

경점이 깊으니 촛불을 빌리지 아니하리로다.
달의 밝은 빛이 절로 배에 열어 있도다.
금 칠한 절은 푸른 신나무 밖이고(외곽에 있고)
붉은 누각은 흰 물가로다.(물가에 있다.)
성에서는 까마귀가 아득한 곳에서 울고
뫼에서는 해오라기가 고운 달빛에서 자는구나.
머리 허연, 강에 와 있는 나그네
발(주렴)을 갈고리에 걸고 혼자 졸지 못하고 있구나.

❀ 주석

- 更點: 경점. 절에서 초경, 2경, 3경, 4경, 5경에 맞추어 치는 종.
  - "更點이 기프니"는 '야심한 밤'을 뜻한다.
- 기프니: 깊으니. 깊- + -으니.
- 燭ㅅ블: 촉불. 촛불. 燭 + ㅅ # 블.
- 비디: 빌리지. 빌- + -디.
  - '비디'는 어간 '빌-'의 'ㄹ'이 'ㄷ' 앞에서 탈락된 형태이며 '빌다'는 '빌리다'를 뜻하는 동사이다.
- 아니ᄒᆞ리로소니: 아니할 것이니. 아니하리로다. 아니ᄒᆞ- + -리- + -로소- + -니.
  - '-로소-'는 감탄의 의미를 나타내는 선어말어미로 서술격 조사 '-이-', '-리-' 뒤와, '-(으)니', '-(으)이-', '-(으)녀' 등 매개 모음이 있는 어미

앞에서 나타나기 때문에 별도로 감탄의 선어말어미 '-로소-'로 분석하지 않고 '-롯-'이 연철과 음운 동화('ᄉᆞ'의 'ㆍ'가 '로'의 모음에 이끌려 동화됨)를 겪어 나타난 형식으로 해석하기도 한다.

• ᄃᆞ릐: 달의. ᄃᆞᆯ + -ᄋᆡ.

– 여기에서 '-ᄋᆡ'는 관형격 조사로 쓰였다. 그런데 관형격 조사 '-ᄋᆡ'가 평칭의 유정 체언에 통합되는 교체를 고려할 때 무정 체언인 'ᄃᆞᆯ'에 통합된 것은 특기할 만하다. 'ᄃᆞᆳ비치'처럼 무정 체언 뒤에는 '-ㅅ'이 통합되는 것이 일반적이기 때문이다. 그런데 간혹 시나 시가에서 '달'이나 '해'는 인격체로 형상화되는 일이 있다. 가령 'ᄃᆞᆯ하'(달님이시여)처럼 'ᄃᆞᆯ'이 인격체로 형상화되어 존칭에 통합되는 조사 '-하'가 통합된 예들을 찾아볼 수 있다. 이런 관점에서 'ᄃᆞ릐'에 '-ᄋᆡ'가 통합된 것도 'ᄃᆞᆯ'을 인격체로 형상화한 경우로 볼 수 있겠다.

• ᄇᆞᆯᄀᆞᆫ: 밝은. ᄇᆞᆰ- + -ᄋᆞᆫ.

• 비치: 빛이. 빛 + -이.

• 절로: 저절로.

• ᄇᆡ예: 배에. ᄇᆡ + -예.

– 조사 '-예'는 처소를 나타내는 조사인데 중세 국어 시기에 '-에', '-애', '-ᄋᆡ', '-의', '-예'가 존재하였다. '-에'와 '-의'는 선행 음절의 모음이 음성일 때, '-애'와 '-ᄋᆡ'는 선행 음절의 모음이 양성일 때 통합되었다. 한편, 선행 체언의 말음이 모음 'ㅣ'이거나 반모음 'j'일 때는 '-예'가 나타나기도 하였다.

• 여렛ᄂᆞ다: 열어 있노나. 비추고 있노나. 열- + -어 # 잇- + -ᄂᆞ- + -다.

– "ᄇᆡ예 여렛ᄂᆞ다"는 '開船'을 언해한 것인데 직역하여 그 의미가 분명하지 않으나 달빛이 밝게 배를 비추는 장면을 묘사한 것으로 보인다.

• 칠ᄒᆞᆫ: 칠한. 칠ᄒᆞ- + -ㄴ.

• 뎌ᄅᆞᆫ: 절은. [寺]. 뎔 + -ᄋᆞᆫ.

• 프른: 푸른. 프르- + -ㄴ.

 - '프르다'는 '푸르다'를 뜻하는 형용사이다.

• 싣나모: 신나무. 단풍나무. [楓]

• 밧기오: 밖이고. 밖에 있고. ᄇᆞᇧ + -이- + -오.

 - 'ᄇᆞᇧ'은 '밖'을 뜻하는 명사이다. '-이'는 서술격 조사이고 '-오'는 연결 어미이다.

• 블근: 붉은. 븕- + -은.

 - '븕다'는 '붉다'를 뜻하는 형용사이다.

• 힌: 흰.

• 믌ᄀᆞᅀᅵ로다: 물가로다. 믈 + -ㅅ # ᄀᆞᇫ + -이- + -로- + -다.

 - '믈'은 '물'을, 'ᄀᆞᇫ'은 '가장자리'를 뜻하는 명사이다. '믌ᄀᆞᇫ'은 '물가', '강변'으로 해석된다. 즉, "블근 樓ᄂᆞᆫ 힌 믌ᄀᆞᅀᅵ로다"는 '붉은 누각은 흰 강변에 있도다.' 정도로 해석된다. 중간본에는 '-ㅅ'이 탈락된 '믈ᄀᆞᇫ'으로 표기되었다.

• 城엣: 성에의. 성에 있는. 城 + -에 + -ㅅ.

 - '-엣'은 조사 '-에'와 '-ㅅ'이 중첩된 것이다. 처소와 수식이 함께 나타날 때 주로 이 '-엣'과 같은 중첩 표현이 쓰였고 '-에의', '-에 있는' 정도로 해석된다. 중간본에는 '-ㅅ'이 탈락된 '城에'로 표기되었다.

• 가마괴ᄂᆞᆫ: 까마귀는. 가마괴 + -ᄂᆞᆫ.

• 아ᅀᆞ라ᄒᆞᆫ: 아득한. 아ᅀᆞ라ᄒᆞ- + -ㄴ.

 - '아ᅀᆞ라ᄒᆞ다'는 '아득하다'를 뜻하는 형용사이다. 여기에서는 '아득한 곳', 즉 '아득히 먼 곳' 정도로 해석된다.

• ᄃᆡ셔: 데에서. 곳에서. ᄃᆡ + -ᄋᆡ셔.

• 울오: 울고. 울- + -오.

- 이 '-오'는 연결어미 '-고'의 'ㄱ'가 약화된 형태인데 선행하는 형태가 서술격 조사이거나 선행하는 음이 반모음 'j', 자음 'ㄹ'일 때 '-오'가 통합되었고 그 외의 환경에서는 '-고'가 통합되었다. 한편, 중세 국어에서 'ㄱ'가 약화된 형태는 '알어늘'(알-어늘/거늘), '알오'(알-오/고)에서도 확인된다. 'ㄱ'가 약화된 'ㅇ'은 유성후두마찰음 [ɦ]이므로 선행하는 어간의 말음이 후행하는 어미에 연철되지 않았다.

• ᄆᆡ햇: 들에의. 들에 있는. ᄆᆡᇂ + -애 + -ㅅ.

- '-앳'은 조사 '-애'와 '-ㅅ'이 중첩된 것으로 '-에의', '-에 있는' 정도로 해석된다.

• ᄒᆞ야로비ᄂᆞᆫ: 해오라기는. ᄒᆞ야로비 + -ᄂᆞᆫ.

- 'ᄒᆞ야로비'는 '해오라기', '백로'를 뜻하는 명사이다.

• 고온: 고운. 고오- + -ㄴ.

- '고오-'는 '고ᇦ-'의 'ㅂ'이 변화된 것으로 '고ᄫᆞᆫ 〉 고온'의 변화를 겪었다.

• ᄃᆞᆳ: 달의. ᄃᆞᆯ + -ㅅ.

- 중간본에는 '-ㅅ'이 탈락된 'ᄃᆞᆯ빛'으로 표기되었다.

• 비체셔: 빛에서. 빛 + -에셔.

• 자ᄂᆞᆺ다: 자는구나. 자- + -ᄂᆞ- + -옷- + -다.

- '-ᄂᆞ-'는 현재 선어말어미이고, '-옷-'은 감탄법 선어말어미이다.

• 허여ᄒᆞᆫ: 허연. 허여ᄒᆞ- + -ㄴ.

- '허여ᄒᆞ다'는 '허옇다'를 뜻하는 형용사이다.

• ᄀᆞᄅᆞ매: 강에. ᄀᆞᄅᆞᆷ + -애.

• 왯ᄂᆞᆫ: 와 있는. 오- + -아 # 잇- + -ᄂᆞ- + -ㄴ.

- '-앳'-은 '-아 # 잇-'이 축약된 것으로 '-어 있-' 정도로 해석된다.

• 바ᄅᆞᆯ: 발을. 발 + -ᄋᆞᆯ.

- '발'은 '가늘고 긴 대를 줄로 엮거나, 줄 따위를 여러 개 나란히 늘어뜨

려 만든 물건'을 말한다. 원문의 '簾'을 언해한 것이다.

• 갈공이예: 갈고리에. 갈공이 + -예.

– '갈공이'는 '갈고리'를 뜻하는 명사로 주렴을 걸어두는 고리를 가리킨다.

• 걸오: 걸고. 걸- + -오.

– 여기에서 '-오'는 연결어미이다.

• ᄒᆞ오사: 혼자. 홀로.

• ᄌᆞ오디: 졸지. 잠들지. ᄌᆞ오- + -디.

– 어간 'ᄌᆞ오'는 'ᄌᆞ올-'의 'ㄹ'이 'ㄷ' 앞에서 형태이며 '졸다'를 뜻하는데 여기에서는 '잠들지' 정도로 해석하는 것이 자연스럽다.

• 몯ᄒᆞ얫노라: 못하여 있노라. 몯ᄒᆞ- + -야 # 잇- + -ᄂᆞ- + -오- + -라.

– '-오-'는 주어 1인칭을 표시하는 선어말어미로 여기에서는 졸지 못하는 사람, 즉 시적 화자를 가리키기 때문에 통합된 것이다. 중간본에는 '못ᄒᆞ얏노라'로 표기되어 '-어 # 잇-'의 축약형과 차이가 있다.

《두시언해 권 12, 9a-9b》

❀ 원문 텍스트

江邊星月二首

驟雨清秋夜 金波耿玉繩
天河元自白 江浦向來澄
映物連珠斷 緣空一鏡升
餘光憶更漏 況乃露華凝

江月辭風纜 江星別霧船
雞鳴還曙色 鷺浴自晴川
歷歷竟誰種 悠悠何處圓
客愁殊未已 他夕始相鮮

❀ 언해문 텍스트

【金波ᄂᆞᆫ 月色이오 王繩은 星名이라】
ᄲᆞ른 비 오ᄂᆞᆫ ᄆᆞᆯᄀᆞᆫ ᄀᆞᅀᆞᆳ바ᄆᆡ
金 ᄀᆞᄐᆞᆫ 믌겨릐 玉繩이 빗나도다
하ᄂᆞᆳ 銀河ㅣ 本來 제 ᄒᆡ니
ᄀᆞᄅᆞᆳ개ᄂᆞᆫ 向來로 ᄆᆞᆯᄀᆡᆺ도다
【言星如連珠ㅣ오 月如飛鏡이라】
物에 비취니 니ᅀᅳᆫ 구스리 그츤 ᄃᆞᆺ고
虛空애 버므러 ᄒᆞᆫ 거우뤼 오ᄅᆞᄂᆞᆫ ᄃᆞᆺ도다
나믄 비체 更漏ᄅᆞᆯ ᄉᆞ랑호니
ᄒᆞᄆᆞᆯ며 이슰 비치 얼의엿도다

【此ᄂᆞᆫ 言星月이 落也ㅣ라】
ᄀᆞᄅᆞ맷 ᄃᆞᄅᆞᆫ ᄇᆞᄅᆞᆷ 부ᄂᆞᆫ 빗주를 말오
ᄀᆞᄅᆞ맷 벼ᄅᆞᆫ 雲霧 ᄭᅵᆫ 비ᄅᆞᆯ 여희놋다
ᄃᆞᆰ 기우니 새뱃비치 도라오ᄂᆞ니
하야로비의 沐浴ᄋᆞᆫ 갠 내ᄒᆞᆯ 브텟도다
【古詩예 歷歷種白楡ㅣ라ᄒᆞ니 謂星也ㅣ라】
번득번드기 ᄆᆞᄎᆞ매 뉘 시므니오
머리 어느 고대 가 두려웻ᄂᆞᆫ고
【言月이 今已落故로 愁未止ᄒᆞ니 後日之夕에 更相鮮明也ㅣ니라】
나그내 시르미 ᄀᆞ장 마디 아니ᄒᆞᄂᆞ니
다ᄅᆞᆫ 나조ᄒᆡᅀᅡ 비르서 서르 鮮明ᄒᆞ리로다

[해설] 이 시는 가을밤 강가에서 바라본 별과 달의 아름다운 모습을 그리면서 나그네로 살아가는 시름을 드러낸 시이다.

❀ 현대어역

강변성월 이 수(강가의 별과 달, 2 수)

빠른 비(소나기)가 오는 맑은 가을밤에
금빛 물결(달빛)에 옥승이 빛나는도다.
하늘의 은하가 본래 스스로 희니
강가는 전부터 맑아 있도다.
(별은) 만물에 비치니 이은 구슬이 끊어진 듯하고
(달은) 허공에 걸려 하나의 거울이 오르는 듯하도다.
남은 빛에 경루(눈물)를 생각하니
하물며 이슬빛이 엉기어 있는 밤이랴.

강물의 달은 바람 부는 뱃줄을 말고(떠나고)
강물의 별은 운무 낀 배를 여의는구나.
닭이 우니 새벽빛이 돌아오는데

해오라기의 목욕은 갠 내를 의지하여 있도다.
번득번득 마침내 누가 심었는고.
멀리 어느 곳에 가서 둥글어지는고.
나그네 시름이 가장 그치지 아니하는데
다른(훗날) 저녁에야 비로소 서로 선명하리로다.

주석

- ᄲᆞᄅᆞᆫ 비: 빠른 비. 소나기. [驟雨].
- ᄆᆞᆯᄀᆞᆫ: 맑은. ᄆᆞᆰ- + -ᄋᆞᆫ.
- ᄀᆞᅀᆳ바ᄆᆡ: 가을밤에. ᄀᆞᅀᆳ밤 + -ᄋᆡ.
  - 여기에서 '-ᄋᆡ'는 처소격 조사로 쓰였다. 중간본에는 '-ㅅ'이 탈락된 'ᄀᆞ올ᄇᆞᄆᆡ'로 표기되었다.
- ᄀᆞᄐᆞᆫ: 같은. ᄀᆞᇀ- + -ᄋᆞᆫ.
  - 'ᄀᆞᇀ다'는 '같다'를 뜻하는 형용사인데 'ᄀᆞᆮᄒᆞ-'가 축약된 형태이다.
- 믌겨ᄅᆡ: 물결에. 믌결 + -ᄋᆡ.
  - 여기에서 '-ᄋᆡ'는 처소를 표시하는 조사로 쓰였다.
  - "金 ᄀᆞᄐᆞᆫ 믌겨ᄅᆡ"은 원문의 '金波'를 언해한 것으로 '금빛 물결' 정도를 뜻하는데 여기에서는 달빛이 비친 물결로서 달빛으로 가리킨다. 이는 협주문의 "金波ᄂᆞᆫ 月色이오"(금파는 달빛이고)에서 알 수 있다.
- 玉繩: 옥승. 별 이름.
  - "金 ᄀᆞᄐᆞᆫ 믌겨ᄅᆡ 玉繩이 빗나도다"는 비가 오고 갠 가을 달밤 옥승이 빛나는 모습을 표현한 것으로 보인다.
- 빗나도다: 빛나도다. 빗나- + -도- + -다.

– '빗나다'는 '빛나다'를 뜻하는 동사이다.

• 하ᄂᆞᆳ: 하늘의. 하ᄂᆞᆯ + –ㅅ.

• 銀河ㅣ: 은하가. 銀河 + –ㅣ.

• 제: 스스로. 저절로.

• ᄒᆡ니: 희니. ᄒᆡ– + –니.

• ᄀᆞᄅᆞᇝ개: 강가. ᄀᆞᄅᆞᆷ + –ㅅ # 개.

– '개'는 '강이나 내에 조수가 드나드는 곳', '강의 가장자리'를 뜻한다. 'ᄀᆞᄅᆞᇝ개'는 원문의 –'江浦'를 언해한 것이다.

• 向來로: 전부터. 전에도. 줄곧.

– '向來'는 오래지 아니한 과거의 어느 때를 말한다.

• ᄆᆞᆯ갯도다: 맑아 있도다. ᄆᆞᆰ– + –아 # 잇– + –도– + –다.

– 'ᄆᆞᆰ다'는 '맑다'를 뜻하는 형용사이고 '–아 # 잇–'은 '–어 있다'를 뜻하는데 이 구성이 'ᄆᆞᆰ'과 통합되어 'ᄆᆞᆯ갯–'으로 축약된 것이다.

• 物에: 사물에. 物 + –에.

• 비취니: 비추니. 비취– + –니.

– 여기에서 '비취다'는 '비치다'를 뜻하는 동사로 해석하는 것이 자연스럽다. "物에 비취니"는 '(별이) 사물에 비치니' 정도로 해석된다.

• 니은: 이은. 니으– + –ㄴ.

– '니은'은 중세 국어 '니ᅀᅳᆫ'에서 'ㅿ'의 소실 흔적이 남아 있는 형태이다. '니ᅀᅳᆫ 〉 니은'의 변화를 겪었다.

• 구스리: 구슬이. 구슬 + –이.

• 그츤: 그친. 끊어진. 그츠– + –ㄴ.

– '그츠다'는 '그치다'. '끊어지다' 등을 뜻하는 동사이다.

– 협주문의 "言星如連珠ㅣ오"(말하기를 별은 이어진 구슬 같고)를 통해 보면 원문의 "物에 비취니 니은 구스리 그츤 ᄃᆞᆺ고"는 '(별은) 사물에 비치

니 끊어진 듯하고' 정도로 해석된다.

• 둧고: 듯ᄒᆞ고. 둧(ᄒᆞ)- + -고.

– '둧고'는 '둧ᄒᆞ고'가 축약될 때 'ᄒᆞ'가 탈락된 형태이다.

• 버므러: 걸려. 버믈- + -어.

– '버물다'는 '걸리다', '얽매다'를 뜻하는 동사인데 여기에서는 달이 허공에 걸려 있는 것처럼 형상화한 것으로 해석된다.

• 거우뤼: 거울이. 거우루 + -ㅣ.

– '거우루'는 '거울'을 뜻하는 명사이고 '-ㅣ'는 주격 조사이다. 주격 조사 '-ㅣ'는 선행하는 체언이 모음일 때 나타났다.

• 오ᄅᆞᄂᆞᆫ: 오르는. 오ᄅᆞ- + -ᄂᆞ- + -ㄴ.

– '오ᄅᆞ다'는 '오르다'를 뜻하는 동사이다.

• 둧도다: 듯하도다. 둧- + -도- + -다.

– '둧-'은 '둧ᄒᆞ-'에서 'ᄒᆞ'가 탈락된 것으로 보인다. 그런데 "貴ᄒᆞᆫ 둧ᄒᆞ도다"〈두초3:15b〉처럼 'ᄒᆞ'가 탈락되지 않은 예들도 존재하였다.

– 협주문 "月如飛鏡이라"(달은 나는 거울과 같다.)를 따르면 "虛空애 버므러 ᄒᆞᆫ 거우뤼 오ᄅᆞᄂᆞᆫ 둧도다"는 달을 허공에 걸려 있는 거울로 형상화한 것으로 해석된다.

• 나ᄆᆞᆫ: 남은. 남- + -ᄋᆞᆫ.

• 更漏: 경루. 물시계에서 떨어지는 물.

– '更漏'는 '눈물'을 비유한 것으로 보인다.

• ᄉᆞ랑호니: 생각하니. ᄉᆞ랑ᄒᆞ- + -오- + -니.

– 'ᄉᆞ랑ᄒᆞ다'는 '생각하다', '사랑하나' 등의 의미로 쓰였는데 여기에서는 '생각하다'를 뜻한다. 선어말어미 '-오-'는 주어 1인칭을 표시하는 형태인데 여기에서는 시적 화자를 표시한 것으로 분석된다.

• 이슰 비치: 이슬빛이. 이슬 + -ㅅ # 빛 + -이.

- 중간본에는 '-ㅅ'이 탈락된 '이슬비치'로 표기되었다.

• 얼의엿도다: 엉기어 있도다. 엉기어 있는 밤이랴. 얼의- + -어 # 잇- + -도- + -다.

- '얼의다'는 '엉기다'를 뜻하는 동사이다. 그런데 '얼의엿도다'는 부사 'ᄒᆞ물며'를 고려할 때 '엉기어 있는 밤이랴.'와 같이 수사 의문법으로 해석하는 것이 자연스럽다.

• ᄀᆞᄅᆞ맷: 강에의. 강에 떠 있는. ᄀᆞᄅᆞᆷ + -애 + -ㅅ.

- 처소격의 '-애'와 관형격 '-ㅅ'이 통합된 '-앳'은 장소와 수식의 두 가지 기능을 모두 가지고 있어서 '-에 있는' 정도로 해석하는 것이 자연스럽다.

• ᄃᆞᄅᆞᆫ: 달은. ᄃᆞᆯ + -ᄋᆞᆫ.

• 빗주를: 뱃줄을. ᄇᆡ + -ㅅ # 줄 + -을.

• 말오: 말고. 떠나고. 말- + -오.

- '말다'는 부정의 '말다', '아니하다' 정도를 뜻하는데 여기에서는 달이 져서 뱃줄을 떠나는 것으로 표현한 것으로 해석된다. 아래 구에서 별이 배를 떠나는 표현과 같은 의미를 담고 있는 것으로 보인다. 협주문의 "此ᄂᆞᆫ 言星月이 落也ㅣ라"(이는 별과 달이 지는 것을 말한다.)를 통해 짐작할 수 있다.

• 벼ᄅᆞᆫ: 별은. 별 + -ᄋᆞᆫ.

• ᄢᅵᆫ: 낀. ᄢᅵ- + -ㄴ.

- 'ᄢᅵ다'는 '끼다'를 뜻하는 동사이다.

• ᄇᆡᄅᆞᆯ: 배를. ᄇᆡ + -ᄅᆞᆯ.

• 여희놋다: 이별하는구나. 떠나는구나. 여희- + -ᄂᆞ- + -옷- + -다.

- '여희다'는 '이별하다', '떠나다' 정도로 쓰였다.

• ᄃᆞᆯ: 달.

• 기우니: 기우니. 기우- + -니.

– '기우-'는 '기울-'의 'ㄹ'이 탈락된 것이다.

• 새뱃비치: 새벽빛이. 새배 + -ㅅ # 빛 + -이.

– '새배'는 '새벽'을 뜻하는 명사이다. 중간본에는 '-ㅅ'이 탈락된 '새배비치'로 표기되었다.

• 도라오ᄂᆞ니: .돌아오는데. 도라오- + -ᄂᆞ- + -니.

– '도라오다'는 '돌아오다'를 뜻하는 동사이다.

• 하야로비의: 해오라기의. 하야로비 + -의.

– '하야로비'는 '해오라기'를 뜻하는 명사이다.

• 沐浴ᄋᆞᆫ: 목욕은. 沐浴 + -ᄋᆞᆫ.

• 갠: 갠. 개- + -ㄴ.

• 내홀: 내를. 내ㅎ + -ᄋᆞᆯ.

– '내ㅎ'은 'ㅎ' 종성 체언으로 '내'를 뜻하는 명사이다.

• ᄇᆞ텟도다: 의지하여 있도다. ᄇᆞᇀ- + -어 # 잇- + -도- + -다.

– 'ᄇᆞᇀ다'는 중세 국어에서 '의지하다', '맞닿아 있다' 정도로 쓰였다. 여기에서는 '의지하다' 로 해석하는 것이 자연스럽게 느껴진다.

• 번득번드기: 번득번득.

– 물체 따위에 반사된 큰 빛이 자꾸 잠깐씩 나타나는 모양. 별빛이 반짝반짝 빛나는 모양.

• ᄆᆞᄎᆞ매: 마침내.

• 뉘: 누구.

• 시므니오: 심었는고. 시므- + -니- + -오.

– 의문어미 '-오'는 선어말어미 '-니-' 뒤에 통합되어 '-니오', '-뇨'로 실현되었다. 이때 '-니오', '-뇨'를 '-니-'와 '-오'로 분석하고 이 '-오'를 의문 종결어미 '-고'의 'ㄱ'이 약화 탈락된 것으로 설명할 수 있다. 그런

데 '-오'가 어간에 직접 결합되는 예가 확인되지 않고 항상 '-리-'나 '-니-'를 수반하기 때문에 '-니오', '-뇨'를 분석하지 않기도 한다. 여기에서는 전자의 설명을 따랐다.

- 머리: 멀리.
- 고대: 곳에. 곧 + -애.
- 가: 가서. 가- + -아.
- 두려윗ᄂᆞᆫ고: 둥글어지는고. 두려우- + -어 # 잇- + -ᄂᆞ- + -ㄴ고.
  - '두려우다'는 '둥글다', '둥글어지다'를 뜻하는 동사이다. '-어 # 잇-'의 축약형이 중간본에는 '두려웻ᄂᆞᆫ고'로 표기되었다.
- 시르미: 시름이. 시름 + -이.
- ᄀᆞ장: 가장.
- 마디: 말지. 그치지. 마- + -디.
  - '마-'는 '말-'의 'ㄹ'이 치음 'ㄷ' 앞에서 탈락된 형태이다.
- 나조ᄒᆡᅀᅡ: 저녁에야. 나조ㅎ + -ᄋᆡᅀᅡ.
  - '나조ㅎ'은 '저녁'을 뜻하는 명사이고 '-ᄋᆡᅀᅡ'의 '-ᅀᅡ'는 강조를 뜻하는 조사이다. "다ᄅᆞᆫ 나조ᄒᆡᅀᅡ"는 '他夕'을 언해한 것으로 '다른 날 저녁에야', '훗날 저녁에야' 정도로 해석된다.
- 비르서: 비로소.
- 서르: 서로.
- 鮮明ᄒᆞ리로다: 선명할 것이다. 鮮明ᄒᆞ- + -리- + -로- + -다.

《두시언해 권 12, 10a》

❀ 원문 텍스트

天河

常時任顯晦 秋至最分明
縱被微雲掩 終能永夜清
含星動雙闕 伴月落邊城
牛女年年渡 何曾風浪生

❀ 언해문 텍스트

【言天河ㅣ 至秋而顯明也ㅣ라】
常時옌 볼ᄀᆞ며 어드우믈 므던히 너기더니
ᄀᆞᄉᆞᆯ히 오니 안직 分明ᄒᆞ도다
비록 微微ᄒᆞᆫ 구루믜 ᄀᆞ료ᄆᆞᆯ 니버도
ᄆᆞᄎᆞ매 能히 긴 바ᄆᆡ ᄆᆞᆯᄀᆞᆺ도다
벼를 머거 雙闕에 뮈오
ᄃᆞᄅᆞᆯ 번ᄒᆞ야 城으로 뎌 가ᄂᆞᆺ다
牽牛 織女ㅣ ᄒᆡ마다 건나ᄂᆞ니
어느 일즉 ᄇᆞᄅᆞ맷 믌겨리 나리오

[해설] 밤하늘의 은하수를 읊은 시로 은하수에 자신을 비유한 내용이 특징적이다.

❀ 현대어역

> 천수(은하수)
>
> 상시에는 밝으며 어두움을 무던히 여기더니
> 가을이 오니 가장 분명하도다.
> 비록 미미한 구름의 가림을 입어도
> 마침내 능히 긴 밤에 맑아 있도다.
> 별을 머금어 쌍궐에 움직이고
> 달을 벗하여 변성으로 저 가는구나.
> 견우직녀가 해마다 건너는데
> 어찌 일찍이 바람에 물결이 일어나겠는가.

❀ 주석

- 常時옌: 상시에는. 평소에는. 常時 + -예 + -ㄴ.
- 불ᄀᆞ며 어드우믈: 밝으며 어두움을. 볽- + -ᄋᆞ며 # 어드우- + -움 + -을.
  - 은하수가 밝았다 흐렸다 하는 모양을 묘사한 것이다.
  - '어드우-'는 '어드ᇦ-'의 'ㅸ'이 변화된 형태이며 '어드ᄫᅮᆷ 〉 어드움'의 변화를 겪었다.
- 므던히: 무던히.
- 너기더니: 여기더니. 너기- + -더- + -니.
  - '너기다'는 '여기다'를 뜻하는 동사이다.
- ᄀᆞᅀᆞᆯ히: 가을이. ᄀᆞᅀᆞᆯㅎ + -이.
  - 'ᄀᆞᅀᆞᆯㅎ'은 'ㅎ' 종성 체언으로 '가을'을 뜻하는 명사이다.
- 안직: 가장.
- 分明ᄒᆞ도다: 분명하도다. 뚜렷하도다. 分明ᄒᆞ- + -도- + -다.
- 구루믜: 구름의. 구룸 + -의.

• ᄀᆞ료ᄆᆞᆯ: 가림을. ᄀᆞ리- + -옴 + -ᄋᆞᆯ.

• 니버도: 입어도. 닙- + -어도.

– '닙다'는 '입다'를 뜻하는 동사이다.

• ᄆᆞᄎᆞ매: 마침내.

• 바ᄆᆡ: 밤에. 밤 + -ᄋᆡ.

– 여기에서 '-ᄋᆡ'는 처소격 조사로 쓰였다.

• ᄆᆞᆯ갯도다: 맑아 있도다. ᄆᆞᆰ- + -아 # 잇- + -도- + -다.

– "ᄆᆞᄎᆞ매 能히 긴 바ᄆᆡ ᄆᆞᆯ갯도다"는 은하수가 구름을 가려도 마침내는 긴 밤에 밝게 떠 있다는 것을 표현한 것인데 이때 은하수가 두보 자신을 형상화한 것으로 보인다.

• 벼를: 별을. 별 + -을.

• 머거: 먹어. 머금어. [含星]. 먹- + -어.

– 여기에서 '먹다'는 '머금다' 정도로 해석되며 "벼를 머거"는 은하수가 주위의 별을 머금고 있는 장면을 묘사한 것이다.

• 雙闕: 쌍궐.

– 여기에서 '雙闕'은 장안 궁궐을 말하는데 옛날에 궁전, 사원, 능묘의 앞 양쪽에 높은 대를 쌓고 그 위에 누관(樓觀)을 지어 쌍궐이라고 하였다.

• 뮈오: 움직이고. 뮈- + -오.

– 이 '-오'는 연결어미 '-고'의 'ㄱ'가 약화된 형태인데 선행하는 형태가 서술격 조사이거나 선행하는 음이 반모음 'j', 자음 'ㄹ'일 때 통합되었고 그 외의 환경에서는 '-고'가 통합되었다.

• ᄂᆞᄅᆞᆯ: 날을. ᄂᆞᆯ + -ᄋᆞᆯ.

• 벋ᄒᆞ야: 벗하여. 벋ᄒᆞ- + -야.

– '벋ᄒᆞ다'는 '벗하다'를 뜻하는 동사이다.

• 城으로: 성으로.

- '城으로'는 원문의 '邊城'을 언해한 것인데 이때 '邊城'는 장안을 떠나 간 곳으로 진주(秦州)를 말한다.

• 뎌: 저어. 디- + -어.

- '디다'는 '지다', '떨어지다'를 뜻하는 동사이다.

• 가놋다: 가는구나. 가- + -ᄂᆞ- + -옷- + -다.

• ᄒᆡ마다: 해마다. ᄒᆡ + -마다.

• 건나ᄂᆞ니: 건너는데. 건나- + -ᄂᆞ- + -니.

- '건나다'는 '건너다'를 뜻하는 동사이다.

• 어느: 어찌.

- 중세 국어에서 '어느'는 의문 대명사, 의문 관형사, 의문 부사로 쓰였는데 여기에서는 '어찌' 정도의 의문 부사로 해석된다.

• 일즉: 일찍. 일찍이.

• ᄇᆞᄅᆞ맷: 바람에. ᄇᆞᄅᆞᆷ + -애 + -ㅅ.

- 여기에서 'ᄇᆞᄅᆞ맷'은 '바람 때문에', '바람에' 정도로 해석되어 관형격 조사 '-ㅅ'의 쓰임이 분명하지 않다. 현재로서는 과도한 '-ㅅ' 사용 정도로 파악된다.

• 나리오: 일어나겠느냐. 나- + -리- + -오.

- 〉 의문어미 '-오'는 선어말어미 '-리-' 뒤에 통합되어 '-리오', '-료'로 실현되었다. 이때 '-리오', '-료'를 '-리-'와 '-오'로 분석하고 이 '-오'를 의문 종결어미 '-고'의 'ㄱ'이 약화 탈락된 것으로 설명할 수 있다. 그런데 '-오'가 어간에 직접 결합되는 예가 확인되지 않고 항상 '-리-'나 '-니-'를 수반하기 때문에 '-리오', '-료'를 분석하지 않기도 한다. 여기에서는 전자의 설명을 따랐다.

《두시언해 권 12, 10b-11a》

❀ 원문 텍스트

喜雨

春旱天地昏 日色赤如血
農事都已休 兵戈況騷屑
巴人困軍須 慟哭厚地熱
滄江夜來雨 眞宰罪一雪

穀根小蘇息 沴氣終不滅
何由見寧歲 解我憂思結
崢嶸群山雲 交會未斷絕
安得鞭雷公 滂沲洗吳越

❀ 언해문 텍스트

보미 가ᄆᆞ라 하ᄂᆞᆯ콰 ᄯᅡ쾌 어드우니
힛비치 블거 피 ᄀᆞᆮ도다
【騷屑ᄋᆞᆫ 不安皃ㅣ라】
녀름짓ᄂᆞᆫ 이ᄅᆞᆯ 다 ᄒᆞ마 마니
사호미 ᄒᆞ물며 어즈럽도다
巴州ㅅ 사ᄅᆞ미 軍事애 須求호ᄆᆞᆯ 잇버ᄒᆞᄂᆞ니
둗거운 ᄯᅡ히 더우믈 셜워 우놋다
【眞宰ᄂᆞᆫ 造化之主ㅣ라】
滄江애 바ᄆᆡ 비오니
眞宰ㅣ 罪ᄅᆞᆯ ᄒᆞᆫ 번 싯도다

【沴ᄂᆞᆫ 陰陽ㅅ 錯謬妖氣也ㅣ라】
난 불휘 져기 ᄢᅵ요ᄃᆡ 아니
환ᄒᆞᆫ 氣運은 마ᄎᆞ매 ᄢᅳ디 아니ᄒᆞᄂᆞ다
어느 말ᄆᆡ로 便安ᄒᆞᆫ ᄒᆡᄅᆞᆯ 보아
내 시르믜 ᄆᆡ조ᄆᆞᆯ 그르려뇨
노ᄑᆞᆫ 여러 뫼햇 구루미
서르 모다 긋디 아니ᄒᆞ얫다
【滂沲ᄂᆞᆫ 雨貌ㅣ라 甫自註時聞浙右에 多盜賊호라】
엇뎨 시러곰 雷公ᄋᆞᆯ 채 텨 滂沲히 吳越을 시스려뇨

[해설] 오랜 가뭄 끝에 내리는 단비에 대한 반가움을 표현하면서도 시름을 풀 수 없는 마음을 한탄한 내용을 담고 있는 시이다.

❀ 현대어역

희우(비를 기뻐하다.)

봄이 가물어 하늘과 땅이 어두우니
햇빛이 붉어 피 같도다.
농사짓는 일을 다 이미 마치니
싸움이 하물며 어지럽도다.
파주 사람이 군사에 군비를 조달함을 피곤해하는데
두꺼운 땅의 더움을 서러워 우는구나.
창강 밤에 비가 오니
진재가 죄를 한 번 씻었다.

낟알의 뿌리가 조금 깨어났지만
병들지 않은 기운은 마침내 그치지 아니한다.
어떤 말미로 편안한 해를 보아
낟알의 뿌리가 조금 깨어났지만
병들지 않은 기운은 마침내 그치지 아니한다.

> 어떤 말미로 편안한 해를 보아
> 내 시름의 맺음을 풀 수 있을까.
> 높은 여러 산 (위의) 구름이
> 서로 모여 끊어지지 아니하여 있도다.
> 어찌 능히 뇌공을 채찍을 쳐서
> 퍼붓는 비로 오월을 씻을 수 있을까.

❀ 주석

- 보미: 봄이. 봄 + -이.
- 가ᄆᆞ라: 가물어. 가ᄆᆞᆯ- + -아.
  - '가ᄆᆞᆯ다'는 '가물다'를 뜻하는 동사이다.
- 하ᄂᆞᆯ콰: 하늘과. 하ᄂᆞᆯㅎ + -과.
  - '하ᄂᆞᆯㅎ'은 중세 국어 'ㅎ' 종성 체언으로 '하늘'을 뜻하는 명사이다. 이 'ㅎ' 종성 체언은 'ㅎ'을 끝소리로 갖는 체언으로 'ᄯᅡ(〉땅), 하ᄂᆞᆯ(〉하늘)'과 같이 단독으로 쓰일 때는 'ㅎ' 소리가 나지 않지만 'ᄯᅡ히(〉땅이), 하ᄂᆞᆯ히(〉하늘이)'와 같이 모음의 조사와 결합하거나 'ᄯᅡ콰(〉땅과), ᄯᅡ토(〉땅도)'와 같이 조사 '과', '도'와 결합될 때에는 'ㅎ'이 나타났다.
  - 중간본에는 '하ᄂᆞᆯㅎ', 'ᄯᅡㅎ'의 'ㅎ'이 탈락된 '하ᄂᆞᆯ과', 'ᄯᅡ괘'로 표기되었다. 'ㅎ' 종성 체언의 소실과 관련된 것으로 판단된다.
- ᄯᅡ쾌: 땅이. ᄯᅡㅎ + -과 + -ㅣ.
  - 이 시기에 공동격 조사는 [NP1와 NP2와]처럼 후행하는 명사 NP2에도 통합되었는데 그 뒤에 '괘', '과ᄅᆞᆯ', '괏'처럼 주격 조사 '-이', 목적격 조사 '-ᄅᆞᆯ', 관형격 조사 '-ㅅ' 등이 중첩되어 통합되기도 하였다.
- 어드우니: 어두우니. 어드우- + -니.

- '어드우-'는 '어듷-'의 'ㅸ'이 변화된 형태로 '어드ᄫᅳ니 〉 어드우니'의 변화를 겪었다.

• 힛비치: 햇빛이. 히 + -ㅅ # 빛 + -이.

• 블거: 붉어. 븕- + -어.

- '븕다'는 '붉다'를 뜻하는 형용사이다.

• 곧도다: 같도다. 곧- + -도- + -다.

- '곧-'은 '곹-'의 'ㅌ'이 8종성 표기법에 따라 'ㄷ'으로 표기된 형태이다.

• 녀름짓ᄂᆞᆫ: 농사짓는. 녀름짓- + -ᄂᆞ- + -ㄴ.

- '녀름짓다'는 '농사짓다', '농사하다'의 뜻으로 쓰였다.

• 이ᄅᆞᆯ: 일을. 일 + -ᄋᆞᆯ.

• ᄒᆞ마: 이미.

• 마니: 그치니. 쉬니. 말- + -니.

- 어간 '마-'는 '말-'의 'ㄹ'이 'ㄴ' 앞에서 탈락된 형태로 보이는데 이때 '말다'는 농사일을 그치고 쉬는 행위를 뜻하는 것으로 해석된다.

• 사호미: 싸움이. 싸우는 것이. 사호- + -옴 + -이.

- '사호다'는 '싸우다'를 뜻하는 동사인데 '싸호다'로도 나타났다. 여기에서 '사호미'는 '전란'을 의미하는 것으로 보인다.

• ᄒᆞ믈며: 하물며.

• 어즈럽도다: 어지럽다. 어즈럽- + -도- + -다.

- '어즈럽다'는 '어지럽다'를 뜻하는 형용사인데 여기에서 '어즈럽다'는 전란이 더 심해지는 상황을 표현한 것으로 해석된다.

• 巴州ㅅ: 파주의. 巴州 + -ㅅ.

- '-ㅅ'은 관형격 조사로 쓰였다.

• 사ᄅᆞ미: 사람이. 사ᄅᆞᆷ + -이.

• 須求호ᄆᆞᆯ: 수구함을. 須求ᄒᆞ- + 옴 + -ᄋᆞᆯ.

- '須求ᄒ다'는 '(군비를)조달하다' 정도로 해석된다.

- 잇버ᄒᄂ니: 피곤해하다. 잇버ᄒ- + -ᄂ- + -니.
  - '잇버하다'는 '피곤해하다', '힘들어하다' 정도를 뜻하는데 이 '잇버ᄒ-'는 형용사 '잇브-'에 '-어 ᄒ'가 통합된 단어이다.

- 둗거운: 두꺼운. 둗거우- + -ㄴ.
  - 어간 '둗거우-'는 '둗겁-'의 'ㅸ'이 변화된 형태로 '둗거ᄫᅮᆫ 〉 둗거운'의 변화를 겪었다.

- 짜ᄒᆡ: 땅의. 짜ㅎ + -ᄋᆡ.
  - '짜ㅎ'은 'ㅎ' 종성 체언으로 '땅'을 뜻하는 명사이다. 여기에서 '-ᄋᆡ'는 명사절 구성에서 주어적 속격으로 쓰였다.

- 더우믈: 더움을. 더운 것을. 더우- + -움 + -을.
  - '더우-'는 '덥-'의 'ㅸ'이 변화된 형태로 '더ᄫᅮᆷ 〉 더움'의 변화를 겪었다.

- 셜워: 서러워. 셜우- + -어.
  - '셜우-'는 '셟-'의 'ㅸ'이 변화된 형태로 '셜ᄫᅥ 〉 셜워'의 변화를 겪었다.

- 우놋다: 우는구나. 우- + -ᄂ- + -옷- + -다.
  - '우-'는 '울-'의 'ㄹ'이 'ㄴ' 앞에서 탈락된 형태이다. '-놋-'은 현재 선어말어미 '-ᄂ-'와 감탄법 선어말어미 '-옷-'이 축약된 형태이다.

- 滄江애: 창강에. 滄江 + -애.
  - '-애'는 처소격 조사이다.

- 바ᄆᆡ: 밤에. 밤 + -ᄋᆡ.
  - 여기에서 '-ᄋᆡ'는 처소격 조사로 쓰였다.

- 싯도다: 씻었구나. 싯- + -도- + -다.
  - '싯다'는 '씻다'를 뜻하는 동사이다.

- 낟: 낟알. 곡식.

- 불휘: 뿌리.

• 져기: 적게. 조금.

• ᄭᆡ요ᄃᆡ: 깨되. 깨어났지만. ᄭᆡ- + -요ᄃᆡ.

– 연결어미 '-요ᄃᆡ'는 '-오ᄃᆡ'에 반모음 'j'가 삽입된 것인데 선행음이 '이' 모음이나 반모음 'j'일 때 반모음 'j'가 삽입되는 일이 있다.

• 아니 환ᄒᆞᆫ: 아니 병든. 병들지 않은. 아니 # 환ᄒᆞ- + -ㄴ.

– "아니 환ᄒᆞᆫ 기운"은 '沴氣'을 언해한 것으로 '해로운 기운' 정도를 뜻하는데 협주문의 "沴ᄂᆞᆫ 陰陽ㅅ 錯謬妖氣也ㅣ라"(려는 음양이 뒤바뀐 요기이다.)에서 그 의미를 추정할 수도 있다.

• 마ᄎᆞ매: 마침내. 끝내.

• ᄢᅳ디: 그치지. 사라지지. ᄢᅳ- + -디.

– 'ᄢᅳ다'는 '끄다', '그치다', '사라지다' 등의 의미로 쓰였다. 여기에서는 '그치다' 정도로 해석하는 것이 자연스럽다.

• 말ᄆᆡ로: 말미로. 사유로. 말ᄆᆡ + -로.

– 말ᄆᆡ'는 '말미', '사유'를 뜻하는 명사이다.

• ᄒᆡᄅᆞᆯ: 해를. ᄒᆡ + -ᄅᆞᆯ.

• 시르믜: 시름의. 시름 + -의.

• ᄆᆡ조ᄆᆞᆯ: 맺음을. ᄆᆡᆽ- + -옴 + -ᄋᆞᆯ.

– 'ᄆᆡᆽ다'는 '맺다'를 뜻하는 동사이다.

• 그르려뇨: 풀 수 있을까. 그르- + -리어- + -뇨.

– '그르다'는 '풀다'를 뜻하는 동사로 쓰였다.

– '-리어-'는 선어말어미 '-리-'와 '-어-'가 결합된 어미 형태인데 주로 미래에 확정될 사실을 표현하는 의미로 쓰였다.

– '-뇨'는 중세 국어의 설명 의문문일 때 통합되었는데 이 '-뇨'를 선어말어미 '-니-'와 의문어미 '-오'로 분석하고 이 '-오'를 의문 종결어미 '-고'의 'ㄱ'이 약화 탈락된 것으로 설명할 수 있다. 그런데 '-오'가 어간

에 직접 결합되는 예가 확인되는 일이 없고 항상 '-니-'나 '-리-'를 수반하기 때문에 '-뇨'를 분석하지 않기도 한다. 여기에서는 '-뇨'를 '-니오'와 달리 융합형 어미로 다루고자 한다.

- 노ᄑᆞᆫ: 높은. 높- + -ᄋᆞᆫ.
- 뫼햇: 산에의. 산에 있는. 뫼ㅎ + -애 + -ㅅ.
  - '-앳'은 처소격 조사 '-애'와 관형격 조사 '-ㅅ'이 축약된 형태이다.
- 구루미: 구름이. 구룸 + -이.
- 서르: 서로.
- 모다: 모여. 몯- + -아.
  - '몯다'는 '모이다'를 뜻하는 동사이다.
- 긋디: 끊어지지. 긋- + -디.
  - '긋다'(긏다)는 '끊다', '그치다' 정도를 뜻하는데 여기에서는 '끊어지지'로 해석하는 것이 자연스럽다.
- 아니ᄒᆞ얫다: 아니하여 있다. 아니ᄒᆞ- + -야 # 잇- + -다.
  - '-얫-'은 '-야 # 잇-'가 축약된 형태로 '-여 있-' 정도를 뜻한다. 이 축약형이 중간본에는 '아니ᄒᆞ얏다'로 표기되었다.
- 엇뎨: 어찌.
- 시러곰: 능히.
- 雷公ᄋᆞᆯ: 뇌공을. 우레님을. 雷公 + -ᄋᆞᆯ.
- 채: 채찍.
- 텨: (채찍을) 쳐서. 티- + -어.
  - '티다'는 '치다'를 뜻하는 동사이다.
- 滂沱히: 방타히.
  - '滂沱'는 비가 세차게 좍좍 쏟아짐을 뜻한다.
- 吳越을: 오월을. 오나라와 월나라를. 吳越 + -을

• 시스려뇨: 씻을 수 있을까. 싯- + -리어- + -뇨.

- '싯다'는 '씻다'를 뜻하는 동사이고, '-리어-'는 선어말어미 '-리-'와 '-어-'가 결합된 어미 형태로 주로 미래에 확정될 사실을 표현하는 의미로 쓰였다.
- "滂沲히 吳越을 시스려뇨"는 '세차게 퍼붓는 비로 오월 땅을 씻을 수 있을까.' 정도로 해석된다.

《두시언해 권 12, 11a-12b》

❀ 원문 텍스트

大雨

西蜀冬不雪 春農尚嗷嗷
上天回哀眷 朱夏雲鬱陶
執熱乃沸鼎 纖絺成縕袍
風雷颯萬里 霈澤施蓬蒿

敢辭茅葦漏 已喜黍豆高
三日無行人 二江聲怒號
流惡邑里淸 矧玆遠江皐
荒庭步鸛鶴 隱几望波濤

沈痾聚藥餌 頓忘所進勞
則知潤物功 可以貸不毛
陰色靜壠畝 勸耕自官曹
四隣出耒耜 何必吾家操

❀ 언해문 텍스트

西蜀애 겨스레 눈 오디 아니ᄒᆞ니
보ᄆᆡ 녀름지슬 사ᄅᆞ미 오히려 수스워리놋다
【鬱陶ᄂᆞᆫ 積不散皃ㅣ라】
上天이 도ᄅᆞ혀 슬허 眷顧ᄒᆞ시니
블근 녀르메 구루미 얼의엿도다

더위ᄅᆞᆯ 자바 소ᄐᆡ셔 븕괴돗ᄒᆞ니
ᄀᆞᄂᆞᆫ 츩 오시 소음 둔 오시 ᄃᆞ외얏도다
ᄇᆞᄅᆞᆷ과 울에 萬里예 서늘ᄒᆞ니
霈澤이 다봇ᄡᅮ게 니르리 베펫도다

【茅葦ᄂᆞᆫ 謂茅屋也ㅣ라】
茅葦로 니욘 지비 ᄉᆡ요ᄆᆞᆯ 구틔여 말리아
ᄒᆞ마 기장 콩ᄋᆡ 노파 가ᄆᆞᆯ 깃노라
【二江ᄋᆞᆫ 成都ㅅ 內江外江也ㅣ라】
사ᄋᆞᄅᆞᆯ 길 녀ᄂᆞᆫ 사ᄅᆞ미 업스니
두 ᄀᆞᄅᆞᇝ 소리ᄂᆞᆫ 怒ᄒᆞ야 우르놋다
더러운 거슬 흘려 ᄀᆞᇫ ᄆᆞᅀᆞᆯ도 ᄆᆞᆯᄀᆞ니
ᄒᆞᄆᆞ며 이 먼 ᄀᆞᄅᆞᇝ 두들기ᄯᆞ녀
【鸛鶴은 水鳥ㅣ니 鳴則雨應ᄒᆞᄂᆞ니라】
거츤 ᄠᅳᆯ헤셔 鸛鶴이 건ᄂᆞ니
几ᄅᆞᆯ 비겨셔 ᄆᆞᆰ겨ᄅᆞᆯ ᄇᆞ라노라

【言沈痾之故로 聚藥餌라니 今雨ㅣ 淸凉홀ᄉᆡ 忘進藥之勞也ㅣ니라】
기픈 病에 藥餌ᄅᆞᆯ 뫼화 둣다니
나ᅀᅩ아 머굴 잇부믈 다 닛과라
【此言因雨之潤ᄒᆞ야 雖不毛之地라도 亦假貸而生也ㅣ라】
物을 저지ᄂᆞᆫ 功이 可히 뻐 터리 아니
나ᄂᆞᆫ 짜홀 빌유믈 알와라
어득ᄒᆞᆫ 비체 받이러미 安靜ᄒᆞ니
받 가롬 勸호ᄆᆞᆫ ᄀᆞ올로브터 ᄒᆞ놋다
네 이우지 짜 보ᄅᆞᆯ 내ᄂᆞ니
엇뎨 구틔여 내 집ᄲᅮᆫ 자ᄇᆞ리오

[해설] 이 시는 오랜 가뭄 끝에 내린 비의 정경을 읊은 시로 큰 비가 내리는 정황을 구체적으로 묘사하면서 백성의 가난함을 돌아보는 내용을 담고 있다.

❀ 현대어역

대우(큰비)

서촉 겨울에 눈 오지 아니하니
봄에 농사지을 사람이 오히려 떠들어대는구나.
하늘이 도리어 슬퍼하여 권고하시니
붉은 여름에 구름이 엉기어 있도다.
더위를 잡아 솥에서 끓어 뒤섞이듯 하니
가는 칡 옷이 솜옷이 되어 있도다.
바람과 우레가 만 리에서 서늘하니
채택이 다북쑥에 이르게 베풀어 있도다.

모위(띠, 갈대)로 이은 집이 새는 것을 구태여 막겠느냐.
기장 콩이 높이 커감을 기뻐하노라.
사흘을 길 가는 사람이 없으니
두 강의 소리는 노하여 부르짖는구나.
더러운 것을 흘려보내 고을 마을도 맑으니
하물며 이 먼 강의 두둑이겠느냐.
거친 뜰에서 관학이 걸으니.
안석을 의지하여 물결을 바라본다.

깊은 병에 약이를 모아서 두었는데
나아가 먹을 피곤함을 모두 잊었도다.
물을 적시는 공이 가히 털이 아니
나는 땅을 빌림을 알았도다.
어둑한 빛에 밭이랑이 안정하니
밭 갈음을 권하니 고을부터 하는구나.
네 이웃이 땅의 보(물을 담아 두는 곳)를 내는데
어찌 구태여 내 집만 잡으리오.

❀ 주석

• 西蜀애: 서촉에. 西蜀 + -애.

- '西蜀'은 지금의 사천성 일대로 성도를 말한다. '-애'는 처격 조사이다.

• 겨스레: 겨울에. 겨슬 + -에.

• 오디: 오지. 오- + -디.

• 보미: 봄에. 봄 + -이.

• 녀름지슬: 농사지을. 녀름짓- + -을.

- '녀름짓다'는 '농사짓다'를 뜻하는 동사이다.

• 수스워리놋다: 떠들어대는구나. 수스워리- + -ᄂ- + -옷- + -다.

- '수스워리다'는 '떠들어대다'를 뜻하는 동사로 원문의 '嗷嗷'을 언해한 것으로 여러 사람이 원망하여 외치는 소리를 가리킨다.

- 중간본에는 '-놋-'으로 표기되어 있지 않고 '수으워리롯다'처럼 '-롯-'으로 표기되어 있어 초간본과 차이를 보인다. '-놋-'의 잘못으로 판단된다.

• 도ᄅ혀: 도리어.

• 슬허: 슬퍼하여. 슳- + -어.

- '슳다'는 '슬퍼하다'를 뜻하는 동사이다. '슬프다'는 이 '슳-'에 형용사 파생 접미사 '-ᄇ/브'가 결합하여 형성된 파생어이다.

• 블근: 붉은. 븕- + -은.

• 녀르메: 여름에. 녀름 + -에.

- '녀름'은 '여름'을 뜻하는 명사이고, '-에'는 처격 조사이다.

- "블근 녀름"은 '한여름'을 뜻하는데 원문의 '朱夏'를 언해한 것으로 '朱夏'는 6~8월을 가리키며 입하부터 입추 전까지를 이른다.

• 구루미: 구름이. 구룸 + -이.

• 얼의엿도다: 엉기어 있도다. 얼의- + -어 # 잇- + -도- + -다.

- '얼의다'는 '엉기다'를 뜻하는 동사이다.

• 더위롤 자바: 더위를 잡아.

- "더위롤 자바"는 원문의 '執熱'을 언해한 것으로 몹시 덥거나 뜨거운 것을 뜻하는 것으로 추정된다.

• 소틱서: 솥에서. 솥 + -익서.

• 붑괴돗: 끓어 뒤섞이듯. 붑괴- + -돗.

- '붑괴다'는 '끓어 뒤섞이다' 정도를 의미하는데 여기에서는 비가 오기 전에 한여름 후덥지근한 더위, 즉 찜통 같은 더운 상황을 묘사한 것으로 보인다.

• ᄀᆞᄂᆞᆫ 츩 오시: 가는 츩 옷이. [纖絺]. ᄀᆞᄂᆞ- + -ㄴ # 츩 # 옷 + 이.

- 'ᄀᆞᄂᆞ-'는 'ᄀᆞᄂᆞᆯ-'의 'ㄹ'이 'ㄴ' 앞에서 탈락된 형태이다.
- '纖絺'(섬치)는 올이 가는 갈포 또는 갈포로 지은 옷을 말한다.
- '츩'의 종성 'ㄹㄱ'이 중간본에는 '츨'으로 표기되었다. 중간본에는 종성법 표기법이 반영된 것이다.

• 소음 둔 오시: 솜을 둔 옷이. 솜옷. [縕袍]. 소음 # 두- + -ㄴ # 옷 + -이.

- '縕袍'(온포)는 묵은 솜을 둔 도포를 말한다.

• ᄃᆞ외야도다: 되어 있도다. ᄃᆞ외- + -야 # 잇- + -도- + -다.

- "ᄀᆞᄂᆞᆫ 츩 오시 소음 둔 오시 ᄃᆞ외야도다"도 비가 오기 전 무더운 한여름 날씨를 묘사한 것으로 해석된다.

• ᄇᆞᄅᆞᆷ과: 바람과. ᄇᆞᄅᆞᆷ + -과.

• 울에: 우레.

• 서늘ᄒᆞ니: 서늘하니. 서늘ᄒᆞ- + -니.

• 霈澤: 패택. 비의 은택. 큰 비.

- '霈澤'(패택)은 죄를 지은 사람에게 내리는 사면(赦免)을 비유적으로 이

르는 데 여기에서는 '큰 비'를 뜻하는 것으로 해석된다.

• 다봇뿌게: 다북쑥에. 들풀에. [蓬蒿]. 다봇뿍 + -에.

- '다봇뿍'은 '다북쑥', '들풀'을 뜻하는 명사이다.

• 니르리: 이르게.

- '니르리'는 형태적으로는 '니를- '에 '-이'가 결합된 구성으로 분석되는 데 이 '-이'의 문법적 범주를 규정하는 것이 쉽지는 않다. 형태로 보면 접사처럼 분석되지만 그 쓰임을 보면 '~에 이르게'로 해석되어 통사적 기능으로 해석된다. 따라서 그 형태와 의미를 고려하여 통사적 접사로 명명하기도 하기도 한다.

• 베펫도다: 베풀어 있도다. 베프- + -어 # 잇- + -도- + -다.

- '베프다'는 '베풀다'를 뜻하는 동사이다.

- "霈澤이 다봇뿌게 니르리 베펫도다"는 큰 비가 뿔뿔이 흩어진 풀 위로 쏟아져 내리는 모양을 묘사한 것이다.

• 茅葦: 모위. 띠와 갈대.

- '茅葦'는 협주문의 "茅葦는 謂茅屋也ㅣ라"(모위는 묘옥(띠집이나 초가집)을 말한다.)를 참고할 수 있다.

• 니욘: 이은. 니- + -요- + -ㄴ.

- '니다'는 중세 국어 '닛-'의 'ㅿ'이 소실된 형태이고 선어말어미 '-요-'는 대상활용 선어말어미 '-오-'에 반모음 'j'가 삽입된 형태이다. 대상활용 선어말어미 '-오-'는 피수식어가 내포절의 목적어일 때 나타났다. 여기에서는 피수식어 '집'이 내포절 서술어의 '니욘'의 목적어로 해석된다.

• 지비: 집이. 집 + -이.

• ᄉᆡ요ᄆᆞᆯ: 새는 것을. ᄉᆡ- + -욤 + -ᄋᆞᆯ.

- '-욤'은 명사형어미인데 선행하는 이중모음 '-ᄋᆡ'의 영향을 받아서 반

모음 'j'가 삽입된 형태이다.

• 구틔여: 구태여.

• 말리아: 막겠느냐. 말- + -리- + -아.

– 여기에서 '-아'는 의문 종결어미로 쓰였는데 '-리-'와 결합하여 '-랴'로 실현되기도 하였다.

• ᄒᆞ마: 이미. 벌써.

• 기장: 기장. 볏과의 한해살이풀.

• 콩ᄋᆡ: 콩의. 콩이. 콩 + -ᄋᆡ.

– 여기에서 '-ᄋᆡ'는 "ᄒᆞ마 기장 콩ᄋᆡ 노파 가ᄆᆞᆯ"의 명사절 주어에 통합된 것으로 주어적 속격으로 쓰였다.

• 깃노라: 기뻐하노라. 깃- + -ᄂᆞ- + -오- + -라.

– '깃다'는 '기뻐하다'를 뜻하는 동사이다. '깃-'과 '긹-'이 후행하는 음에 따라 교체되었는데 후행하는 음이 자음일 때는 '깃-'이, 후행하는 음이 모음일 때는 '긹-'이 나타났다.

• 사ᄋᆞ롤: 사흘을. 삼일을. 사ᄋᆞᆯ + -ᄋᆞᆯ.

– '사ᄋᆞᆯ'은 '사흘'을 뜻하는 명사이다.

• 녀ᄂᆞᆫ: 가는. 녀- + -ᄂᆞ- + -ㄴ.

– '녀다'는 '가다', '다니다'를 뜻하는 동사이다.

• 두 ᄀᆞᄅᆞᇝ: 두 강의. 두 # ᄀᆞᄅᆞᆷ + -ㅅ.

– "두 ᄀᆞᄅᆞᆷ"은 원문의 '二江'을 언해한 것인데 이 '二江'은 협주문의 "二江ᄋᆞᆫ 成都ㅅ 內江外江也ㅣ라"처럼 성도에 있는 두 강, 즉 성도에 있는 내강과 외강을 가리킨다.

• 우르놋다: 부르짖는구나. 우르- + -ᄂᆞ- + -옷- + -다.

– '우르다'는 '부르짖다'를 뜻하는 동사이다. '-놋-'은 현재 시제 선어말어미 '-ᄂᆞ-'와 감탄법 선어말어미 '-옷-'이 축약된 형태이다.

- 거슬: 것을. 것 + -을.
- ᄀᆞ옰 ᄆᆞᅀᆞᆯ: 고을 마을.
- ᄆᆞᆯᄀᆞ니: 맑으니. ᄆᆞᆰ- + -ᄋᆞ니.
- ᄒᆞᄆᆞᆯ며: 하물며.
- ᄀᆞᄅᆞᇝ: 강의. ᄀᆞᄅᆞᆷ + -ㅅ.
- 두들기ᄯᆞ녀: 두둑이겠느냐. 두듥 + -이ᄯᆞ녀.
  - '-이ᄯᆞ녀'는 수사 의문문에 주로 나타나는 의문어미로 부사 'ᄒᆞᄆᆞᆯ며'와 호응을 이루는 것이 특징적이며 '-이ᄯᆞ니잇가'로도 실현되었다. "ᄒᆞᄆᆞᆯ며 阿羅漢果ᄅᆞᆯ 得긔 호미 ᄯᆞ니잇가"〈석상19:4b〉, "ᄒᆞᄆᆞᆯ며 本來 모딘 일 짓더니ᄯᆞ니잇가"〈월석21:126a〉 한편, 이와 형태는 유사한 '-ᄯᆞᆫ'은 "ᄒᆞ다가 밧ᄀᆞᆯ브터 올딘댄 몬져 당다이 ᄂᆞᄎᆞᆯ 보려니ᄯᆞᆫ"〈능엄1:64b〉, "ᄒᆞ다가 다 아ᄅᆞᆯ띤댄 딜오미 반ᄃᆞ기 잇ᄂᆞᆫ ᄃᆡ 업스려니ᄯᆞᆫ "〈능엄01:67a〉처럼 "ᄒᆞ다가 ~을딘댄 (당다이/반ᄃᆞ기) ~려니ᄯᆞᆫ" 형식으로 평서문으로 해석된다. 첫 번째 예는 '만약 밖으로부터 들어온다면 먼저 마땅히 낯을 볼 것이다.' 정도로 해석되고, 두 번째 예는 '만약 다 알 것 같으면 반드시 있는 곳이 없을 것이다.' 정도로 해석된다.
  - 언해문 "ᄒᆞᄆᆞᆯ며 이 먼 ᄀᆞᄅᆞᇝ 두들기ᄯᆞ녀"에서 '이 먼 ᄀᆞᄅᆞᆷ'은 두보 자신이 살고 있는 곳을 가리킨다.
- 거츤: 거친. 거츠- + -ㄴ.
  - '거츠-'는 '거츨-'의 'ㄹ'이 'ㄴ' 앞에서 탈락된 형태이다.
- ᄠᅳᆯ헤셔: 뜰에서. ᄠᅳᆯㅎ + -에셔.
  - 'ᄠᅳᆯㅎ'은 'ㅎ' 종성 체언으로 '뜰'을 뜻하는 명사이다.
- 건ᄂᆞ니: 걸으니. 건- + -ᄂᆞ- + -니.
  - '건-'은 '걷-'의 'ㄷ'이 후행하는 'ㄴ'이 동화된 형태이다.
  - 중간본에는 'ㄴ' 동화된 표기가 반영되지 않은 '것ᄂᆞ니'로 표기되었다.

• 几를: 궤를. 안석을. 几 + -를.

• 비겨셔: 의지하여. 기대앉아서. 비기- + -어셔.

  – '비기다'는 '의지하다' 정도를 해석되는 동사인데 '隱几'(은궤)를 번역한 것으로 '서안'(書案), 즉 책상에 몸을 기대는 것을 묘사한 것으로 보인다.

• 믌겨를: 물결을. 믌결 + -을.

• 藥餌: 약이. 약물.

• 뫼화: 모아. 뫼호- + -아.

  – '뫼호다'는 '모으다'를 뜻하는 동사이다.

• 둣다니: 두었는데. 두- + -어 # 시- + -더- + -오- + -니.

  – '둣-'은 '두- + 어 # 시-' 구성이 축약된 것인데 이때 축약형이 특기할 만하다. '-오-'는 1인칭 활용 선어말어미로 약이를 모아두는 주체가 시적 화자 자신임을 표현한 것이다.

  – '둣다니'의 '다'는 과거 시제 선어말어미 '-더-'와 1인칭 활용 선어말어미 '-오-'가 축약된 형태이다. 모음 축약 양상이 예외적이긴 하나 '-거-'와 '-오-'가 축약될 때도 '-가-'로 나타났다.

• 나소아: 나아가. 나소- + -아.

  – '나소다'는 '나아오게 하다'를 뜻하는 사동사인데 여기에서는 약을 먹는 수고를 표현한 것으로 해석된다.

• 머굴: 먹을. 먹- + -우- + -ㄹ.

  – 여기에서는 '-우-'는 1인칭 활용 선어말어미로 판단된다.

• 잇부믈: 피곤함을. 잇브- + -움 + -을.

  – '잇브다'는 '피곤하다'를 뜻한다.

  – "나소아 머굴 잇부믈 다 닛과라"는 큰 비가 내린 후, 그 기쁨으로 약 먹을 수고를 모두 잊었음을 말한다.

• 다: 다. 모두.

• 닛과라: 잊었구나. 닛- + -과라.

– '닛다'는 '잊다'를 뜻하는 동사이다.

– '-과라'의 '과'를 '-거-'와 '-오-'가 축약된 형태로 분석하기도 하는데 '-과라', '-와라'는 화자의 감정이 두드러진, 혹은 새롭게 알게 된 사실을 주목하는 장면에 주로 쓰여서 감탄법 종결어미로 해석할 수도 있다. 본서에서는 '-과라', '-와라'를 감탄법 종결어미로 처리하였다.

• 저지ᄂᆞᆫ: 적시는. 저지- + -ᄂᆞ- + -ㄴ.

– '저지다'는 '적시다'를 뜻하는 동사이다.

• 터리 아니 나ᄂᆞᆫ ᄯᅡ홀: 털이 아니 나는 땅. 짓지 않는 땅. [不毛]. 터리 # 아니 # 나- + -ᄂᆞ- + -ㄴ # ᄯᅡᇂ + -ᄋᆞᆯ.

– 여기에서 "터리 아니 나ᄂᆞᆫ ᄯᅡ홀"은 '짓지 않는 땅'을 가리킨 것으로 해석된다.

• 빌유믈: 빌림을. 빌- + -움 + -을.

– '빌다'는 여기에서 '빌리다'를 뜻한다.

• 알와라. 알았도다. 알- + -와라.

– '-와라'의 '와'를 '-어-'와 '-오-'가 축약된 형태로 분석하기도 하는데 '-과라', '-와라'는 화자의 감정이 두드러진, 혹은 새롭게 알게 된 사실을 주목하는 장면에 주로 쓰여서 감탄법 종결어미로 해석할 수도 있다. 본서에서는 '-과라', '-와라'를 감탄법 종결어미로 처리하였다.

– 중간본에는 '알아라'로 표기되었다. '-과라', '-와라'의 문법 의식이 약화되면서 나타난 표기 형태로 보인다. 이 '-아라'가 현대 국어의 감탄법 종결어미로 발달된 것으로 파악된다.

• 어득ᄒᆞᆫ: 어둑한. 어득ᄒᆞ- + -ㄴ.

– '어득ᄒᆞ다'는 '어둑하다'를 뜻하는 형용사이다.

- 비체: 빛에. 빛 + -에.
- 받이러미: 밭이랑.
- 받: 밭.
- 가롬: 가는 것. 갈- + -옴.
- ᄀᆞ올로브터: 고을부터. ᄀᆞ올 + -로 + -브터.
  - '-로브터'는 편의상 '-로'와 '-브터'로 분석하기는 하였으나 여기에서는 어떤 행동이 비롯되는 대상을 뜻하는 의미로 쓰였으므로 하나의 통합형 조사로 분석해도 좋을 듯하다.
  - 'ᄀᆞ올로브터'는 원문의 '官曹'를 언해한 것으로 관청에서 나온 관리들이 마을을 돌아다니며 농사일을 서둘러 시작하라고 말하는 장면을 묘사한 것이다.
- ᄒᆞ놋다: 하는구나. ᄒᆞ- + -ᄂᆞ- + -옷- + -다.
- 이우지: 이웃이. 이웆 + -이.
  - '이웆'은 '이웃'을 뜻하는 명사이다.
- 엇뎨: 어찌.
- 구틔여: 구태여.
- 집ᄲᅮᆫ: 집만. 집 + -ᄲᅮᆫ.
  - 여기에서 '-ᄲᅮᆫ'은 '-만'을 뜻하는 조사로 쓰였다.
- 자ᄇᆞ리오: 잡으리오. 잡겠는가. 잡- + -으리- + -오.
  - "엇뎨 구틔여 내 집ᄲᅮᆫ 자ᄇᆞ리오"는 '어찌 구태여 내 집에서만 잡으리오.'로 해석되는데 여기에서는 가뭄 끝에 비가 오기에 농사를 지을 수 있는 것을 함께 기뻐하는 뜻을 드러내고 있다.
  - 의문어미 '-오'는 선어말어미 '-리-' 뒤에 통합되어 '-리오', '-료'로 실현되었다. 이때 '-리오', '-료'를 '-리-'와 '-오'로 분석하고 이 '-오'를 의문 종결어미 '-고'의 'ㄱ'이 약화 탈락된 것으로 설명할 수 있다. 그런데

'-오'가 어간에 직접 결합되는 예가 확인되지 않고 항상 '-리-'나 '-니-'를 수반하기 때문에 '-리오', '-료'를 분석하지 않기도 한다. 여기에서는 전자의 설명을 따랐다.

《두시언해 권 12, 12b-15a》

❀ 원문 텍스트

雨三首

峽雲行清曉 烟霧相徘徊
風吹滄江去 雨灑石壁來
凄凄生餘寒 殷殷兼出雷
白谷變氣候 朱炎安在哉
高鳥濕不下 居人門未開
楚宮久已滅 幽佩爲誰哀
侍臣書王夢 賦有冠古才
冥冥翠龍駕 多自巫山臺

青山淡無姿 白露誰能數
片片水上雲 蕭蕭沙中雨
殊俗狀巢居 曾臺俯風渚
佳客適萬里 沈思情延佇
掛帆遠色外 驚浪滿吳楚
久陰蛟螭出 寇盜複幾許

空山中宵陰 微冷先枕席
回風起清曉 萬象萋已碧
落落出岫雲 渾渾倚天石
日假何道行 雨含長江白
連檣荊州船 有士荷戈戟
南防草鎮慘 霑濕赴遠役
群盜下避山 揔戎備強敵
水深雲光廓 鳴櫓各有適
漁艇息悠悠 夷歌負樵客
留滯一老翁 書時記朝夕

❀ 언해문 텍스트

峽옛 구루미 몰고 새배 녀ᄂᆞ니
ᄂᆡ와 雲霧왜 서르 머므렛도다
ᄇᆞᄅᆞᄆᆞᆫ 滄江ᄋᆞᆯ 부러 가고
비ᄂᆞᆫ 石壁ᄋᆞᆯ ᄠᅧ려 오ᄂᆞᆺ다
【凄凄ᄂᆞᆫ 雨落皃ㅣ라 殷ᄋᆞᆫ 去聲이니 雷聲이라】
凄凄히 나ᄆᆞᆫ 서놀호미 나ᄂᆞ니
殷殷히 울엣소리 나미 조차 잇도다
흰 묏고리 氣候ㅣ 改變ᄒᆞᄂᆞ니
블근 더위ᄂᆞᆫ 어듸 이시리오
노ᄑᆞᆫ 뒷 새ᄂᆞᆫ 저저 ᄂᆞ리디 아니ᄒᆞ고
사ᄂᆞᆫ 사ᄅᆞᄆᆞᆫ 門을 여디 아니ᄒᆞᄂᆞ다
【楚人襄王이 夢與神女遇ᄒᆞ니朝爲行雲ᄒᆞ고 暮爲行雨ㅣ라ᄒᆞ다 宋玉이 作高唐賦ᄒᆞ니 此ᄂᆞᆫ 言雨聲이 如神女이 佩響也ㅣ라】
楚宮이 오래 ᄒᆞ마 滅ᄒᆞ니 幽深ᄒᆞᆫ 佩玉 소리ᄂᆞᆫ 누를 爲ᄒᆞ야 슬프니오
侍臣이 님금 ᄭᅮᄆᆞᆯ 스니 賦ㅣ 녯 사ᄅᆞᄆᆡ게 ᄡᅵ엿ᄂᆞᆫ ᄌᆡ죄 잇도다
【龍駕ᄂᆞᆫ 神女의 所乘車也ㅣ라 神女何ㅣ 在巫山傷臺ᄒᆞ니라】
어득ᄒᆞᆫ ᄑᆞ른 龍 메인 술위 해 巫山臺로브터 오ᄂᆞᆺ다

ᄑᆞ른 뫼히 몰가 양지 업더니
흰 이스를 뉘 能히 혜리오
【蕭蕭ᄂᆞᆫ 風聲이라】
片片ᄒᆞᆫ ᄆᆞᆯ 우흿 구루미오
蕭蕭ᄒᆞᆫ 몰앳 가온딧 비로다
【楚地ㅣ 面水背山ᄒᆞ니 俗多架木爲居ᄒᆞᄂᆞ니라】
다ᄅᆞᆫ 風俗ᄋᆞᆫ 깃ᄒᆞ야 사로미 곧ᄒᆞ니
노ᄑᆞᆫ 臺ᄂᆞᆫ ᄇᆞᄅᆞᆷ 부ᄂᆞᆫ ᄆᆞᆳᄀᆞ술 구벗도다
【佳客ᄋᆞᆫ 必有所指者ᄒᆞ니 然不可考ㅣ로다 延佇ᄂᆞᆫ 延頸佇立也ㅣ라】
됴ᄒᆞᆫ 나그내 萬里예 가니
기피 ᄉᆞ랑ᄒᆞ논 ᄠᅳ데 셔셔 ᄇᆞ라노라
【此ᄂᆞᆫ 即佳客이 掛帆於吳楚也ㅣ라】
먼 ᄇᆡᆺ 밧긔 ᄇᆡᆺ 돗ᄀᆞᆯ ᄃᆞ라 갓ᄂᆞ니
놀라온 ᄆᆞᆳ겨리 吳楚애 ᄀᆞ독ᄒᆞ얫도다

【上句ᄂᆞᆫ 喩世晦冥而賊民者ㅣ 出也ㅣ라】
오란 陰氣예 龍이 나ᄂᆞ니
盜賊은 ᄯᅩ 언마 만ᄒᆞᇙ고

뷘 묏 밦中에 어드우니
잠싼 서늘호미 벼개와 돗ᄀᆡ 몬져 오ᄂᆞᆺ다
회로리ᄇᆞᄅᆞ미 몰ᄀᆞᆫ 새배 니니
萬象이 萋萋ᄒᆞ야 ᄒᆞ마 퍼러ᄒᆞ도다
【落落은 踈寂貌ㅣ라】
落落ᄒᆞᆫ 묏부리예 냇ᄂᆞᆫ 구루미오
어드운 하ᄂᆞᆯᄒᆞᆯ 비겻ᄂᆞᆫ 돌히로다
【日行黃道ᄒᆞᄂᆞ니 今雨ㅣ 晦冥故로 未見日行之道也ㅣ라】
ᄒᆡᄂᆞᆫ 어느 길ᄒᆞᆯ 비러 녀ᄂᆞᆫ고
비ᄂᆞᆫ 긴 ᄀᆞᄅᆞ몰 머거 허여ᄒᆞ도다
빗대 니셋ᄂᆞᆫ 荊州ㅅ ᄇᆡ예 사ᄅᆞ미 戈戟을 메엿도다
南녀그로 草鎭이 므싀여운ᄃᆡ 防守ᄒᆞᄂᆞ니
비ᄅᆞᆯ 저저 먼 役事애 가ᄂᆞᆺ다
【摠戎은 元帥也ㅣ라】
뭀 盜賊은 ᄂᆞ려 뫼ᄒᆞ로 避ᄒᆞ고
摠戎은 세워 ᄃᆞᆫ 彼敵ᄋᆞᆯ 막ᄌᆞᄅᆞᄂᆞᆺ다
ᄆᆞ리 깁고 구룺 비치 훤ᄒᆞ니
우ᄂᆞᆫ ᄇᆡ치 제여곰 가ᄂᆞᆫ ᄃᆡ 잇도다
고기 잡ᄂᆞᆫ ᄇᆡᄂᆞᆫ 머리셔 쉬오되
놀애ᄂᆞᆫ 나모 지ᄂᆞᆫ 客이로다
머므럿ᄂᆞᆫ ᄒᆞᆫ 늘근 한아비 時節을 서
아ᄎᆞᆷ나조ᄒᆡᆺ 이ᄅᆞᆯ 記錄ᄒᆞ노라

[해설] 세 편의 시는 모두 비를 소재로 한 것인데 첫 수는 오랜 가뭄 끝에 내린 비를 바라보면서 지은 시로 비가 몰려오는 과정과 비 내리는 경물을 묘사한 것이고 둘째 수는 비 내리는 중에 먼 길을 가는 나그네를 염려한 내용을 표현한 것이다. 셋째 수는 비 내리는 중에 전장으로 가는 병사들을 안타까워하는 내용을 그린 것이다.

❀ 현대어역

우 삼 수(비를 읊은 삼 수)

무협의 구름이 맑은 새벽에 떠가는데
연기와 운무가 서로 머물러 있도다.
바람은 창강에 불며 가고
비는 석벽을 뿌리며 오는구나.
처처히 남은 서늘함이 나타나는데
은은히 우렛소리가 나는 것이 좋아 있도다.
흰 산골의 기후가 변하는데
불볕더위는 어디 있으리오.
높은 곳의 새는 젖어 내려오지 않고
사는 사람은 문을 열지 않는다.
초궁은 이미 오래전 멸하였는데
그윽한 패옥 소리는 누구를 위하여 슬픈고.
시신이 임금의 꿈을 쓰니
부가 옛사람에게 끼어 있는 재주가 있도다.
어둑한 푸른 용에게 메인 수레가 많이 무산대에서 오는구나.

푸른 산이 맑아 모습이 없어지는데
흰 이슬을 누가 능히 세겠는고.
편편한 것은 물 위의 구름이고
소소한 것은 모래 가운데에 비로다.
다른 풍속은 깃들어 사는 것과 같으니
높은 대는 바람 부는 물가를 굽어보는구나.
좋은 나그네 만 리에 가니
깊이 생각하는 뜻에 서서 바라본다.
먼빛 밖에서 배에 돛을 달아 가 있는데
놀란 물결은 오와 초에 가득하여 있도다.
오랜 음기에 용이 나는데
도적은 또 얼마나 많을꼬.
빈산 밤중에 어두우니
잠깐 서늘함이 베개와 돗자리에 먼저 오는구나.
회오리바람이 맑은 새벽에 일어나니

만상이 무성하여 이미 퍼렇도다.
낙낙한 것은 산봉우리에 나타난 구름이고
어지럽게 뒤섞인 것은 하늘을 기댄 바위로다.
해는 어느 길을 빌려 다니는고.
비는 긴 강을 머금어 허옇도다.
돛대가 이어 있는 형주의 배에
사람이 창을 메고 있구나.
남쪽으로 초진이 무서운데 방수하니
비에 젖어 먼 역사에 가는구나.
무리의 도적은 내려와 산으로 피하고
총융은 세워 단 피적을 막아 끊는구나.
물이 깊고 구름 빛이 훤하니
우는 상앗대가 제각기 가는 곳이 있도다.
고기 잡는 배는 멀리서 쉬고
오랑캐 노래는 나무 지는 객이구나.
머물러 있는 한 늙은이가 시절을 써서
아침저녁의 일을 기록한다.

❀ 주석

- 峽엣: 협곡에의. 峽 + -에 + -ㅅ.
  - 중간본에는 '-ㅅ'이 탈락된 '峽에'로 표기되었다.
- 구루미: 구름이. 구룸 + -이.
- 몱근: 맑은. 몱- + -은.
- 새배: 새벽.
  - 언해문 "몱근 새배"는 원문의 '清曉'를 언해한 것으로 '날이 밝아오는 새벽'을 뜻한다.
- 녀ᄂᆞ니: 다니는데. 떠가는데. 녀- + -ᄂᆞ- + -니.
  - '녀다'는 '가다', '다니다' 정도를 뜻하는 동사이다.

- ᄂᆡ와: 연기와. ᄂᆡ + -와.
  - 'ᄂᆡ'는 '연기'를 뜻하는 명사이다.
- 雲霧왜: 운무가. 雲霧 + -와 + -이.
  - '雲霧왜'의 '-와' 공동격 조사는 [NP1와 NP2와]처럼 후행하는 명사 NP2에도 통합되었는데 이 공동격 조사 뒤에 '왜', 괘', '과ᄅᆞᆯ', '괏'처럼 주격 조사 '-이', 목적격 조사 '-ᄅᆞᆯ, 관형격 조사 '-ㅅ' 등이 중첩되어 통합되기도 하였다.
- 서르: 서로.
- 머므렛도다: 머물러 있도다. 머믈- + -어 # 잇- + -도- + -다.
  - '머믈다'는 '머물다'를 뜻하는 동사이다.
  - '-어 # 잇-'의 축약형이 중간본에는 '머므럿도다'로 표기되었다.
- ᄇᆞᄅᆞᄆᆞᆫ: 바람은. ᄇᆞᄅᆞᆷ + -ᄋᆞᆫ.
- 滄江ᄋᆞᆯ: 창강을. 창강에. 滄江 + -ᄋᆞᆯ.
- 부러: 불며. 불- + -어.
  - 여기에서 '-어'는 동시의 의미를 지닌 '-며'로 해석하는 것이 자연스럽다.
  - "ᄇᆞᄅᆞᄆᆞᆫ 滄江ᄋᆞᆯ 부러 가고"는 원문의 "風吹滄江去"를 언해한 것으로 바람이 창강에 불며 지나가 풍랑을 일으키는 장면을 묘사한 것이다. 운무가 일어나고 이어서 비바람이 내리치는 새벽의 장면을 그린 것으로 보인다.
- ᄲᅳ려: 뿌려. 뿌리며. ᄲᅳ리- + -어.
  - 'ᄲᅳ리다'는 '뿌리다'를 뜻하는 동사이다.
- 오놋다: 오는구나. 오- + -ᄂᆞ- + -옷- + -다.
- 凄凄히: 처처히. 비가 내리는 모양.
  - 협주문의 "凄凄ᄂᆞᆫ 雨落皃ㅣ라"(처처는 비가 내리는 모양이다.)에서 '凄

凄히'의 의미를 참고할 수 있다.

• 나ᄆᆞᆫ: 남은. 남- + -ᄋᆞᆫ.

• 서늘호미: 서늘함이. 서늘ᄒᆞ- + -옴 + -이.

• 나ᄂᆞ니: 나는데. 생기는데. 나- + -ᄂᆞ- + -니.

– '나다'는 '나다', '생기다' 등을 뜻하는 동사이다.

• 울엣소리: 우렛소리. 울에 + -ㅅ # 소리.

– 중간본에는 '-ㅅ'이 탈락된 '울에소리'로 표기되었다.

• 나미: 남이. 나는 것이. 나- + -옴 + -이.

• 조차 잇도다: 좇아 있도다. 뒤어어 있도다. 좇- + -아 # 잇- + -도- + -다.

• 힌 묏고ᄅᆡ: 흰 산골에. [白谷]. 힌 # 묏골 + -ᄋᆡ.

– "힌 묏고ᄅᆡ"는 원문의 '白谷'을 언해한 것인데 '白谷'은 무산에 있는 골짜기 이름으로 보인다.

– 여기에서 '-ᄋᆡ'는 처소격 조사로 쓰였다.

• 블근 더위: 붉은 더위. 불볕더위. 무더위. [朱炎]. 븕- + -은 # 더위.

• 어듸: 어디.

• 이시리오: 있으리오. 있겠느냐. 이시- + -리- + -오.

– '이시다'는 '있다'를 뜻하는 형용사이다.

• 노ᄑᆞᆫ: 높은. 높- + -ᄋᆞᆫ.

• 딧 새: 곳의 새. 곳에 있는 새. 듸 + -ㅅ # 새.

– '듸'는 '곳'을 뜻하는 명사이다. 중간본에는 '-ㅅ'이 탈락된 '듸 새'로 표기되었다.

• 저저: 젖어.

• ᄂᆞ리디: 내리지. 내려오지. ᄂᆞ리- + -디.

– 'ᄂᆞ리다'는 '내리다', '내려오다' 정도를 뜻하는 동사이다.

• 사ᄂᆞᆫ: 사는. 사- + -ᄂᆞ- + -ㄴ.

- '사-'는 '살-'의 'ㄹ'이 후행하는 'ㄴ' 앞에서 탈락된 형태이다.

• 사ᄅᆞ믄: 사람은. 사ᄅᆞᆷ + -ᄋᆞᆫ.

• 여디: 열지. 여- + -디.

- '여-'는 '열-'의 'ㄹ' 후행하는 'ㄷ' 앞에서 탈락된 형태이다.

• 오래: 오래전.

• 幽深ᄒᆞᆫ: 유심한. 그윽한. 幽深ᄒᆞ- + -ㄴ.

• 佩玉: 패옥.

- '佩玉'은 조선 시대에, 왕과 왕비의 법복이나 문무백관의 조복(朝服)과 제복의 좌우에 늘이어 차던 옥을 가리킨다.

• 누를: 누구를. 누 + -를.

• 슬프니오: 슬픈고. 슬프- + -니- + -오.

- "幽深ᄒᆞᆫ 佩玉 소리ᄂᆞᆫ 누를 爲ᄒᆞ야 슬프니오"의 '佩玉 소리'는 빗소리를 비유한 것으로 이 구절은 비가 내리는 장면을 묘사한 것으로 해석된다.

• 侍臣이: 시신이. 侍臣 + -이.

- '侍臣'은 임금을 가까이 모시던 신하를 말하는데 여기에서는 초 양왕(襄王)을 모셨던 송옥(宋玉)을 말하며 다음 구절인 '賦'는 송옥이 지은 [고당부]와 [신녀부]를 가리킨다. 양왕의 부친인 회왕(懷王)이 고당에서 낮잠을 잘 때 꿈속에 나타난 일을 서술하고 있다.

• 님긊: 임금의. 님금 + -ㅅ.

- 중간본에는 '-ㅅ'이 탈락된 '님금'으로 표기되었다.

• ᄭᅮ믈: 꿈을. ᄭᅮᆷ + -을.

• ᄉᆞ니: 쓰니. [書]. ᄉᆞ- + -니.

- 'ᄉᆞ다'는 '쓰다'[書]를 뜻하는 동사이다.

• 賦ㅣ: 부가. 賦 + -ㅣ.

• 녯: 옛.

• 사ᄅᆞ미게: 사람에게. 사ᄅᆞᆷ + -ᄋᆡ게.

• ᄢᅵ엿ᄂᆞᆫ: 끼어 있는. ᄢᅵ- + -어 # 잇- + -ᄂᆞ- + -ㄴ.

- "녯 사ᄅᆞ미게 ᄢᅵ엿ᄂᆞᆫ"은 '有冠古才'를 언해한 것인데 '옛사람에게 끼어 있는', '옛사람과 견줄 수 있는' 정도로 해석된다.

• ᄌᆡ죄: 재주.

• 어득ᄒᆞᆫ: 어둑한. 어득ᄒᆞ- + -ㄴ.

• 프른: 푸른. 프르- + -ㄴ.

• 메인: 멘. 메게 한. 메이- + -ㄴ.

- '메이다'는 '메다', '메게 하다' 정도를 뜻하는 동사이다.

• 술위: 수레.

- "프른 龍 메인 술위"는 '푸른 용이 멘 수레', '푸른 용이 끄는 수레' 정도로 해석되는데 이는 원문의 '翠龍駕'를 언해한 것이며 협주문의 "龍駕ᄂᆞᆫ 神女의 所乘車也ㅣ라"를 볼 때 신녀를 가리키는 것으로 해석된다. 또한 그 구절의 앞뒤 맥락을 고려할 때 비를 내리는 신녀를 뜻하는 것으로 보인다.

• 해: 많이.

- 여기에서 '해'는 신녀가 대부분 무산대에서 오는 것을 뜻하는 부사인데 협주문의 "神女何ㅣ 在巫山傷臺ᄒᆞ니라"를 볼 때 무산대는 신녀(혹은 '翠龍駕')가 사는 곳이다.

• 오ᄂᆞᆺ다: 오는구나. 오- + -ᄂᆞ- + -옷- + -다.

• 프른: 푸른. 프르- + -ㄴ.

• 뫼히: 산이. 뫼ㅎ + -이.

- '뫼ㅎ'은 'ㅎ' 종성 체언으로 '산'을 뜻하는 명사이다.

• ᄆᆞᆯ가: 맑아. ᄆᆞᆰ- + -아.

- 여기에서 '믈가'는 푸른 산이 비 때문에 흐릿하게 보이는 장면을 묘사한 것으로 보인다. 언해문의 "믈가 양ᄌᆡ 업더니"는 원문의 '淡無姿'을 언해한 것으로 푸른 산의 모양을 제대로 볼 수 없는 상황을 표현한 것이다.

• 양ᄌᆡ: 모양이. 양ᄌᆞ + -ㅣ.
- '양ᄌᆞ'는 '모양'을 뜻하는 명사이다.

• 힌: 흰.

• 이스를: 이슬을. 이슬 + -을.

• 혜리오: 세겠는고. 혜- + -리- + -오.
- '혜리오'는 수사 의문문으로 셀 수 없을 정도로 많다는 것을 강조하기 위해 표현한 것이다.

• 片片ᄒᆞᆫ: 편편한. 조각조각. 편편한 것은. 片片ᄒᆞ- + -ㄴ.
- '片片'은 구름의 모습을 표현한 것인데 의미 맥락을 볼 때 후행하는 명사를 수식한다기보다는 '편편한 것은' 정도로 해석된다. 즉 "片片ᄒᆞᆫ 믈 우흿 구루미오"은 '조각조각 물 위의 구름이고' 내지 '편편한 것은 물 위의 구름이고'로 해석하는 것이 자연스럽다.

• 蕭蕭ᄒᆞᆫ: 소소한. 蕭蕭ᄒᆞ- + -ㄴ.
- '蕭蕭'는 빗소리가 쓸쓸히 떨어지는 소리를 말한다. 협주문의 "蕭蕭ᄂᆞᆫ 風聲이라"(소소는 바람소리이다.)를 통해서도 알 수 있는데 "蕭蕭ᄒᆞᆫ 몰앳 가온ᄃᆡᆺ 비로다"는 '소소(쏴쏴) 모래 가운데 비로다.' 내지 '소소한 것은 모래 가운데 비로다.' 정도로 해석하는 것이 자연스럽다.

• 몰앳: 모래의. 몰애 + -ㅅ.
- '몰애'는 '모래'를 뜻하는 명사인데 '몰애'의 'ㄹ'이 연철되지 않고 분철된 것은 '애'의 'ㅇ'이 유성후두마찰음 [ɦ] 음가를 지녔기 때문이다. '놀애'(〉노래)도 이와 같은 경우에 해당된다.

• 가온딧: 가운데의. 가온딗 + -ㅅ.

• 깃ᄒᆞ야: 깃들어 있어. 둥지 틀어. [巢]. 깃ᄒᆞ- + -야.

- '깃ᄒᆞ다'는 '깃들다'를 뜻하는 동사이다.

• 사로미: 사는 것과. 살- + -옴 + -이.

- 이때 '-이'는 비교격 조사 '-와'와 같이 쓰인 것이다. 중세 국어에서는 비교 구문이 'NP1이 NP2이 ᄀᆞᆮᄒᆞ다'와 같이 나타나는 일이 있는데 'NP2이'에서 조사 '-이'는 비교격으로 쓰인 것이다.

• ᄀᆞᆮᄒᆞ니: 같으니. ᄀᆞᆮᄒᆞ- + -니.

- 'ᄀᆞᆮᄒᆞ다'는 '같다'를 뜻하는 형용사이다.

• 노ᄑᆞᆫ: 높은. 높- + -ᄋᆞᆫ.

• ᄇᆞᄅᆞᆷ: 바람.

• 믌ᄀᆞ샐: 물가를. 믌ᄀᆞᇫ + -ᄋᆞᆯ.

- '믌ᄀᆞᇫ'은 '물가'를 뜻하는 합성 명사이다. 중간본에는 '-ㅅ'이 탈락된 '믈ᄀᆞ올'로 표기되었다.

• 구벗도다: 굽어 있도다. 굽어 보는구나. 굽- + -어 # 잇- + -도- + -다.

• 됴ᄒᆞᆫ: 좋은. 둏- + -ᄋᆞᆫ.

- "됴한 나그내"는 '좋은 나그네', '반갑고 귀한 손님'[佳客]을 뜻한다.

• 기피: 깊이.

• ᄉᆞ랑ᄒᆞ논: 생각하는. ᄉᆞ랑ᄒᆞ- + -ᄂᆞ- + -오- + -ㄴ.

- 'ᄉᆞ랑ᄒᆞ다'는 '생각하다'를 뜻하는 동사이다.

• ᄠᅳ데: 뜻에. ᄠᅳᆮ + -에.

- 'ᄠᅳᆮ'은 '뜻'을 뜻하는 명사이다.

• 셔셔: 서서. 셔- + -어셔.

- '셔다'는 '서다'를 뜻하는 동사이다.

• ᄇᆞ라노라: 바라본다. ᄇᆞ라- + -ᄂᆞ- + -오- + -라.

– 이 구절은 시적 화자가 나그네를 바라보는 모습을 표현한 것이다.

• 빗: 빛.

• 밧긔: 밖에서. 바ᇧ + –의.

– ‘바ᇧ’은 ‘밖’을 뜻하는 명사이고 여기에서 ‘–의’는 처소격 조사로 쓰였다.

• 돗ᄀᆞᆯ: 돛을. 도ᇧ + –ᄋᆞᆯ.

– ‘도ᇧ’은 ‘돛’을 뜻하는 명사이다.

• ᄃᆞ라: 달아. ᄃᆞᆯ– + –아.

– ‘ᄃᆞᆯ다’는 ‘달다’를 뜻하는 동사이다.

• 갓ᄂᆞ니: 가 있는데 가– + –아 # 잇– + –ᄂᆞ– + –니.

• 믌겨리: 물결이. 믌결 + –이.

– ‘믌결’은 ‘물결’을 뜻하는 합성 명사이다. 중간본에는 ‘–ㅅ’이 탈락된 ‘믈겨리’로 표기되었다.

• 吳楚애: 오초에. 吳楚 + –애.

– ‘吳楚’는 ‘吳’와 ‘楚’를 말하는데 중국 남부의 양자강 부근 지역을 가리킨다.

• ᄀᆞ독ᄒᆞ얫도다: 가득하여 있도다. ᄀᆞ독ᄒᆞ– + –야 # 잇– + –도– + –다.

– ‘ᄀᆞ독ᄒᆞ다’는 ‘가득하다’를 뜻하는 형용사이다. ‘–야 # 잇–’의 축약형이 중간본에는 ‘ᄀᆞ독ᄒᆞ얏도다’로 표기되어 초간본과 차이를 보인다.

• 오란: 오랜. 오라– + –ㄴ.

– ‘오라다’는 ‘오래다’를 뜻하는 형용사이다.

• 陰氣예: 음기에. 어둠에. 비에. 陰氣 + –예.

• 나ᄂᆞ니: 나는데. 나타나는데. 나– + –ᄂᆞ– + –니.

– ‘나다’는 ‘나다’, ‘생기다’ 등을 뜻하는 동사이다.

• 쏘: 또.

• 언마: 얼마.

• 만홇고: 많을꼬. 만ᄒᆞ- + -ㄹ고.

- '만홇고'의 '홇'은 '홀'의 오표기로 보이는데 '고'의 'ㄱ'이 중철 표기된 것으로도 볼 수 있을 듯하다. 하지만 중철 표기 형태와는 다른 양상이어서 그리 설명하기에는 궁색함이 있다.
- "盜賊은 쏘 언마 만홇고"는 비바람 속에 배를 타고 떠나는 가객을 시적 화자가 누대에서 바라보면서 걱정하는 말이다.

• 뷘 묏: 빈 산. 뷔- + -ㄴ # 뫼 + -ㅅ.

- '뷘 묏'의 '-ㅅ'의 쓰임이 특기할 만하다. 문맥을 고려할 때 "뷘 묏 밤中에 어드우니"에서 '뷘 묏'이 후행하는 '밤中에'를 수식하는 것으로 해석하기보다는 서술어 '어드우니'의 주어로 해석하는 것이 자연스럽다. 즉 '뷘 묏'의 '-ㅅ'을 관형격 조사로 분석하기 어려울 뿐 아니라, 그렇다고 명사절이나 관형사절의 주어적 속격으로 처리하기도 어렵다. 현재로서는 '-ㅅ'의 과도한 오용 정도로 보인다.

• 어드우니: 어두우니. 어드우- + -니.

- '어드우-'는 '어듷-'의 'ㅸ'이 변화된 형태로 '어드ᄫᅳ니 〉 어드우니'의 변화를 겪었다.

• 잠싼: 잠깐. 조금.

- "잠싼 서늘호미"는 원문의 '微冷'을 언해한 것인데 '微冷'이 조금 찬 듯함을 뜻하는 것을 고려해 보면 이때 '잠싼'은 시간의 간격보다는 정도를 뜻하는 부사로 해석하는 것이 자연스럽게 보인다.

• 서늘호미: 서늘함이. 서늘ᄒᆞ- + -옴 + -이.

• 벼개와: 베개와. 벼개 + -와.

- '벼개'는 '베개'를 뜻하는 명사이다.

• 돗ᄀᆡ: 돗자리에. 돗ㄱ + -ᄋᆡ.

- '돗ㄱ'은 '돗자리'를 뜻하는 명사이다.

• 몬져: 먼저.

• 오놋다: 오는구나. 오- + -ᄂᆞ- + -옷- + -다.

– '-놋-'은 현재 시제 선어말어미 '-ᄂᆞ-'와 감탄법 선어말어미 '-옷-'이 축약된 형태이다.

• 회로리ᄇᆞᄅᆞ미: 회오리바람이. 회로리ᄇᆞᄅᆞᆷ + -이.

• ᄆᆞᆯ곤: 맑은. ᄆᆞᆰ- + -ᄋᆞᆫ.

• 새배: 새벽.

– '새배'는 '새벽'을 뜻하는 명사이다.

• 니니: 일어나니. 니- + -니.

– 어간 '니-'는 '닐-'의 'ㄹ'이 'ㄴ' 앞에서 탈락된 형태이다.

• 萋萋ᄒᆞ야: 처처하여. 무성하여. 萋萋ᄒᆞ- + -야.

• ᄒᆞ마: 이미. 벌써.

• 퍼러ᄒᆞ도다: 퍼렇도다. 퍼러ᄒᆞ- + -도- + -다.

• 落落ᄒᆞᆫ: 낙낙한. 드문드문. 낙낙한 것은. 落落ᄒᆞ- + -ㄴ.

– '落落ᄒᆞᆫ'이 표현하는 대상을 무엇으로 보는가에 따라서 이 시구는 의미가 달라진다. 즉 '落落ᄒᆞᆫ'이 산봉우리의 모양을 표현한 것인지 구름의 모양을 표현한 것인지를 판단하는 것이 중요하다. 협주문의 "落落은 踈寂貌ㅣ라"(낙낙은 홀로 쓸쓸한 모양이다.)로 되어 있어 그 표현 대상이 분명치 않은데 '落落'이 고시에서 가지가 죽죽 늘어진 모양이나 여기저기 떨어져 있는 모양을 가리킬 때 사용되는 일이 많은 점을 고려할 때 '드문드문 산봉우리에 나 있는 구름이고' 정도로, 혹은 '드문드문한 것은 산봉우리에 나 있는 구름이고'로 모두 해석 가능하다. 본문에서는 후자의 의미로 본다.

• 묏부리예: 산봉우리에. 묏부리 + -예.

– '묏부리'는 '산봉우리'를 뜻하는 합성 명사이다.

• 냇ᄂᆞᆫ: 나와 있는. 나- + -아 # 잇- + -ᄂᆞ- + -ㄴ.

 - '나다'는 '나다', '나오다', '생기다' 등을 뜻하는 동사이다.

• 구루미오: 구름이고. 구룸 + -이- + -오.

 - 이 '-오'는 연결어미 '-고'의 'ㄱ'가 약화된 형태인데 선행하는 형태가 서술격 조사이거나 선행하는 음이 반모음 'j', 자음 'ㄹ'일 때 통합되었고 그 외의 환경에서는 '-고'가 통합되었다.

• 비겻ᄂᆞᆫ: 의지하고 있는. 기댄. 비기- + -어 # 잇- + -ᄂᆞ- + -ㄴ.

 - '비기다'는 '의지하다', '빙자하다', '기대다' 정도를 뜻하는 동사이다.

• 어드운: 어두운. 어지럽게 뒤섞여. 어드우- + -ㄴ.

 - '어드우-'는 '어듷-'의 'ㅸ'이 변화된 형태로 '어드ᄫᅳᆫ 〉 어드운'의 변화를 겪었다.

 - 그런데 '어드운'이 후행하는 '하ᄂᆞᆯ홀'을 수식하는 것으로 해석할 수 있는데 여기에서는 그리 해석하지 않았다. '어드운'은 원문의 '渾渾'을 언해한 것인데 이 '渾渾'은 물이 혼탁한 모양이나 어지럽게 뒤섞인 모양을 표현할 때 주로 사용되는 점을 고려할 때 '어지럽게 뒤섞여 하늘을 기댄 돌이구나.' 내지 '어지럽게 뒤섞인 것은 하늘을 기댄 돌이구나.' 정도로 해석하는 것이 자연스럽게 보인다.

• 하ᄂᆞᆯ홀: 하늘을. 하ᄂᆞᆯㅎ + -ᄋᆞᆯ.

 - '하ᄂᆞᆯㅎ'은 'ㅎ' 종성 체언으로 '하늘'을 뜻하는 명사이다.

• 돌히로다: 돌이로다. 돌ㅎ + -이- + -로- + -다.

 - '돌ㅎ'은 'ㅎ' 종성 체언으로 '돌'을 뜻하는 명사이다.

• ᄒᆡᄂᆞᆫ: 해는. ᄒᆡ + -ᄂᆞᆫ.

• 길ᄒᆞᆯ: 길을. 길ㅎ + -ᄋᆞᆯ.

 - '길ㅎ'은 'ㅎ' 종성 체언으로 '길'을 뜻하는 명사이다.

• 비러: 빌려. 빌- + -어.

– ‘빌다’는 ‘빌다’, ‘빌리다’를 뜻하는 동사이다.

• 녀는고: 가는고. 녀- + -ᄂᆞ- + -ㄴ고.

– ‘녀다’는 ‘가다’, ‘다니다’를 뜻하는 동사이고 ‘-ㄴ고’는 의문 종결어미이다.

• 긴 ᄀᆞᄅᆞᄆᆞᆯ: 긴 강. 장강. [長江]. 기- + -ㄴ # ᄀᆞᄅᆞᆷ + -ᄋᆞᆯ.

– ‘기-’는 ‘길-’의 ‘ㄹ’이 ‘ㄴ’ 앞에서 탈락된 형태이다.

• 머거: 머금어. 먹- + -어.

– 여기에서 ‘먹다’는 ‘머금다’ 정도로 해석되는 동사이다.

• 허여ᄒᆞ도다: 허옇도다. 허여ᄒᆞ- + -도- + -다.

– ‘허여ᄒᆞ다’는 ‘허옇다’를 뜻하는 형용사이다.

• ᄇᆡᆺ대: 배의 돛대. ᄇᆡ + -ㅅ # 대.

– ‘ᄇᆡᆺ대’는 ‘돛대’를 뜻하는 합성 명사이다.

• 니ᅀᅥᆺᄂᆞᆫ: 이어 있는. 닛- + -어 # 잇- + -ᄂᆞ- + ㄴ.

– ‘닛다’는 ‘잇다’를 뜻하는 동사이다.

• ᄇᆡ예: 배에. ᄇᆡ + -예.

– ‘ᄇᆡ’는 ‘배’[舟]를 뜻하는 명사이다.

• 戈戟을: 과극을. 창을. 戈戟 + -을.

• 메엿도다: 메고 있도다. 메- + -어 # 잇- + -도- + -다.

• 南녀그로: 남녘으로. 南녁 + -으로.

• 므싀여운ᄃᆡ: 무서운데. 므싀여우- + -ㄴᄃᆡ.

– ‘믜싀여우-’는 중세 국어 ‘믜싀엽-’의 ‘ㅸ’이 변화된 형태이다. ‘믜싀엽다’는 ‘무섭다’를 뜻하는 형용사이다.

• 防守ᄒᆞᄂᆞ니: 방수하는데. 수비하는데. 지키는데. 防守ᄒᆞ- + -ᄂᆞ- + -니.

• 비롤: 비를. 비에. 비 + -롤.

– 여기에서는 ‘비에’가 더 자연스럽게 해석된다. ‘젖다’ 동사의 경우에 ‘-

에'가 결합된 명사구를 요구한다는 점에서도 '비롤'은 특기할 만하다. 언해문의 "비롤 저저"는 '비를 젖어', '비에 젖어', 혹은 '비를 맞으며' 정도로 해석할 수 있다.

- 가놋다: 가는구나. 가- + -ᄂᆞ- + -옷- + -다.
- 뭀: 무리의. 물 + -ㅅ.
  - '물'은 '무리'를 뜻하는 동사이다. 중간본에는 '-ㅅ'이 탈락된 '물'로 표기되었다.
- ᄂᆞ려: 내려와. ᄂᆞ리- + -어.
  - 'ᄂᆞ리다'는 '내리다', '내려오다' 정도를 뜻하는 동사이다.
- 뫼ᄒᆞ로: 산으로. 뫼ㅎ + -ᄋᆞ로.
  - '뫼ㅎ'은 'ㅎ' 종성 체언으로 '산'을 뜻하는 명사이다.
- 摠戎은: 총융은. 摠戎 + -은.
  - '摠戎'은 군대를 통솔하는 지휘관을 가리킨다. 협주문의 "摠戎은 元帥也ㅣ라"(총융은 원사이다.)에서도 그 뜻을 알 수 있다.
- 세워 ᄃᆞᆫ: 세워 단. 세우- + -어 # ᄃᆞ- + -ㄴ.
  - 'ᄃᆞ-'는 'ᄃᆞᆯ-'의 'ㄹ'이 'ㄴ' 앞에서 탈락된 형태이다.
- 막ᄌᆞᄅᆞ놋다: 막아 끊는구나. 막ᄌᆞᄅᆞ- + -ᄂᆞ- + -옷- + -다.
  - '막ᄌᆞᄅᆞ다'는 '막아 끊다' 정도를 뜻하는 동사이다.
- 므리: 물이. 믈 + -이.
  - '믈'은 '물'을 뜻하는 명사이다.
- 깁고: 깊고. 깁- + -고.
  - '깁-'은 '깊-'의 'ㅍ'이 8종성 표기법에 따라 'ㅂ'으로 표기된 형태이다.
- 구룺: 구름의. 구룸 + -ㅅ.
  - 중간본에는 '-ㅅ'이 탈락된 '구룸'으로 표기되었다.
- 비치: 빛이. 빛 + -이.

• 우ᄂᆞᆫ: 우는. 우- + -ᄂᆞ- + -ㄴ.

- '우-'는 '울-'의 'ㄹ'이 'ㄴ' 앞에서 탈락된 형태이다.

• ᄇᆡ치: 상앗대가. ᄇᆡᆽ + -이. [櫓]

- 'ᄇᆡᆽ'은 '상앗대', '노'를 뜻하는 명사이다.
- "우ᄂᆞᆫ ᄇᆡ치"는 원문의 '鳴櫓'을 언해한 것으로 노 젓는 소리를 표현하는 것으로 해석된다.

• 제여곰: 각자.

• 잇도다: 있도다. 잇- + -도- + -다.

- '잇다'는 '있다'를 뜻하는 형용사이다.

• ᄇᆡᄂᆞᆫ: 배는. ᄇᆡ + -ᄂᆞᆫ.

- 'ᄇᆡ'는 '배'[舟]를 뜻하는 명사이다.

• 머리셔: 멀리서. 머리 + -셔.

- '머리'는 '멀리'를 뜻하는 부사이다.

• 쉬오: 쉬고. 쉬- + -오.

- 이 '-오'는 연결어미 '-고'의 'ㄱ'가 약화된 형태인데 선행하는 형태가 서술격 조사이거나 선행하는 음이 반모음 'j', 자음 'ㄹ'일 때 '-오'가 통합되었고 그 외의 환경에서는 '-고'가 통합되었다.

• 되: 되. 오랑캐. [夷].

• 놀애ᄂᆞᆫ: 노래는. 놀애 + -ᄂᆞᆫ.

- '놀애'는 '노래'를 뜻하는 명사이다.

• 나모: 나무.

- '나모'는 '나무'를 뜻하는 명사인데 '낢ㄱ'과 교체되었다. 단독으로 쓰이거나 자음으로 시작하는 조사 앞에서 '나모'가 쓰였고 그 외의 환경에서는 '낢ㄱ'이 쓰였다.

• 머므렛ᄂᆞᆫ: 머물고 있는. 머믈- + -어 # 잇- + -ᄂᆞ- + -ㄴ.

• 늘근: 늙은. 늙- + -은.

• 한아비: 할아버지. 늙은이.

• 서: 써서. [書]. 스- + -어.

  - '스다'는 '(글을)쓰다'[書]를 뜻하는 동사이다.

• 아촘나조힛: 아침저녁에. 아촘나조ㅎ + -이 + -ㅅ.

• 記錄ᄒᆞ노라: 기록한다. 記錄ᄒᆞ- + -ᄂᆞ- + -오- + -라.

  - 1인칭 활용 선어말어미 '-오-'가 사용된 것을 통해 '기록하다'의 주체가 시적 화자, 즉 두보 자신임을 알 수 있다.

《두시언해 권 12, 15a-17b》

❀ 원문 텍스트

秋雨歎 三首

雨中百草秋爛死 階下決明顔色鮮
著葉滿枝翠羽盖 開花無數黃金錢
涼風蕭蕭吹汝急 恐汝後時難獨立
堂上書生空白頭 臨風三嗅馨香泣

闌風伏雨秋紛紛 四海八荒同一雲
去馬來牛不復辨 濁涇淸渭何當分
禾頭生耳黍穗黑 農夫田父無消息
城中斗米換衾裯 相許寧論兩相直

長安布衣誰比數 反鎖衡門守環堵
老夫不出長蓬蒿 稚子無憂走風雨
雨聲颼颼催早寒 胡雁翅濕高飛難
秋來未曾見白日 泥汚后土何時乾

❀ 언해문 텍스트

【決明이 夏初애 生苗ᄒᆞᄂᆞ니 根莃紫色이오 葉似苜蓿ᄒᆞ니 七月에 花ᄒᆞᄂᆞ니라】
빗소개 온가짓 프리 ᄀᆞᄉᆞᆯᄒᆡ 즛믈어 죽거늘
버텅 아래 決明이 양ᄌᆡ 鮮明ᄒᆞ도다
니피 브터 가지예 ᄀᆞ독ᄒᆞ니 프른 지ᄎᆞ로 ᄒᆞᆫ 盖 ᄀᆞᆮ고
고지 푸믈 數업시 ᄒᆞ니 누른 金돈 ᄀᆞᆮ도다

서늘ᄒᆞᆫ ᄇᆞᄅᆞ미 蕭蕭히 너를 부로ᄆᆞᆯ ᄲᆞᆯ리 ᄒᆞᄂᆞ니
네 時節에 ᄠᅥ뎌실ᄉᆡ ᄒᆞ오ᅀᅡ 셔슈미 어려울가 전노라
【書生은 甫ㅣ 自謂라】
堂 우흿 書生이 속절업시 머리 셰유니
ᄇᆞᄅᆞᄆᆞᆯ 臨ᄒᆞ야 곳다온 내ᄅᆞᆯ 세 번 맏고 우노라

【謂闌删無定之風과 沈伏不止之雨ㅣ니라】
헤부치ᄂᆞᆫ ᄇᆞᄅᆞᆷ과 오란 비왜 ᄀᆞᅀᆞᆯ히 어즈러우니
四海와 八荒에 ᄒᆞᆫ가짓 구루미 同ᄒᆞ도다
【言陰雨ㅣ 晦冥ᄒᆞ고 潦水漲溢故로 牛馬涇渭ᄅᆞᆯ 不可分辨也ㅣ라】
가ᄂᆞᆫ ᄆᆞᆯ와 오ᄂᆞᆫ 쇼ᄅᆞᆯ ᄯᅩ ᄀᆞᆯᄒᆡ디 몯ᄒᆞ리로소니
흐린 涇水와 ᄆᆞᆯᄀᆞᆫ 渭水ᄂᆞᆫ 어느 저긔 ᄂᆞᆫ홀고
곡셕 그테 귀 나고 기장 이사기 거므니
農夫와 田父왜 消息이 업도다
【直ᄋᆞᆫ 謂價ㅣ 相當也ㅣ라】
城中에셔 ᄒᆞᆫ 말 ᄡᆞᆯ로 니브를 밧고ᄂᆞ니
서르 그리 쳐 홀션뎡 어느 두 것 비듸 서르 마조ᄆᆞᆯ 議論ᄒᆞ리오

【衡門ᄋᆞᆫ 橫木爲門也ㅣ라 環堵ᄂᆞᆫ 環ᄋᆞᆫ 周回也ㅣ오 方丈이 爲堵ㅣ니 四方이 各一堵也ㅣ라】
長安앳 뵈옷 니브니ᄅᆞᆯ 뉘 比數ᄒᆞ리오
도로 나모 빗기 ᄆᆡ욘 門을 닫고 횟도로 손 다ᄆᆞᆯ 守ᄒᆞ얫노라
늘근 아비ᄂᆞᆫ 나ᄃᆞᆫ니디 아니ᄒᆞ야셔 다봊과 ᄡᆞᆨ괘 기렛거늘
져믄 아ᄃᆞ른 시름업서 ᄇᆞᄅᆞᆷ비예 ᄃᆞᆫ니놋다
【颼颼ᄂᆞᆫ 風聲이라】
빗소리 颼颼ᄒᆞ야 이른 치우믈 뵈아ᄂᆞ니
되 그려기 ᄂᆞᆯ개 저저 노피 ᄂᆞ로미 어렵도다
ᄀᆞᅀᆞᆯ 오매 일즉 ᄇᆞᆯᄀᆞᆫ 나ᄅᆞᆯ 보디 몯ᄒᆞ리로소니
즌ᄒᆞᆯ기 后土ᄅᆞᆯ 더러이ᄂᆞ니 어느 ᄢᅴᅀᅡ ᄆᆞᄅᆞᆯ고

[해설] 이 시에서는 가을비를 탄식하며 늦여름부터 내린 비 내리는 모습을 묘사하면서 홍수로 강물이 불어나 흉년이 들어 살기 어려운 상황을 걱정하며 답답한 심경을 드러내고 있다.

❀ 현대어역

추우탄 삼 수(가을비를 탄식하다.)

빗속에 온갖 풀이 가을에 짓물러 죽거늘
뜰층계 아래 결명이 모양이 선명하도다.
잎이 가지에 붙어 가득하니 푸른 깃으로 한 덮개와 같고
꽃이 피는 것이 수없으니 누른 금돈 같도다.
서늘한 바람이 소소히 너에게 부는 것을 세차게 하니
네가 시절에 떨어지므로 홀로 서 있기가 어려울까 두려워하노라.
당 위의 서생이 속절없이 머리가 세니
바람을 임하여 꽃다운 향기를 세 번 맡고 우노라.

헤쳐 부는 바람과 장마가 가을에 어지러우니
사해와 천지에 한가지 구름이라.
가는 말과 오는 소를 또 구별하지 못할 것인데
흐린 경수와 맑은 위수는 어느 때에 나눌꼬.
곡식 끝에 싹 나고 기장 이삭이 검으니
농부와 전부가 소식이 없도다.
성안에서 한 말 쌀로 이불을 바꾸니
서로 그리하자 하는데 어느 것의 값이 서로 맞다고 의논할 것인가.

장안에 베옷 입은 이를 뉘가 비교하며 헤아릴 것인가.
도로 나무를 비스듬히 맨 문을 닫고 휘돌아 엮은 담을 지키고 있노라.
늙은 아비는 나다니지 아니하고 다복과 쑥이 자라 있거늘
어린 아들은 걱정 없이 비바람에 다니는구나.
빗소리 수수하여 이른 추위를 재촉하는데
오랑캐 땅에서 오는 기러기가 날개 젖어 높이 나는 것이 어렵도다.
가을 와도 아직 밝은 날을 보지 못할 것인데
진흙이 후토를 더럽히니 어느 때에야 마를꼬.

❀ 주석

• 빗소개: 빗속에. 빗속 + -애.

- '-애'는 처소격 조사로서 선행하는 체언 명사가 양성 모음일 때 나타났고 선행하는 체언 명사가 음성 모음일 때는 '-에'가 나타났다.

• 온가짓: 온갖. 온가지 + -ㅅ.

• 프리: 풀이. 플 + -이.

- '플'은 '풀'을 뜻하는 명사이다.

• ᄀᆞ술히: 가을에. ᄀᆞ술ㅎ + -ᄋᆡ.

- 'ᄀᆞ술ㅎ'는 'ㅎ' 종성 체언으로 '가을'을 뜻하는 명사이다.

• ᄌᆞᆺ믈어: 짓물러. ᄌᆞᆺ믈- + -어.

• 버텅: 뜰층계.

• 決明이: 결명이. 決明 + -이.

- '決明'은 콩과의 한해살이풀을 말한다. 결명은 협주문의 "決明이 夏初애 生苗ᄒᆞᄂᆞ니 根蔕紫色이오 葉似苜蓿ᄒᆞ니 七月에 花ᄒᆞᄂᆞ니라"(결명이 초여름에 싹이 나니 뿌리가 보라색을 띠고 잎은 저숙과 비슷하니 7월에 꽃 핀다.)를 참고할 수 있다.

• 양ᄌᆡ: 모양이. 양ᄌᆞ + -ㅣ.

- '양ᄌᆞ'는 '모양'을 뜻하는 명사이다.

• 니피: 잎이. 닢 + -이.

- '닢'은 '잎'을 뜻하는 명사이다.

• 브터: 붙어. 븥- + -어.

• 가지예: 가지에. 가지 + -예.

• ᄀᆞ독ᄒᆞ니: 가득하니. ᄀᆞ독ᄒᆞ- + -니.

- 'ᄀᆞ독ᄒᆞ다'는 '가득하다'를 뜻하는 형용사이다.

• 지ᄎᆞ로: 깃으로. 짗 + -ᄋᆞ로.

- '짗'은 '깃', '깃털'을 뜻하는 명사이다.

• ᄒᆞᆫ: 한. ᄒᆞ- + -오- + -ㄴ.

- "프른 지ᄎᆞ로ᄒᆞᆫ 盖"는 원문의 '翠羽盖'을 언해한 것으로 '비취 빛 깃으로 만든 수레 위 덮개'를 가리킨다.

• 蓋: 개. 덮개.

• ᄀᆞᆮ고: 같고. ᄀᆞᆮ- + -고.

- 'ᄀᆞᆮ다'는 '같다'를 뜻하는 형용사인데 8종성 표기법에 따라 'ᄀᆞᇀ-'의 'ㅌ'가 'ㄷ'으로 표기되었다.

• 고지: 꽃이. 곶 + -이.

- '곶'은 '꽃'을 뜻하는 명사이다.

• 푸믈: 핌을. 피어남을. 피- + -움 + -을.

- '피-'에 명사형어미 '-움'이 결합될 때 '피-'의 'ㅣ' 모음이 탈락되어 '품'으로 나타난 것인데 이때 'ㅣ' 탈락은 특기할 만하다.

- "고지 푸믈 數업시 ᄒᆞ니"는 원문의 "開花無數"를 언해한 것으로 '무수히 핀 꽃' 정도로 해석하는 것이 자연스럽게 보인다.

• 누른: 누른. 누런. 누르- + -은.

- 원문의 "누른 金돈"은 '황금돈'을 뜻한다.

• ᄀᆞᆮ도다: 같도다. ᄀᆞᆮ- + -도- + -다.

- 'ᄀᆞᆮ-'는 'ᄀᆞᇀ-'의 'ㅌ'이 8종성 표기법에 따라 'ㄷ'으로 표기된 형태이다. '-도-'는 감탄법 선어말어미이다. 그런데 중간본에는 'ᄀᆞᆺ돗다'로 표기되어 초간본과 차이를 보인다.

• ᄇᆞᄅᆞ미: 바람이. ᄇᆞᄅᆞᆷ + -이.

• 蕭蕭히: 소소히.

- '蕭蕭히'는 '바람이나 빗소리 따위가 쓸쓸하게' 혹은 '비바람 따위가 세

차게' 정도로 해석된다.

• 너를: 너를. 너에게. 너 + -를.

– '너를'은 서술어 '부로몰'의 부사어이므로 '너에게'가 더 자연스럽게 해석된다. "서늘훈 ᄇᆞᄅᆞ미 蕭蕭히 너를 부로몰"은 "涼風蕭蕭吹汝"을 언해한 것으로 '서늘한 바람이 소소히 너에게 부는 것을' 정도로 해석하는 것이 자연스럽다.

• 부로몰: 부는 것을. 붊을. 불- + -움 + -올.

• 썰리: 빨리. 세차게.

– 여기에서 '썰리'는 비가 내리는 세기를 가리키는 것으로 '세차게'가 자연스럽다.

• 네: 네. 너의.

• 떠뎌실시: 떨어져 있으므로. 떠디- + -어 # 시- + -을시.

– '-어 # 시-'에서 '시-'는 '이시-'의 이형태로 분석되는데 이 '시-'를 분석하지 않고 '-어 # 시-'를 융합형 어미로 처리하는 논의도 있다. 즉, '-어 # 이시- 〉 - 어 시- 〉 -엇-'과 같은 문법화의 발달 과정으로 보는 견해가 있다.

• ᄒᆞ오사: 혼자. 홀로.

• 셔슈미: 서 있음이. 서- + -어 # 이시- + -움 + -이.

• 어려울가: 어려울까. 어려우- + -ㄹ가.

– '어려우-'는 '어렵-'의 'ㅸ'이 변화된 형태로 '어려ᄫᅳᆯ가 〉 어려울가'의 변화를 겪었다.

• 전노라: 두려워하노라. 전- + -ᄂᆞ- + -오- + -라.

– '전-'은 '젛-'의 'ㅎ'이 후행하는 'ㄴ'에 이끌려 음운 변화를 겪은 형태이며 '젛다'는 '두려워하다'를 뜻하는 동사이다.

• 우흿: 위의. 위에 있는. 우ㅎ + -의 + -ㅅ.

- '우ㅎ'은 'ㅎ' 종성 체언으로 '위'를 뜻하는 명사이고 '-의'는 처소를 표시하는 처격 조사이며, '-ㅅ'은 관형격 조사이다.

- 書生이: 서생이. 書生 + -이.
  - 여기에서 '書生'은 두보 자신을 가리킨다. 협주문의 "書生은 甫ㅣ 自謂라"(서생은 두보 자신을 이른 것이다.)에서 알 수 있다.
- 속졀업시: 속절없이.
- 머리: 머리.
- 셰유니: 세니. 셰- + -유- + -니.
  - '셰다'는 '세다'[白]를 뜻하는 동사이고, '-유-'는 1인칭 선어말어미 '-우-'에 반모음 'j'가 삽입된 형태이다.
- 곳다온: 꽃다운. 곳다오- + -ㄴ.
  - '곳다오-'는 '곳다ᇦ-'의 'ㅸ'이 변화된 형태로 '곳다ᄫᆞᆫ 〉 곳다온'의 변화를 겪었다.
- 내ᄅᆞᆯ: 냄새를. 내 + -ᄅᆞᆯ.
  - '내'는 '냄새', '향기'를 뜻하는 명사이다. "곳다온 내"는 '馨香'을 언해한 것으로 '꽃다운 향기', '향내'를 뜻한다.
- 맏고: 맡고. 맏- + -고.
  - '맏-'은 '맡-'의 'ㅌ'이 8종성 표기법에 따라 표기된 형태이다. 중세 국어에서는 종성 자리에 'ㄱ, ㄴ, ㄷ, ㄹ, ㅁ, ㅂ, ㅅ, ㅇ'만 표기되었는데 이를 8종성 표기법이라 한다.
- 우노라: 우노라. 운다. 우- + -ᄂᆞ- + -오- + -라.
  - '우-'는 '울-'의 'ㄹ'이 'ㄴ' 앞에서 탈락된 형태이고, '-오-'는 1인칭 활용 선어말어미로 '울다'의 주체는 시적 화자, 즉 두보이다.
- 헤부치ᄂᆞᆫ: 헤쳐 부치는. [闌]. 헤부치- + -ᄂᆞ- + -ㄴ.
  - '헤부치다'는 '헤쳐 부치다' 정도를 뜻하는 동사이다. "헤부치ᄂᆞᆫ ᄇᆞᄅᆞᆷ"

은 '闌風'을 언해한 것인데 '멎지 않고 계속 부는 바람'으로 늦여름에 이리저리 일정하지 않게 계속 부는 바람을 가리킨다. 협주문의 "謂闌刪無定之風과 沈伏不止之雨ㅣ니라"(멎지 않고 일정하지 않게 부는 바람과 깊이 엎드러져 그치지 않는 비를 말한다.)를 참고할 수 있다.

- 오란 비왜: 오래도록 내리는 비와. 궂은 비와. 오라- + -ㄴ # 비 + -와 + -ㅣ.
  - "오란 비"는 '伏雨'을 언해한 것으로 '오래도록 추적추적 내리는 비'를 가리킨다.
  - '비왜'의 '-와' 공동격 조사는 [NP1와 NP2와]처럼 후행하는 명사 NP2에도 통합되었는데 이 공동격 조사 뒤에 '괘', '과롤', '괏'처럼 주격 조사 '-이', 목적격 조사 '-롤, 관형격 조사 '-ㅅ' 등이 중첩되기도 하였다.
- ᄀᆞ술히: 가을에. ᄀᆞ술ㅎ + -이.
  - 'ᄀᆞ술ㅎ'은 'ㅎ' 종성 체언으로 '가을'을 뜻하는 명사이고 여기에서 '-이'는 처소격 조사로 쓰였다.
- 어즈러우니: 어지러우니. 어수선하니. 어즈러우- + -니.
  - '어즈러우-'는 '어즈럽-'의 'ㅸ'가 변화된 형태로 '어즈러ᄫᅳ니 〉 어즈러우니'의 변화를 겪었다.
  - 여기에서 '어즈러우니'는 원문의 '紛紛'을 언해한 것으로 바람과 비가 어지럽게 흩날리는 장면을 표현한 것으로 해석된다. 협주문의 "謂闌刪無定之風과 沈伏不止之雨ㅣ니라"(이리저리 일정하지 않게 부는 바람과 깊이 엎드려 그치지 않는 비를 말한다.)를 참고할 수 있다.
- 四海: 사해. 사방의 바다. 온 세상.
- 八荒: 팔황. 넓은 천지.
- ᄒᆞᆫ가짓: 한가지의. ᄒᆞᆫᄀᆞ지 + -ㅅ.
- 구루미: 구름이. 구룸 + -이.

- "ᄒᆞᆫ가짓 구루미 同ᄒᆞ도다"는 원문의 '同一雲'을 언해한 것으로 '한가지 구름이다.'로 해석되는데 이는 온 세상이 구름에 뒤덮인 장면을 묘사한 것으로 보인다.

• ᄆᆞᆯ와: 말과. ᄆᆞᆯ + -와.
  - 'ᄆᆞᆯ'은 '말'[馬]을 뜻하는 명사이고 '-와'는 공동격 조사이다. 공동격 조사 '-와'는 모음과 'ㄹ' 뒤에서 통합되었고 그 외의 환경에서는 '-과'가 통합되었다.

• 쇼ᄅᆞᆯ: 소를. 쇼 + -ᄅᆞᆯ.
  - '쇼'는 '소'를 뜻하는 명사이다.

• ᄯᅩ: 또.

• ᄀᆞᆯᄒᆡ디: 가리지. 구별하지. ᄀᆞᆯᄒᆡ- + -디.
  - 'ᄀᆞᆯᄒᆡ다'는 '가리다'를 뜻하는 동사이다.
  - 원문의 "ᄀᆞᆯᄒᆡ디 몯ᄒᆞ리로소니"는 오랜 비로 강에 떠 내려오는 말과 소를 구별할 수 없는 상황을 표현한 것으로 해석된다. 협주문의 "言陰雨ㅣ 晦冥ᄒᆞ고 潦水漲溢故로 牛馬涇渭ᄅᆞᆯ 不可分辨也ㅣ라"(음산하게 내리는 비가 어둡고 괴어 있는 물이 넘치는 고로 소와 말과 경수와 위수를 가히 분별하지 못함을 말한다.)에서 알 수 있다.

• 몯ᄒᆞ리로소니: 못할 것이니. 몯ᄒᆞ- + -리- + -로소- + -니.
  - '-로소-'는 감탄의 의미를 나타내는 선어말어미로 서술격 조사 '-이-', 선어말어미 '-리-' 뒤와, '-(으)니', '-(으)이-', '-(으)녀' 등 매개 모음이 있는 어미 앞에서 나타나기 때문에 별도로 감탄의 선어말어미 '-로소-'로 분석하지 않고 '-롯-'이 연철과 음운 동화('ᄉᆞ'의 'ㆍ'가 '로'의 모음에 이끌려 동화됨)를 겪어 나타난 형식으로 해석하기도 한다.

• ᄂᆞᆫ홀고: 나눌꼬. ᄂᆞᆫ호- + -ㄹ고.
  - 'ᄂᆞᆫ호다'는 '나누다'를 뜻하는 동사이다.

- “어느 저긔 ᄂᆞᆫ홀고”는 원문의 ‘何當分’을 언해한 것으로 ‘어느 때에 나눌 수 있겠는가?’ 정도로 해석된다. 수사 의문문으로 해석하는 것이 자연스럽다.

- 곡셗: 곡식의. 곡셕 + -ㅅ.
- 그테: 긑에. 긑 + -에.
  - ‘긑’은 ‘끝’을 뜻하는 명사이다.
- 귀 나고: 싹 나고. 귀 # 나- + -고.
  - ‘귀’가 여기에서는 ‘싹’의 의미로 쓰였다. “귀 나다”는 ‘生耳’를 언해한 것으로 ‘싹이 나다’를 뜻하는 것으로 해석된다. 그런데 ‘귀’가 ‘싹’의 의미로 쓰인 경우는 매우 제약적이어서 특기할 만하다.
  - “곡셗 그테 귀 나고”는 오랜 비로 인해서 다 여물었던 벼에서 새싹이 피어 나오는 장면을 묘사한 것이다.
- 기장ㅅ: 기장의. [黍]. 볏과의 한해살이풀. 기장 + -ㅅ.
- 이사기: 이삭이. 이삭 + -이.
- 거므니: 검으니. 검- + -으니.
- 田父왜: 전부가. 田父 + -와 + -이.
- ᄒᆞᆫ: 한.
- ᄡᆞᆯ로: 쌀로. ᄡᆞᆯ + -로.
  - ‘ᄡᆞᆯ’은 ‘쌀’을 뜻하는 명사이다.
- 니브를: 이불을. 니블 + -을.
  - ‘니블’은 ‘이불’을 뜻하는 명사이다.
- 밧고ᄂᆞ니: 바꾸는데. 밧고- + -ᄂᆞ- + -니.
  - ‘밧고다’는 ‘바꾸다’를 뜻하는 동사이다.
- 서르: 서로.
- 그리 쳐: 그리 쳐서. 그리 # 치- + -어.

- "그리 쳐"를 [[그리] [치- + -어]]와 같이 보아 '쳐'를 '치-'(셈을 맞추다)에 연결어미 '-어'가 통합된 형태로 분석할 수도 있고, '그리ᄒᆞ-'와 청유형 종결어미 '-져'가 통합되어 축약된 형태로 해석할 수도 있다. 두 분석 모두 의미는 통하는데 '그리ᄒᆞ-'와 '-져'가 축약되는 일이 흔치 않은 일이라서 전자처럼 분석하는 것이 자연스럽게 보인다.

• ᄒᆞᆯ션뎡: 할지언정. 할지라도. ᄒᆞ- + -ㄹ션뎡.

- '-ㄹ션뎡'은 '-을지언정', '-을지라도' 정도를 뜻하는 접속어미이다.

• 비듸: 값의. 값이. 빋 + -의.

- '비듸'의 '의'는 명사절의 주어적 속격이므로 '두 것의 값이' 정도로 해석된다.

• 마조ᄆᆞᆯ: 맞음을. 맞는 것을. 맞- + -옴 + -ᄋᆞᆯ.

• 長安앳: 장안에서. 장안에서의. 長安 + -애 + -ㅅ.

- '長安앳'의 '-ㅅ'은 관형격 조사로 후행하는 [뵈옷 니브니]를 수식하는 구조이다.

• 뵈옷: 베옷. [布衣].

- '布衣'는 벼슬이 없는 선비를 의미하기도 하는데 여기에서는 두보 자신을 지칭한 것으로 이해된다.

• 니브니ᄅᆞᆯ: 입은 이를. 닙- + -은 # 이 + -ᄅᆞᆯ.

• 比數ᄒᆞ리오: 비수하겠는가. 비교하여 헤아리겠는가. 比數ᄒᆞ- + -리- + -오.

- '比數ᄒᆞ다'는 '비교하여 헤아리다' 정도로 해석된다.

• 도로: 도로.

• 나모: 나무.

• 빗기: 비뚤게. 비스듬히. 빗- + -이.

- '빗다'는 '비뚤다', '비스듬하다' 정도를 뜻하는 형용사이다.

- "나모 빗기 미욘 門"은 '衡門'을 언해한 것으로 두 개의 기둥에 한 개의 횡목을 가로질러서 만든 허술한 대문을 가리킨다. 협주문의 "衡門은 橫木爲門也ㅣ라"(형문은 가로지른 나무가 문이 되는 것이다.)를 참고할 수 있다.

• 미욘: 맨. 미- + -요- + -ㄴ.

- '-요-'는 관형사절에 쓰인 대상 활용 선어말어미로 '-오-'에 반모음 'j'가 삽입된 형태이다.

• 횟도로: 휘돌아. 휘돌게. 횟돌- + -오.

- '-오'는 부사를 파생하는 접미사로 분석된다.

• 손: 쌓은. ᄊᆞ- + -오- + -ㄴ.

- 'ᄊᆞ다'는 '쌓다'를 뜻하는 동사이고, '-오-'는 대상 활용 선어말어미이다.

• 다ᄆᆞᆯ: 담을. 담 + -ᄋᆞᆯ.

• 守ᄒᆞ얫노라: 수하여 있노라. 지키고 있노라. 守ᄒᆞ- + -야 # 잇- + -ᄂᆞ- + -오- + -라.

- '-아 # 잇-'의 축약형이 중간본에는 '守ᄒᆞ얏노라'로 표기되어 중간본과 차이를 보인다.

• 늘근: 늙은. 늙- + -은.

• 나ᄃᆞ니디: 나다니지. 나ᄃᆞ니- + -디.

- '나ᄃᆞ니다'는 '나다니다'를 뜻하는 동사이다.

• 아니ᄒᆞ야셔: 아니하여서. 아니ᄒᆞ- + -야셔.

• 다봅과 뿍괘: 다북과 쑥이. 다봅 + -과 # 뿍 + -과 + -ㅣ.

• 기렛거늘: 길어 있거늘. 길- + -어 # 잇- + -거늘.

• 져믄: 어린. 졈- + -은.

- '졈다'는 '어리다'를 뜻하는 형용사로 여기에서 "져믄 아ᄃᆞ론"은 '稚

子'(어린아이)를 언해한 것이다.

• ᄇᆞᄅᆞᆷ비예: 비바람에. ᄇᆞᄅᆞᆷ비 + -예.

• ᄃᆞ니놋다: 다니는구나. ᄃᆞ니- + -ᄂᆞ- + -옷- + -다.

- '-옷-'은 감탄법 선어말어미로『두시언해』와 같은 시나 가사에 자주 등장하였다. 감탄 선어말어미는 '-옷-' 외에도 '-돗-', '-롯-', '-도-', '-로-'가 존재하였다. 한편, '-ᄂᆞ-'와 '-옷-'이 연쇄할 때는 '-놋-'으로 축약되었고 '-(으)시-'와 연쇄할 때는 '-(으)샷-'으로 축약되었다.

• 빗소릐: 빗소리.

• 颼颼ᄒᆞ야: 수수ᄒᆞ야. 쏴쏴. 颼颼ᄒᆞ- + -야.

- '颼颼ᄒᆞ다'는 바람 소리를 표현한 것이다. 협주문 "颼颼ᄂᆞᆫ 風聲이라"(수수는 바람소리이다.)를 통해 알 수 있다.

• 치우믈: 추위를.

• 뵈아ᄂᆞ니: 재촉하니. 뵈아- + -ᄂᆞ- + -니.

- '뵈아다'는 '재촉하다'를 뜻하는 동사이다.

• 되: 오랑캐.

- "되 그려기"는 '胡雁'를 언해한 것으로 오랑캐 땅에서는 오는 기러기를 말한다.

• ᄂᆞᆯ개: 날개.

• 저저: 젖어. 젖- + -어.

• 노피: 높이.

• ᄂᆞ로미: 나는 것이. ᄂᆞᆯ- + -옴 + -이.

• ᄀᆞᅀᆞᆯ: 가을.

• 일즉: 일찍이. 아직.

- '일즉'은 '일찍이', '아직'을 뜻하는 부사인데 후행하는 서술어가 '몯ᄒᆞ리로소니'를 고려할 때 '아직'으로 해석하는 것이 자연스럽게 보인다.

즉 "ᄀᆞ술 오매 일즉 ᄇᆞᆯᄀᆞᆫ 나ᄅᆞᆯ 보디 몯ᄒᆞ리로소니"는 '가을이 왔어도 아직 밝은 날을 보지 못할 것인데' 정도로 해석된다.

• ᄇᆞᆯᄀᆞᆫ: 밝은. ᄇᆞᆰ- + -ᄋᆞᆫ.

• 나ᄅᆞᆯ: 날을. 날 + -ᄋᆞᆯ.

– '날'은 '날'[日]을 뜻하는 명사이다.

• 몯ᄒᆞ리로소니: 못할 것이니. 몯ᄒᆞ- + -리- + -로소- + -니.

• ᄌᆞᆫ홀기: 진흙이. ᄌᆞᆫ홁 + -이.

– 'ᄌᆞᆫ홁'은 '진흙'을 뜻하는 합성 명사이다.

• 后土ᄅᆞᆯ: 후토를. 토지의 신. 后土 + -ᄅᆞᆯ.

• 더러이ᄂᆞ니: 더럽히는데. 더러이- + -ᄂᆞ- + -니.

– '더러이다'는 '더럽히다'를 뜻하는 동사이다. '더러ᄫᅵ- 〉 더러이-'의 변화를 겪었다.

• 어느 ᄢᅴᅀᅡ: 어느 때에야. 어느 # ᄢᅴ + -ᅀᅡ.

– 'ᄢᅴ'는 '때'를 뜻하는 명사이고 '-ᅀᅡ'는 강조 보조사이다.

• 마ᄅᆞᆯ고: 마를꼬. 마ᄅᆞ- + -ㄹ고.

– '마ᄅᆞ다'는 '마르다'를 뜻하는 동사이다.

《두시언해 권 12, 17b-18a》

❀ 원문 텍스트

苦雨奉寄隴西公兼呈王徵士

今秋乃淫雨 仲月來寒風
群木水光下 萬象雲氣中
所思礙行潦 九里信不通
悄悄素滻路 迢迢雲漢東
願騰六尺馬 背若孤征鴻
劃見公子面 超然歡笑同
奮飛旣胡越 局促傷樊籠
一飯四五起 憑軒心力窮
嘉蔬沒溷濁 時菊碎榛叢
鷹隼亦屈猛 烏鳶何所蒙
式瞻北鄰居 取適南巷翁
掛席釣川漲 焉知淸興終

❀ 원문 텍스트

【甫ㅣ自註漢中王及 王徹이라】
이 ᄀᆞᄉᆞᆯᄒᆡ 오란 비 오ᄂᆞ니
仲月에 서늘ᄒᆞᆫ ᄇᆞᄅᆞ미 오ᄂᆞ다
믌 남근 믌빗 아래 드렛고
萬家ᄂᆞᆫ 구룸 氣運ㅅ 소기로다
【所思ᄂᆞᆫ 指漢中王及王徵士ᄒᆞ다】
ᄉᆞ랑ᄒᆞᄂᆞᆫ 사ᄅᆞ미 길 우흿 므리 ᄀᆞ렛ᄂᆞ니

九里예 音信이 ᄉᆞᄆᆞᆺ디 몯ᄒᆞᄂᆞ다
【此ᄂᆞᆫ 言漢中王及王徵士ㅅ 所居也ㅣ라】
힌 滻水ㅅ 길히 시름 ᄃᆞ외오
雲漢 東녀근 아ᅀᆞ라ᄒᆞ도다
【公子ᄂᆞᆫ 指瑀及徵也ㅣ라】
願ᄒᆞᆫᄃᆞᆫ 노ᄑᆡ 예 자만 ᄒᆞᆫ ᄆᆞ리 둥어리
외ᄅᆞ이 녀ᄂᆞᆫ 그려기 ᄀᆞᄐᆞ니를 돌여가
公子ᄋᆡ ᄂᆞᄎᆞᆯ 훤히 보아 超然히 즐겨
우수믈 ᄒᆞᆫ가지로 ᄒᆞ고져 ᄒᆞ노라
【言欲往見公子ㅣ언마른 但道路ㅣ 礙隔ᄒᆞ니 若在樊籠之中而局促不得伸也ㅣ라】
니르와다 놀오져 ᄒᆞ나 ᄒᆞ마 胡와 越와 ᄀᆞᄐᆞᆯᄉᆡ
局促ᄒᆞ야 樊籠애 드렛ᄂᆞᆫ ᄃᆞᆺ호ᄆᆞᆯ 슬노라
【言一飯之頃에 頻起而望ᄒᆞ니 心力이 窮困也ㅣ라】
ᄒᆞᆫ 번 밥 머글 저긔 네다ᄉᆞᆺ 번올 니러
軒檻ᄋᆞᆯ 비교니 心力이 窮盡ᄒᆞ애라
됴ᄒᆞᆫ 菜蔬ㅣ 더러운 ᄃᆡ ᄲᅥ뎟고
時節ㅅ 菊花ㅣ 나못 들굴 서리예 브ᅀᅥ뎟도다
매돌히 ᄯᅩ 勇猛ᄋᆞᆯ 구펫ᄂᆞ니
가마괴 쇠로기ᄂᆞᆫ ᄆᆞ스글 니브리오
【言雨潦ㅣ 阻礙ᄒᆞ야 所向不通而所瞻適者ㅣ 近隣而已라】
北녁 이우제 사ᄂᆞ니를 ᄲᅧ 보며
南녁 굴헝엣 한아비게 가ᄆᆞᆯ 取ᄒᆞ노라
【言乘此雨水之漲ᄒᆞ야 泛舟而釣則清興이 當無窮盡也ㅣ니라】
빗돗ᄀᆞᆯ ᄃᆞ라 냇ᄆᆞ리 미렛ᄂᆞᆫ ᄃᆡ 고기ᄅᆞᆯ 낫그면
어느 ᄆᆞᆯᄀᆞᆫ 興의 ᄆᆞ초ᄆᆞᆯ 알리오

[해설] 이 시는 농서공 이우에게 부치면서 징사 왕철에게도 올리는 시이다. 가을 장맛비로 소식을 통할 수 없어 호와 월처럼 멀리 떨어져 있음을 슬퍼하며 그리워하는 심경을 담고 있다.

❀ 현대어역

고유봉기롱서공겸정왕징사(궂은비에 농서공에게 편지를 부치고 왕징사에게도 겸하여 올리다.)

이 가을에 장맛비가 오는데
중월에도 서늘한 바람이 온다.
나무들은 물빛 아래 들어 있고
만가는 구름 기운 가운데 있도다.
그리워하는 사람이 길 위의 물에 갇혀 있어
구리에 음신이 통하지 못하는구나.
흰 산수의 길이 시름이 되고
운한 동쪽은 아득하도다.
원하건대 높이 여섯 자만 한 말의 등허리에 (올라)
외로이 가는 기러기 같은 이에게 달려가
공자의 낯을 환희 보아 초연히 즐기는 웃음을 함께 하고자 한다.
떨쳐 날고자 하나 이미 호와 월이 같으므로
몸을 움츠리고 번롱에 들어 있는 듯함을 슬퍼하노라.
한 번 밥 먹을 때에 네다섯 번을 일어나
헌함에 기대니 심력이 궁진하구나.
좋은 채소가 더러운 곳에 껴져 있고
시절의 국화가 나무 덩굴 사이에 부서져 있도다.
매들이 또 용명을 굽히고 있는데
가마기와 솔개는 무엇을 입겠는가.
북쪽 이웃에 사는 이를 보며
남쪽 구렁에 사는 늙은이에게 감을 취하노라.
배의 돛을 달아 냇물이 불어 있는 곳에서
고기를 낚으면 어찌 맑은 흥이 다함을 알겠는가.

❀ 주석

- 苦雨奉寄隴西公兼呈王徵士: 고우봉기롱서공겸정왕징사.
  - "苦雨奉寄隴西公兼呈王徵士"는 3수에 덧붙여진 것으로 '궂은 비속에서 농서공에게 글을 지어 올리는데 겸하여 징사께도 드림'으로 해석된다. 여기에서 '농서공'은 '이우'(李瑀)를 말하는데 양 황제 이헌(李憲)의 여섯째 아들이며 '왕징사'는 학덕 높은 선비인 징사(徵士) 왕철(王徹)을 말한다.
- ᄀᆞᅀᆞᆯ히: 가을에. ᄀᆞᅀᆞᆶ + -이.
  - 'ᄀᆞᅀᆞᆶ'은 'ㅎ' 종성 체언으로 '가을'을 뜻하는 명사이고, 여기에서 '-이'는 처소격 조사로 쓰였다.
- 오란 비: 오랜 비. 궂은비. 장맛비. 오라- + -ㄴ # 비.
  - "오란 비"는 원문의 '淫雨'을 언해한 것인데 이는 '장마' 내지 '궂은비'를 가리킨다.
- 오ᄂᆞ니: 오는구나. 오- + -ᄂᆞ- + -니.
- 仲月에: 중월에. 仲月 + -에.
  - '仲月'은 각 계절의 가운데 달인 음력 2월, 5월, 8월, 11월을 이르는데 여기에서는 음력 8월을 지시한 것으로 보인다.
- 서늘ᄒᆞᆫ: 서늘한. 서늘ᄒᆞ- + -ㄴ.
- ᄇᆞᄅᆞ미: 바람이. ᄇᆞᄅᆞᆷ + -이.
- 오ᄂᆞ다: 오는구나. 불어오는구나. 오- + -ᄂᆞ- + -다.
- 뭀: 무리의. 물 + -ㅅ.
  - '물'은 '무리'를 뜻하는 명사이고, "뭀 남근"은 '群木'을 언해한 것으로 '여러 나무' 혹은 '뭇나무'로 해석된다. 중간본에는 '-ㅅ'이 탈락된 '물'로 표기되었다.

• 남근: 나무는. 남ㄱ + -은.

- '남ㄱ'은 '나무'를 뜻하는 명사인데 '나모'와 교체되었다. '남ㄱ'은 모음으로 시작하는 조사일 때 나타났고 그 외의 환경에서는 '나모'가 나타났다.

• 믌빗: 물빛. 믈 + -ㅅ # 빗.

- 중간본에는 '-ㅅ'이 탈락된 '믈빗'으로 표기되었다.

• 드렛고: 들어 있고. 들- + -어 # 잇- + -고.

• 萬家ᄂᆞᆫ: 만가는. 萬家 + -ᄂᆞᆫ.

• 구룺: 구름의. 구룸 + -ㅅ.

- 중간본에는 '-ㅅ'이 탈락된 '구룸'으로 표기되었다.

• 氣運ㅅ: 기운의. 氣運 + -ㅅ.

• 소기로다: 속이로다. 속에 있도다. 속 + -이- + -로- + -다.

- '-이-'는 서술격 조사이고, '-로-'는 감탄법 선어말어미이다.

• ᄉᆞ랑ᄒᆞᄂᆞᆫ: 생각하는. ᄉᆞ랑ᄒᆞ- + -ᄂᆞ- + -ㄴ.

- 'ᄉᆞ랑ᄒᆞ다'는 '생각하다', '사랑하다'를 뜻하는데 여기에서는 '생각하다'가 자연스럽다.

- "ᄉᆞ랑ᄒᆞᄂᆞᆫ 사ᄅᆞ미"는 협주문의 "所思ᄂᆞᆫ 指漢中王及王徵士ᄒᆞ다"(생각하는 바는 한중왕 및 왕징사를 가리킨다.)를 통해 지시하는 사람이 한중왕 이우와 징사 왕철을 가리키는 것을 알 수 있다.

• 우흿: 위에서의. 우ㅎ + -의 + -ㅅ.

- '우ㅎ'은 'ㅎ' 종성 체언으로 '위'를 뜻하는 명사이고, 여기에서 '-의'는 처소격 조사로 쓰였다. '-ㅅ'은 관형격 조사이다.

• 므리: 물이. 믈 + -이.

- '믈'은 '물'을 뜻하는 명사이다.

• ᄀᆞ렛ᄂᆞ니: 가리고 있는데. ᄀᆞ리- + -어 # 잇- + -ᄂᆞ- + -니.

- ‘ᄀᆞ리다’는 ‘가리다’를 뜻하는 동사이다. 언해문의 “길 우희 므리 ᄀᆞ롓ᄂᆞ니”는 빗물에 길이 잠겨 있는 상태를 표현한 것으로 보인다.

• 九里예: 구리에. 九里 + -예.

- ‘九里’는 농사공 이우가 사는 마을이다.

• 音信: 음신. 소식. 편지.

• ᄉᆞ뭇디: 통하지. ᄉᆞ뭇- + -디.

- ‘ᄉᆞ뭇-’는 ‘ᄉᆞᄆᆾ-’의 ‘ㅊ’이 8종성 표기법에 따라 ‘ㅅ’으로 표기된 형태이고 ‘통하다’를 뜻하는 동사이다.

• 몯ᄒᆞᄂᆞᆺ다: 못하는구나. 몯ᄒᆞ- + -ᄂᆞ- + -옷- + -다.

• 힌: 흰.

• 滻水: 산수.

- ‘滻水’는 협서성 장안 남전곡(藍田谷)에서 발원하여 위수(渭水)로 합류하는 강이다.

• 길히: 길이. 길ㅎ + -이.

- ‘길ㅎ’은 ‘길’을 뜻하는 명사이다.

• ᄃᆞ외오: 되고. ᄃᆞ외- + -오.

- ‘ᄃᆞ외다’는 ‘되다’를 뜻하는 동사이고 ‘-오’는 연결어미이다.

• 雲漢 東녀근: 운한(은하수)의 동쪽은. 雲漢 # 東녁 + -은.

- ‘雲漢’은 ‘은하수’를 뜻하는데 여기에서는 위수(渭水)를 가리킨다.

• 아ᄉᆞ라ᄒᆞ도다: 아득하도다. 아ᄉᆞ라ᄒᆞ- + -도- + -다.

- ‘아ᄉᆞ라ᄒᆞ다’는 ‘아득하다’를 뜻하는 형용사이다.

• 願ᄒᆞᆫᄂᆞᆫ: 원하기는. 원컨대. 願ᄒᆞ- + -ㄴ # ᄂᆞ + -ㄴ.

- ‘ᄃᆞ’는 형식명사로 중세 국어까지 사용되다가 근대 국어에 들어서면서 사라지기 시작하였다. 중세 국어 시기 ‘ᄃᆞ’가 쓰인 구성은 문법화를 겪는 일이 많았는데 연결어미 ‘-ㄴ돌’, ‘-ㄴ대’ 등이 대표적이다.

- 노ᄑᆡ: 높이. 높- + -ᄋᆡ.
  - 명사 '노ᄑᆡ'는 형용사 '높-'에 명사 파생 접미사 '-ᄋᆡ'가 결합된 파생 명사인데 이처럼 접미사 '-ᄋᆡ/의'가 결합된 파생 명사는 '기릐', '킈', '구븨' 등이 존재하였다.
- 예 자만: 여섯 자. 예 # 자 + -만.
  - '예'는 '여섯'을 의미하는데 '예'가 '여섯'의 의미로 쓰일 때는 '예닐곱'처럼 나타나는 것이 일반적이어서 이 경우는 특기할 만하다.
- ᄆᆞᄅᆡ: 말의. ᄆᆞᆯ + -ᄋᆡ.
- 등어리: 등허리.
  - "願ᄒᆞᆫᄃᆞᆫ 노ᄑᆡ 예 자 만ᄒᆞᆫ ᄆᆞᄅᆡ 등어리"는 원문의 "願騰六尺馬"를 언해한 것인데 언해하는 과정에서 '騰'을 놓친 것이 아닌가 한다. 즉 이 원문은 '원컨대 여섯 자 크기의 말의 등허리에 올라'로 언해하는 것이 문맥으로 볼 때 자연스럽다.
- 외ᄅᆞ이: 외로이.
- 녀ᄂᆞᆫ: 가는. 녀- + -ᄂᆞ- + -ㄴ.
  - '녀다'는 '가다', '다니다'를 뜻하는 동사이다.
- 그려기: 기러기.
- ᄀᆞᄐᆞ니ᄅᆞᆯ: 같은 이를. 같은 이에게. ᄀᆞᇀ- + -ᄋᆞᆫ # 이 + -ᄅᆞᆯ.
- ᄃᆞᆯ여가: 달려가. ᄃᆞᆯ이- + -어 # 가- + -아.
  - 'ᄃᆞᆯ이다'는 '달리다'를 뜻하는 동사이다.
- 公子ᄋᆡ: 공자의. 公子 + -ᄋᆡ.
  - 여기에서 '公子'는 '이우'와 '왕철'을 가리킨다. 협주문의 "公子ᄂᆞᆫ 指瑀及徹也ㅣ라"(공자는 이우와 왕철을 가리킨다.)를 통해 알 수 있다.
- ᄂᆞᄎᆞᆯ: 낯을. 얼굴을. ᄂᆞᆾ + -ᄋᆞᆯ.
  - 'ᄂᆞᆾ'은 '낯', '얼굴'을 뜻하는 명사이다.

• 훤희: 훤히. 자세히.

• 超然히: 초연히.

• 즐겨: 즐기어. 즐기- + -어.

• 우수믈: 웃음을. 웃는 것을. 웃- + -움 + -을.

• ᄒᆞᆫ가지로: 함께.

• ᄒᆞ고져: 하고자. ᄒᆞ- + -고져.

– '-고져'는 의도나 목적을 뜻하는 연결어미이다.

• 니르와다: 일으키어. 니르왇- + -아.

– '니르왇다'는 '일으키다'를 뜻하는 동사이다.

• ᄂᆞ오져: 날고자. ᄂᆞᆯ- + -오져.

– 'ᄂᆞᆯ다'는 '날다'를 뜻하는 동사이고 '-오져'는 의도나 목적을 뜻하는 연결어미이다. 언해문의 "니르와다 ᄂᆞ오져 ᄒᆞ나"는 '奮飛'를 언해한 것으로 '떨치고 일어나 날고자 하나' 정도로 해석된다.

• 胡와 越와: 호와 월과. 胡 + -와 # 越 + -와.

• ᄀᆞᄐᆞᆯᄉᆡ: 같으므로. ᄀᆞᇀ- + -ᄋᆞᆯᄉᆡ.

– 언해문의 "胡와 越와 ᄀᆞᄐᆞᆯᄉᆡ"는 '胡'(중국의 북쪽)와 '越'(중국의 남쪽)처럼 아주 멀리 떨어져 있음을 비유한 것이다.

• 局促ᄒᆞ야: 국촉ᄒᆞ야. 몸을 움츠리고. 局促ᄒᆞ- + -야.

• 樊籠애: 번롱에. 울타리에. [樊籠]. 樊籠 + -애.

– '樊籠'은 '울타리', '새장'을 가리킨다.

• 드럿ᄂᆞᆫ: 들어 있는. 들- + -어 # 잇- + -ᄂᆞ- + -ㄴ.

• ᄃᆞᆺ호ᄆᆞᆯ: 듯함을. ᄃᆞᆺᄒᆞ- + 옴 + -ᄋᆞᆯ.

– 'ᄃᆞᆺᄒᆞ다'는 '듯하다'를 뜻하는 보조 형용사이다.

– "局促ᄒᆞ야 樊籠애 드럿ᄂᆞᆫ ᄃᆞᆺ호ᄆᆞᆯ"은 공자를 찾아가 보고 싶지만 비로도로가 막혀 오고 갈 수 없음을 비유한 것이다. 협주문의 "言欲往見公

子ㅣ언마룬 但道路ㅣ 礙隔ᄒᆞ니 若在樊籠之中而局促不得伸也ㅣ라"(왕래하여 공자를 보고 싶지만 다만 도로가 막혀 오고갈 수 없으니 새장에 있는 것과 같이 움츠러들어 펼칠 수 없음을 말한다.)를 통해 알 수 있다.

• 슬노라: 슬퍼하노라. 슬- + -ᄂᆞ- + -오- + -라.
  - '슬-'은 '슳-'의 'ㅎ'이 8종성 표기에 따라 탈락된 형태이고 여기에서는 '슬퍼하다'를 뜻하는 동사로 쓰였다. 그런데 '슳다'가 '슬프다'로 쓰이는 일도 있다. "ᄀᆞ장 슬ᄒᆞ니라"〈월석 서:23a〉에서 '슳다'는 형용사 '슬프다'로 쓰였다.
• 머글: 먹을. 먹- + -을.
• 저긔: 적에. 사이에. 적 + -의.
  - "ᄒᆞᆫ 번 밥 머글 저긔"는 '한 끼 밥을 먹을 사이에'로 해석하는 것이 자연스럽다.
• 네다ᄉᆞᆺ 번올: 네다섯 번을. 네다ᄉᆞᆺ # 번 + -올.
• 니러: 일어나. 닐- + -어.
• 軒檻올: 헌함을. 軒檻 + -올.
  - '軒檻'은 '건넌방'이나 '누각의 좁은 마루'를 뜻하는데 여기에서는 후자의 의미가 자연스럽게 느껴진다.
• 비교니: 기대니. 의지하니. 비기- + -오- + -니.
  - '비기다'는 '기대다', '의지하다' 정도를 뜻하는 동사이다.
• 窮盡ᄒᆞ애라: 궁진하구나. 窮盡ᄒᆞ- + -애라.
  - '-애라'는 감탄의 종결어미로 쓰였는데 '-에라', '-게라'로도 나타났다. '-애라'는 'ᄒᆞ-' 뒤에서만 나타났다. 한편, '몯게이다'〈육조법 上:24a〉처럼 청자대우 선어말어미 '-이-'가 '-게라' 사이에 통합되는 일도 있다.
  - '窮盡ᄒᆞ애라'의 의미는 협주문의 "言一飯之頃에 頻起而望ᄒᆞ니 心力이

窮困也ㅣ라"(한 끼 밥을 먹을 시간에 자주 일어나 바라보니 마음의 힘이 소진되었도다.)의 내용을 참고할 수 있다.

- '-얘라'가 중간본에는 '窮盡ᄒᆞ야라'로 표기되어 차이를 보이는데 이 중간본의 '-야라'가 감탄법 종결어미의 '-어라/아라/여라'와 관련된 것으로 파악된다.

• 됴ᄒᆞᆫ: 좋은. 둏- + -ᄋᆞᆫ.

- '둏다'는 '좋다'를 뜻하는 형용사이다.

• 菜蔬ㅣ: 채소가. 菜蔬 + -ㅣ,

• ᄃᆡ: 데. 곳.

• ᄢᅢ뎟고: 꺼졌고. 묻히고. ᄢᅢ디- + -어 # 잇- + -고.

- 'ᄢᅢ디다'는 '꺼지다', '묻히다' 정도를 뜻하는 동사이다.

- "더러운 ᄃᆡ ᄢᅢ뎟고"는 채소가 비가 내려 혼탁해진 진흙탕에 묻힌 장면을 표현한 것으로 보인다.

• 나못: 나무의. 나모 + -ㅅ.

- '나모'는 '남ㄱ'과 교체하였는데 '나못'처럼 자음으로 시작하는 조사가 통합될 때나 조사 '-와' 앞에서 '나모'가 나타났다. 그 외의 환경에서는 '남ㄱ'이 나타났다.

- 중간본에는 '-ㅅ'이 탈락된 '나모'로 표기되었다.

• 들굴: 덤불.

• 서리예: 사이에. 서리 + -예.

- '서리'는 '사이'를 뜻하는 명사이다.

• ᄇᆞᅀᅥ뎟도다: 부서졌도다. ᄇᆞᅀᅥ디- + -어 # 잇- + -도- + -다.

- 'ᄇᆞᅀᅥ디다'는 '부서지다'를 뜻하는 동사이다.

• 매돌히: 매들이. 매 + -돓 + -이.

- 여기에서 '-돓'은 복수 접미사이다.

- ᄯᅩ: 또.
- 勇猛ᄋᆞᆯ: 용맹을. 勇猛 + -ᄋᆞᆯ.
- 구펫ᄂᆞ니: 굽히고 있는데. 구피- + -어 # 잇- + -ᄂᆞ- + -니.
  - '구피다'는 '굽히다'를 뜻하는 동사이다. 여기에서는 매와 솔개가 그 사나움을 꺾는 것을 표현한 것으로 보인다.
- 가마괴: 까마귀.
- 쇠로기: 솔개.
- 므스글: 무엇을. 므슥 + -을.
  - '므슥'은 '무엇'을 뜻하는 의문 대명사인데 이 시기에 '므스', '므스것', '므슴', '므섯' 등도 의문 대명사로 쓰였다. 그런데 '므스', '므슴'이 의문 대명사와 의문 관형사로 모두 쓰인 점은 특징적이다. "이 일후미 므스고"〈능언5:18b〉, "므스 일 ᄒᆞ리오"〈번박 상:7b〉, "내 사라 므슴ᄒᆞ료"〈석상 24:42a〉 "므슴 마ᄅᆞᆯ ᄒᆞ더시뇨"〈석상 23:31a〉 등에서 그 쓰임이 확인된다.
- 니브리오.: 입으리오. 입겠는가. 닙- + -으리- + -오.
  - 의문어미 '-오'는 선어말어미 '-리-' 뒤에 통합되어 '-리오', '-료'로 실현되었다. 이때 '-리오', '-료'를 '-리-'와 '-오'로 분석하고 이 '-오'를 의문 종결어미 '-고'의 'ㄱ'이 약화 탈락된 것으로 설명할 수 있다. 그런데 '-오'가 어간에 직접 결합되는 예가 확인되지 않고 항상 '-리-'나 '-니-'를 수반하기 때문에 '-리오', '-료'를 분석하지 않기도 한다. 여기에서는 전자의 설명을 따랐다.
- 이우제: 이웃에. 이웆 + -에.
  - '이웆'은 '이웃'을 뜻하는 명사이다.
- 사ᄂᆞ니ᄅᆞᆯ: 사는 이를. 사- + -ᄂᆞ- + -ㄴ # 이 + -ᄅᆞᆯ.
  - '사-'는 '살-'의 'ㄹ'이 'ㄴ' 앞에서 탈락된 형태이다.

• 굴헝엣: 구렁에의. 굴헝 + -에 + -ㅅ.

  - '굴헝'은 '구렁'을 뜻하는데 여기에서는 '골목', '마을'을 가리킨다.

• 한아비게: 할아버지에게. 늙은이에게. 한아비 + -ᄋᆡ게.

  - '한아비'와 '-ᄋᆡ게' 결합될 때 '한아비'의 'ㅣ' 모음이 탈락하여 '한아ᄫᆡ게'로 나타났다.

  - "南녁 굴헝엣 한아비게 가몰 取ᄒᆞ노라"는 협주문의 "言雨潦ㅣ 阻礙ᄒᆞ야 所向不通而所贍適者ㅣ 近隣而已라"(장마가 길을 가로막아 가려는 곳을 가지 못하고 찾아가기에 적합한 것은 가까운 이웃일 뿐임을 말한다.)에서 그 의미를 참고할 수 있다.

• 가몰: 감을. 가는 것을. 가- + -옴 + -올.

• 取ᄒᆞ노라: 취한다. 取ᄒᆞ- + -ᄂᆞ- + -오- + -라.

• 빗돗골: 배의 돛을. 비 + -ㅅ # ᄃᆞᆨ + -올.

  - 'ᄃᆞᆨ'은 '돛'을 뜻하는 명사이다.

• ᄃᆞ라: 달아. ᄃᆞᆯ- + -아.

• 냇므리: 냇물이. 냇믈 + -이.

• 미렛ᄂᆞᆫ: 밀어 있는. 밀려들어온. 불어난. 밀- + -어 # 잇- + -ᄂᆞ- + -ㄴ.

  - "냇므리 미렛ᄂᆞᆫ ᄃᆡ"는 '냇물이 불어난 곳에' 정도로 해석하는 것이 자연스럽다.

• ᄃᆡ: 데. 곳.

• 고기롤: 고기를. 고기 + -롤.

• 낫그면: 낚으면. 낛- + -으면.

  - '낛다'는 '낚다'를 뜻하는 동사이다. '낛'은 '낛'으로도 나타났는데 이 '낛'에 품사를 바꾸지 않는 접미사 '-이'가 결합된 '낙시'(낚시)가 근대국어에 나타났다.

• 어느: 어찌.

- 여기에서 '어느'는 의문 부사 '어찌'로 해석하는 것이 자연스러운데 중세 국어에서 '어느'는 의문 대명사, 의문 관형사, 의문 부사 모두 쓰였다. "이 두 말ᄋᆞᆯ 어늘 從ᄒᆞ시려뇨"〈월석 7:26b〉, "어느 ᄆᆞᅀᆞᄆᆞ로 바ᄇᆞᆯ 머그료"〈석상 23:41b〉, "어느 다 ᄉᆞᆯᄫᆞ리"〈월천 상:1a〉.

• ᄆᆞᆯᄀᆞᆫ: 맑은. ᄆᆞᆰ- + -ᄋᆞᆫ.

- "ᄆᆞᆯᄀᆞᆫ 興"은 '淸興'을 언해한 것으로 '맑은 흥취', '고상한 흥취(취미)'를 가리킨다.

• ᄆᆞ초ᄆᆞᆯ: 마침을. 다함을. ᄆᆞᆽ- + -옴 + -ᄋᆞᆯ.

- 'ᄆᆞᆽ다'는 '마치다', '끝내다', '다하다' 등의 의미로 쓰였다. "어느 ᄆᆞᆯᄀᆞᆫ 興의 ᄆᆞ초ᄆᆞᆯ 알리오"는 '어찌 맑은 흥(취)이 다함을 알겠는가.' 정도로 해석된다. 즉, "興의 ᄆᆞ초ᄆᆞᆯ"은 흥취가 돋우어진 상태를 표현한 것으로 보인다.

• 알리오.: 알리오. 알겠는가. 알- + -리- + -오.

《두시언해 권 12, 18a-19b》

❀ 원문 텍스트

雨

行雲遞崇高 飛雨譪而至
潺潺石間溜 汨汨松上駃
亢陽乘秋熱 百穀亦已棄
皇天德澤降 燋卷有生意
前雨傷卒暴 今雨喜容易
不可無雷霆 間作鼓增氣
佳聲達中宵 所望時一致
清霜九月天 髣髴見滯穗
郊扉及我私 我圃日蒼翠
恨無抱甕力 庶減臨江費

❀ 언해문 텍스트

녀ᄂᆞᆫ 구루미 노ᄑᆞᆫ 뫼해 옮ᄂᆞ니
ᄂᆞᄂᆞᆫ 비 해 오놋다
【潺潺은 水聲이라 駃ᄂᆞᆫ 踈吏反ᄒᆞ니 馬行疾也ㅣ니 言松上之雨ㅣ 汨汨疾流ㅣ니라】
돐 ᄉᆞᅀᅵ옛 흐르ᄂᆞᆫ 므른 潺潺ᄒᆞ고
소나못 우흿 ᄲᆞ른 비ᄂᆞᆫ 汨汨ᄒᆞ놋다
노ᄑᆞᆫ 陽氣ㅣ ᄀᆞᅀᆳ 더위를 ᄐᆞ니
온가짓 나ᄃᆞᆯ ᄯᅩ ᄒᆞ마 ᄇᆞ리리러니
큰 하ᄂᆞᆯ히 德澤을 ᄂᆞ리오니

ᄆᆞᆯ라 거두쥔 거시 사ᄅᆞᆷ ᄠᅳ디 잇도다
【凡雨ㅣ 暴猝則害穀ᄒᆞ고 徐徐則入土深ᄒᆞᄂᆞ니 容易ᄂᆞᆫ 言徐徐也ㅣ라】
아랫 비ᄅᆞᆯ ᄲᆞᆯ리 온가이 오ᄆᆞᆯ 슬타니
이젯 비ᄅᆞᆯ 날호야 오ᄆᆞᆯ 깃노라
【雷ᄂᆞᆫ 所以增龍之氣也ㅣ라】
울에 업수미 可티 아니ᄒᆞᆯᄉᆡ
섯거 니르와다 鼓動ᄒᆞ야 氣運을 더으놋다
【謂望雨而得雨也ㅣ라】
됴ᄒᆞᆫ 소리 바ᄆᆡ ᄉᆞᄆᆞᆺᄂᆞ니
ᄇᆞ라논 바ᄅᆞᆯ 이ᄢᅴ ᄒᆞᆫ 번 닐위와라
【言秋稔而收穫之時예 多遺穗也ㅣ라】
ᄆᆞᆯᄀᆞᆫ 서릿 九月ㅅ 하ᄂᆞᆯ해
스므시 ᄇᆞ렛ᄂᆞᆫ 낟 이사ᄀᆞᆯ 보논 ᄃᆞᆺᄒᆞ얘라
【詩예 雨我公田이옥 遂及我私ㅣ라 ᄒᆞ다】
ᄆᆡ햇 門ㅅ 부체예 내 아ᄅᆞᇝ 바티 미츠니
내 菜圃ㅣ 나날 프르놋다
【言當旱而汲江灌圃ㅣ러니 今則庶省其費力也ㅣ라】
독 아놀 힘 업수믈 슬타니
ᄀᆞᄅᆞᄆᆞᆯ 디러셔 勞費호ᄆᆞᆯ 거싀 덜리로다

[해설] 이 시는 오랜 가뭄으로 흉작을 걱정하던 차에 비가 내려 곡식이 다시 살아나는 것을 기뻐하며 지은 시이다.

현대어역

우(비)

흘러가는 구름이 높은 산에 옮아가는데
흩날리는 비에 오는구나.
돌 사이에 흐르는 물은 잔잔하고

소나무 위의 빠른 비는 콸콸하는구나.
높은 양기가 가을 더위를 타니
온갖 곡식 또 이미 버렸을 텐데
큰 하늘이 덕택을 내리니
말라 거두어 쥔 것이 살 뜻이 있도다.
앞서 내린 비가 빨리 사납게 오는 것을 슬퍼하였는데
지금 내리는 비가 천천히 내림을 기뻐하노라.
우레가 치지 않는 것이 가하지 아니하므로
섞어 일으켜 고동하여 기운을 더하는구나.
좋은 소리 밤에 통하는데
바라는 바를 이때 한번 이루었구나.
맑은 서리의 구월 하늘에
아득히 버려져 있는 곡식 이삭을 보는 듯하구나.
들을 향한 사립문에 내가 소유한 밭이 미치니
내 채원이 나날 푸르게 되는구나.
독을 안을 힘이 없음을 슬퍼하였는데
강을 다다라서 노비함을 거의 덜리로다.

❀ 주석

- 녀ᄂᆞᆫ: 다니는. 흘러가는. 녀- + -ᄂᆞ- + -ㄴ.
  - ‘녀다’는 ‘가다’, ‘다니다’, ‘흘러가다’ 등을 뜻하는 동사이다.
- 구루미: 구름이. 구룸 + -이.
- 노ᄑᆞᆫ: 높은. 높- + -ᄋᆞᆫ.
- 뫼해: 산에. 뫼ㅎ + -애.
  - ‘뫼ㅎ’은 ‘ㅎ’ 종성 체언으로 ‘산’을 뜻하는 명사이다.
- 옮ᄂᆞ니: 옮아가는데. 움직여 가는데. 옮- + -ᄂᆞ- + -니.
  - ‘옮다’는 ‘어떤 곳에서 다른 곳으로 움직여 자리를 바꾸다.’를 뜻하는 동사이다.

• ᄂᆞᄂᆞᆫ: 나는. 날리는. ᄂᆞ- + -ᄂᆞ- + -ㄴ.

- 'ᄂᆞ-'는 'ᄂᆞᆯ-'의 'ㄹ'이 'ㄴ' 앞에서 탈락된 형태이다.

• 해: 많이.

- 구름이 모여 비가 많이 내리는 장면을 표현하였다.

• 오놋다: 오는구나. 오- + -ᄂᆞ- + -옷- + -다.

- '-놋-'은 현재 시제 선어말어미 '-ᄂᆞ-'와 감탄법 선어말어미 '-옷-'이 축약된 형태이다.

• 돐: 돌의. 돌 + -ㅅ.

• ᄉᆞᅀᅵ옛: 사이에서(의). ᄉᆞᅀᅵ + -예 + -ㅅ.

- 중간본에는 '-ㅅ'이 탈락된 'ᄉᆞ이예'로 표기되었다.

• 므른: 물은. 믈 + -은.

- '믈'은 '물'을 뜻하는 명사이다.

• 潺潺ᄒᆞ고: 잔잔하고. 潺潺ᄒᆞ- + -고.

• 소나못: 소나무의. 소나모 + -ㅅ.

- '-ㅅ'은 관형격 조사이다. 선행 체언이 무정 체언이거나 "世尊ㅅ 일"〈월석 1:1a〉처럼 존칭의 유정 체언일 때 통합되었다. 한편, 선행 체언이 평칭의 유정 체언일 때는 "아기아ᄃᆞᄅᆡ 각시"[아기아ᄃᆞᆯ + -ᄋᆡ]〈월인 148〉, "거부븨 터리"[거붑 + -의]〈능엄 1:74a〉처럼 '-ᄋᆡ'와 '-의'가 통합되었다.

- "소나못 우흿 ᄲᆞ른 비"는 소나무 위에 쏟아지는 비를 묘사한 것인데 그 표현이 흥미롭다.

• 우흿: 위에서의. 우ㅎ + -의 + -ㅅ.

- '우ㅎ'은 'ㅎ' 종성 체언으로 '위'를 뜻하는 명사이고 여기에서 '-의'는 처소격으로 쓰였다.

• ᄲᆞ른: 빠른. ᄲᆞᄅᆞ- + -ㄴ.

- 'ᄲᆞᄅᆞ다'는 '빠르다'를 뜻하는 형용사이다.

- 汨汨ᄒᆞ놋다: 율율하다. 콸콸하다. 汨汨ᄒᆞ- + -ᄂᆞ- + -옷- + -다.
  - '汨汨'은 '콸콸'의 의성어로 물이 세차게 흐르는 소리를 흉내 낸 말이다.
- 노ᄑᆞᆫ 陽氣ㅣ: 높은 양기가. 가뭄이. 높- + -ᄋᆞᆫ # 陽氣 + -ㅣ.
  - "노ᄑᆞᆫ 陽氣"는 '亢陽'을 언해한 것인데 '亢陽'은 양기가 왕성하다는 말로 매우 심한 가뭄을 뜻하기도 한다. 여기에서는 가뭄을 뜻하는 것으로 해석된다.
- ᄀᆞᅀᆞᆳ: 가을의. ᄀᆞᅀᆞᆯ + -ㅅ.
  - 'ᄀᆞᅀᆞᆯ'은 '가을'을 뜻하는 명사이다.
- 더위ᄅᆞᆯ: 더위를. 더위 + -ᄅᆞᆯ.
- ᄐᆞ니: 타니. ᄐᆞ- + -니.
- 나ᄃᆞᆯ: 낟알을. 곡식을. 낟 + -ᄋᆞᆯ.
- ᄯᅩ: 또.
- ᄒᆞ마: 이미. 벌써.
- ᄇᆞ리리러니: 버렸을 텐데. ᄇᆞ리- + -리러- + -니.
  - '-리러-'는 과거 사건을 추정적으로 표현할 때 주로 쓰였다. 여기에서는 '-했었을 텐데' 정도로 해석하는 것이 자연스럽다.
- 하ᄂᆞᆯ히: 하늘이. 하ᄂᆞᆯㅎ + -이.
- ᄂᆞ리오니: 내리게 하니. ᄂᆞ리오- + -니.
  - 'ᄂᆞ리오다'는 '내리게 하다'를 뜻하는 파생 동사로 'ᄂᆞ리-'에 사동 접미사 '-오-'가 결합된 파생어이다.
- ᄆᆞᆯ라: 말라. ᄆᆞᆯㄹ- + -아.
  - 'ᄆᆞᆯㄹ-'은 'ᄆᆞᄅᆞ-'의 교체형으로 모음으로 시작하는 어미 앞에서 나타났다. 'ᄆᆞᆯㄹ-', 'ᄆᆞᄅᆞ-'는 '마르다'를 뜻하는 어간 형태이다.
- 거두쥔: 거두어쥔. 거두쥐- + -ㄴ.

– 어간 '거두쥐다'는 '거두어 쥐다' 정도를 뜻하는 동사이고 원문의 "몰라 거두쥔"은 원문의 '燋卷'을 언해한 것인데 의미 맥락을 고려하면 '(곡식이) 말라비틀어진' 정도로 해석하는 것이 자연스럽다.

• 거시: 것이. 것 + –이.

• 사롤: 살. 살– + –오– + –ㄹ.

– '살다'는 '살다'[生]을 뜻하는 동사이고, '–오–'는 관형사절의 피수식어가 관형사절 서술어의 대상으로 해석될 때 통합되는 대상활용 선어말어미이다.

– "몰라 거두쥔 거시 사롤 ᄣᅳ디 잇도다"는 오랜 가뭄으로 말라비틀어진 곡식에 비가 내려 생기가 도는 장면을 묘사한 것으로 해석된다.

• 아랫 비: 앞서 내린 비. 아래 + –ㅅ # 비.

• ᄲᅡᆯ리: 빨리.

• 몯가이: 사납게. [暴].

• 오몰: 옴을. 오는 것을. 오– + –옴 + –ᄋᆞᆯ.

• 슬타니: 슬퍼하였는데. 슳– + –더– + –오– + –니.

– '슬타니'의 '타'는 선어말어미 '–더–'와 '–오–'가 축약된 '–다–'가 '슳–'의 'ㅎ'과 축약되면서 거센소리화가 일어난 것이다. 이때 '–오–'는 슬퍼하는 주체가 화자 자신임을 표현한 1인칭 활용 선어말어미이다.

• 이젯 비를: 지금 내리는 비를. 이제 + –ㅅ # 비 + –를.

– 중간본에는 '–ㅅ'이 탈락된 '이제 비를'로 표기되었다.

• 날호야: 천천히. '날호– + –야'.

– '날호다'는 '천천하다', '더디다'를 뜻하는 형용사인데 '날호야'가 어휘화되어 '천천히' 정도의 부사로 사용되었다.

• 깃노라: 기뻐하노라. 깃– + –ᄂᆞ– + –오– + –라.

– '깃다'는 '기뻐하다'를 뜻하는 동사이다. '깃–'과 '긼–'이 후행하는 음에

따라 교체하였는데 후행하는 음이 자음일 때는 '깃-'이, 후행하는 음이 모음일 때는 '기ᇧ-'이 나타났다. 이때 '깃-'은 '기ᇧ-'의 받침이 8종성법(음절말끝소리현상)에 따라 나타난 자동적 교체 어간이다.

- 울에: 우레.
- 업수미: 없음이 없- + -움 + -이.
- 可티: 가하지. 可ᄒᆞ- + -디.
- 아니ᄒᆞᆯᄉᆡ: 아니하므로. 아니ᄒᆞ- + -ㄹᄉᆡ.
  - '-ㄹᄉᆡ'는 원인의 의미를 지닌 연결어미이다.
- 섯거: 섞어. 서ᇧ- + -어.
  - '서ᇧ다'는 '섞다'를 뜻하는 동사이다.
- 니르와다: 일으키어. 니르왇- + -아.
  - '니르왇다'는 '일으키다'를 뜻하는 동사이다.
- 鼓動ᄒᆞ야: 고동하여. 鼓動ᄒᆞ- + -야.
  - '鼓動ᄒᆞ다'는 '북을 치다' 정도로 해석된다.
- 더으놋다: 더하는구나. 더으- + -ᄂᆞ- + -옷- + -다.
  - '더으다'는 '더하다'를 뜻하는 동사이다.
- 됴ᄒᆞᆫ: 좋은. 둏- + -ᄋᆞᆫ.
  - '둏다'는 '좋다'를 뜻하는 형용사이다. 언해문의 "됴ᄒᆞᆫ 소리"는 협주문의 "謂望雨而得雨也ㅣ라"를 고려할 때 '빗소리'를 가리키는 것으로 해석된다.
- 바ᄆᆡ: 밤에. 밤 + -ᄋᆡ.
  - 이때 '-ᄋᆡ'는 처소격 조사로 쓰였다.
- ᄉᆞᄆᆞᆺᄂᆞ니: 통하는데. 사ᄆᆞᆺ- + -ᄂᆞ- + -니.
  - "바ᄆᆡ ᄉᆞᄆᆞᆺᄂᆞ니"는 한밤중에도 우레가 치며 비가 내리는 것을 표현한 것으로 비가 한밤중까지 풍족하게 내린 것을 뜻하는 것으로 해석된다.

• ᄇᆞ라논: 바라는. ᄇᆞ라- + -ᄂᆞ- + -오- + -ㄴ.

– 'ᄇᆞ라다'는 '바라다'를 뜻하는 동사이고 이때 '-오-'는 관형사절에 쓰인 대상 활용 선어말어미이다.

• 이ᄣᅴ: 이때. 이 # ᄣᅴ.

– 'ᄣᅴ'는 '때'를 뜻하는 명사이다.

• 닐위와라: 이루었구나. 닐위- + -와라.

– '닐위다'는 '이루다'를 뜻하는 동사이고, '-와라'는 감탄의 종결어미이다. '-와라'의 '와'를 '-어-'와 '-오-'가 축약된 형태로 분석하기도 하는데 '-과라', '-와라'는 화자의 감정이 두드러진, 혹은 새롭게 알게 된 사실을 주목하는 장면에 주로 쓰여서 감탄법 종결어미로 해석할 수도 있다. 본서에서는 '-과라', '-와라'를 감탄법 종결어미로 처리하였다.

• ᄆᆞᆯᄀᆞᆫ: 맑은. ᄆᆞᆰ- + -ᄋᆞᆫ.

• 서릿: 서리의. 서리 + -ㅅ.

• 하ᄂᆞᆯ해: 하늘에. 하ᄂᆞᆯㅎ + -애.

• ᄉᆞᄆᆞ시: 아득하게.

• ᄇᆞ렛ᄂᆞᆫ: 버려 있는. ᄇᆞ리- + -어 # 잇- + -ᄂᆞ- + ㄴ.

– "ᄇᆞ렛ᄂᆞᆫ 낟 이사ᄀᆞᆯ"은 원문의 '滯穗'를 언해한 것인데 풍년이 들어 이곳저곳에 벼 이삭이 흩어져 있는 모습을 표현한 것으로 보인다. 가뭄 끝에 내린 단비로 9월 가을에 풍년이 들 것을 바라며 쓴 것으로 해석된다.

• 낟 이사ᄀᆞᆯ: 낟알 이삭을. 낟 # 이삭 + -ᄋᆞᆯ.

• 보논: 보는. 보- + -오- + -ㄴ.

• ᄃᆞᆺᄒᆞ애라: 듯하도다. ᄃᆞᆺᄒᆞ- + -애라.

– 'ᄃᆞᆺᄒᆞ다'는 '듯하다'를 뜻하는 보조 형용사이고, '-애라'는 감탄의 종결어미이다. 이 '-애라'가 중간본에는 'ᄃᆞᆺᄒᆞ야라'로 표기되었다.

• ᄆᆡᇂ앳: 들에. ᄆᆡᇂ + -애 + -ㅅ.

- ‘ᄆᆡㅎ’은 ‘들’을 뜻하는 명사이다.

• 부체예: 문짝에. 사립문에. 부체 + -예.

- ‘부체’는 ‘문짝’, ‘사립문’을 뜻하는 명사이다.
- “ᄆᆡᇹ 門ㅅ 부체예”는 원문의 ‘郊扉’를 언해한 것인데 ‘들에 있는 사립문’, 혹은 ‘들을 향한 사립문’에 정도로 해석된다.

• 아ᄅᆞᇝ: 개인의. [私]. 아ᄅᆞᆷ + -ㅅ.

- ‘아ᄅᆞᆷ’은 ‘개인적인’, ‘사적인’ 정도로 해석된다. 중간본에는 ‘-ㅅ’이 탈락된 ‘아ᄅᆞᆷ’으로 표기되었다.

• 바티: 밭에. 밭 + -ᄋᆡ.

- 이때 ‘-ᄋᆡ’는 처소격 조사로 쓰였다.

• 미츠니: 미치니. 및- + 으니.

- ‘및다’는 ‘미치다’를 뜻하는 동사이다.

• 菜圃ㅣ: 채포가. 채원이. 菜圃 + -ㅣ.

• 나날: 나날. 나날이.

• 프르ᄂᆞᆺ다: 푸르게 되도다. 프르- + -ᄂᆞ- + -옷- + -다.

- 여기에서 ‘프르다’는 ‘프르게 되다’ 정도로 해석되어 동사로 분석된다. 현재 시제 선어말어미 ‘-ᄂᆞ-’가 통합된 이유도 여기에서 찾을 수 있다.

• 독: 독. 항아리. [甕].

• 아노ᄅᆞᆯ: 안을. 안- + -오- + -ㄹ.

• 업수믈: 없음을. 없- + -움 + -을.

- ‘-움’ 명사형 어미가 중간본에는 ‘업스믈’로 표기되었다. 이는 근대 국어에 들어서면서 ‘-움 > 음’으로의 변화를 보여주는 예로 해석된다.

• 슬타니: 슬퍼하였는데. 슳- + -더- + -오- + -니.

- ‘슬타니’의 ‘타’는 선어말어미 ‘-더-’와 ‘-오-’가 축약된 ‘-다-’가 ‘슳-’의 ‘ㅎ’과 축약되면서 거센소리화가 일어난 것이다. 이때 ‘-오-’는 슬퍼

하는 주체가 화자 자신임을 표현한 1인칭 활용 선어말어미이다.

• ᄀᆞᄅᆞᄆᆞᆯ: 강을. ᄀᆞᄅᆞᆷ + -ᄋᆞᆯ.

• 디러셔: 다다라서. 딜- + -어셔.

- '딜다'는 '다다르다', '임하다' 정도로 해석되는 동사이다.

• 勞費호ᄆᆞᆯ: 노비함을. 勞費ᄒᆞ- + -옴 + -ᄋᆞᆯ.

- '勞費ᄒᆞ다'는 '힘과 비용을 들다' 정도로 해석된다. 협주문의 "言當旱而汲江灌圃ㅣ러니 今則庶省其費力也ㅣ라"(가뭄에 강에서 물을 길어 밭에 대었는데 지금은 그 비용과 힘을 덜게 될 것이다.)에서 그 뜻을 참고할 수 있다.

• 거싀: 거의.

• 덜리로다: 덜 것이다. 덜- + -리- + -로- + -다.

《두시언해 권 12, 19b-21a》

❀ 원문 텍스트

雨

山雨不作泥 江雲薄爲霧
晴飛半嶺鶴 風亂平沙樹
明滅洲景微 隱見巖姿露
拘悶出門遊 曠絶經目趣

消中日伏枕 臥久塵及屨
豈無平肩輿 莫辨望鄉路
兵戈浩未息 蛇虺反相顧
悠悠邊月破 鬱鬱流年度

針灸阻朋曹 糠粃對童孺
一命須屈色 新知漸成故
窮荒益自卑 飄泊欲誰訴
尫羸愁應接 俄頃恐違迕

浮俗何萬端 幽人有高步
龐公竟獨往 尙子終罕遇
宿留洞庭秋 天寒瀟湘素
杖策可入舟 送此齒髮暮

❀ 언해문 텍스트

뫼햇 비 즌홀골 밍ᄀᆞ디 아니ᄒᆞ니
ᄀᆞᄅᆞᇝ 구루믄 열워 안개 ᄃᆞ외옛도다
비 갠 딘 半嶺엣 鶴이 놀오
ᄇᆞᄅᆞᆷ맨 平ᄒᆞᆫ 몰애옛 남기 어즈럽도다
【言雨與晴이 相半也ㅣ라】
볼ᄀᆞ락 업스락 ᄒᆞᄂᆞᆫ 믌ᄀᆞᇫ 힛비치 微微ᄒᆞ고
수므락 나락 ᄒᆞᄂᆞᆫ 바횟 양ᄌᆞᆯ 냇도다
【言雨ㅣ 拘礙而悶故出遊寫憂호니 然雨不得憑高故로 眺望興趣ㅣ 曠絶也ㅣ라】
얽미여 닶가와 門의 나 노로니
누네 디나ᄂᆞᆫ 景趣ㅣ 아ᅀᆞᄅᆞ히 긋도다

【消中은 渴病也ㅣ라】
消渴ᄒᆞ야 나날 벼개예 굿브렛노니
누워 슈미 오라니 드트리 시네 미쳇도다
【言雨ㅣ 昏暗也ㅣ라】
엇뎨 平ᄒᆞᆫ 메ᄂᆞᆫ 술위 업스리오마ᄅᆞᆫ
本鄕 ᄇᆞ라ᄂᆞᆫ 길흘 골히디 몯ᄒᆞ얘라
【蛇虺ᄂᆞᆫ 喻盜賊也ㅣ라】
兵戈ㅣ 해 긋디 몯ᄒᆞ야시니
蛇虺ㅣ 도ᄅᆞ혀 서르 도라보ᄂᆞᆺ다
【月破ᄂᆞᆫ 月將缺也ㅣ라】
悠悠히 ᄀᆞᇫ ᄃᆞ리 허ᄂᆞ니
답다비셔 흘러가ᄂᆞᆫ ᄒᆡ롤 디내노라
【粇音紇이니 麁米니 貪者所食也ㅣ라】

쁨 쎠 버듸 무를 阻隔ᄒᆞ고
ᄉᆞ라기 바ᄇᆞ로 아히롤 對ᄒᆞ얫노라
【一命ᄋᆞᆫ 卑官故로 屈己下人也ㅣ라】
一命이라 모로매 ᄂᆞᆺ비ᄎᆞᆯ 구플디니
새로 아ᄂᆞᆫ 사ᄅᆞ미 漸漸 녯 버디 ᄃᆞ외ᄂᆞᆺ다
窮荒ᄒᆞᆫ 싸해 와 더욱 내 ᄂᆞ즉ᄒᆞ노니
두루 브터 ᄃᆞᆫ뇨ᄆᆞᆯ 뉘게 告訴코져 ᄒᆞ리오

【尫은 脊病이라】
病ᄒᆞ야 시드러워 사ᄅᆞᆷ 應接호ᄆᆞᆯ 시름ᄒᆞ노니
아니 한 더데 어긔르쳐 거슬ᄠᅳᆯ가 전노라

ᄠᅳᆫ 風俗이 ᄌᆞ모 여러가짓 그티로소니
幽深ᄒᆞᆫ 사ᄅᆞᄆᆞᆫ 노피 거루미 잇ᄂᆞ니라
【龐德公과 尙長ᄋᆞᆫ 皆隱士ㅣ라】
龐公이 ᄆᆞᄎᆞ매 ᄒᆞ올로 가니
尙子ᄂᆞᆫ ᄆᆞᄎᆞ매 맛보미 드므도다
【宿ᄂᆞᆫ 音秀ㅣ오 留ᄂᆞᆫ 上聲이니 須待也ㅣ라 素ᄂᆞᆫ 水色이 白也ㅣ라】
洞庭ㅅ ᄀᆞᅀᆞᆯᄒᆡ 하ᄂᆞᆯ히 서ᄂᆞᆯ코 瀟湘이 헤여호ᄆᆞᆯ 기들워
막대 디퍼 어루 ᄇᆡ예 드러 이 齒髮의 ᄂᆞᆯ구믈 보내요리라

[해설] 비를 보면서 답답한 마음을 표현한 시다. 가늘게 내리는 비에 빛이 희미하여 보일 듯 말 듯한 바위의 모습과 답답한 마음에 문을 나서는 모습, 고향을 바라보려 하나 보이지 않고 전쟁으로 길이 막힌 상황이며 뱀과 살무사가 침범하는 모습을 묘사하면서 풍속이 부박한 현실을 답답해하는 시인의 마음을 드러내고 있다.

❀ 현대어역

우(비)

산의 비는 진흙을 만들지 아니하고
강의 구름은 엷어 안개가 되어 있도다.
비 개면 반령에 학이 날고 바람 불면
평한 모래사장에 나무가 어지럽도다.
밝을락 말락 하는 물가의 햇빛이 미미하고
보일락 말락 하는 바위 모양이 나타나 있도다.

얽매여 답답하여 문밖에 나가 노니
눈에 지나는 경치가 아득히 그치도다.

소갈하여 나날 베개에 엎드리어 있는데
누워 있음이 오래니 티끌이 신에 미쳐 있도다.
어찌 평범한 메는 수레가 없겠느냐마는
본향 바라는 길을 가리지 못할 것이다.
병과가 많이 그치지 못하니
사훼가 도리어 서로 돌아보는구나.
유유히 변방의 달이 깨지니
답답히 있어 흘러가는 해를 보내노라.

뜸을 떠서 벗의 무리를 조격하고
싸라기 밥으로 아이를 대하여 있노라.
일명이라(도) 모름지기 낯빛을 굽힐 것이니
새로 아는 사람이 점점 옛 벗이 되는구나.
궁황한 땅에 와 더욱 내가 나직하니
두루 다님을 누구에게 고소하고자 할 것인가.
병이 있어 고달파 사람을 응접하는 것을 걱정하는데
잠깐 사이에 어긋나 거스를까 두려워하노라.

뜬 풍속(천박한 풍속)이 자못 여러 가지 끝이니
유심한 사람은 높이 걷는 것이 있다.
방공이 마침내 홀로 가니
상자는 마침내 만나봄이 드물도다.
동정호의 가을 하늘이 서늘하고 소상이 허옇게 됨을 기다려서
막대 짚어 가히 배에 들어가 이 치발의 늙음을 보내리라.

❀ 주석

• 뫼햇 비: 산의 비. 산에 내리는 비. 뫼ㅎ + -ㅐ + -ㅅ # 비.

• 즌ᄒᆞᆯᄀᆞᆯ: 진흙을. 즌ᄒᆞᆰ + -ᄋᆞᆯ.

• ᄆᆡᆼᄀᆞ디: 만들지. ᄆᆡᆼᄀᆞ- + -디.

– 'ᄆᆡᆼᄀᆞ-'는 'ᄆᆡᆼᄀᆞᆯ-'의 'ㄹ'이 'ㄷ' 앞에서 탈락된 형태이다.

• ᄀᆞᄅᆞ맷 구루믄: 강의 구름은. 강에 떠 있는 구름은. ᄀᆞᄅᆞᆷ + -애 + -ㅅ # 구룸 + -은.

• 열워: 엷어. 열우- + -어.

– '열우-'는 '엷-'의 'ㅸ'이 반모음 'w'로 변화된 형태로 '열ᄫᅥ 〉 열워'의 변화를 겪었다.

• 안개: 안개.

• ᄃᆞ외옛도다: 되어 있도다. ᄃᆞ외- + -어 # 잇- + -도- + -다.

– 이 서술어의 '옛'은 '-어 # 잇-'이 축약된 형태인데 이때는 선행하는 이중모음의 영향을 받아 반모음 'j'가 삽입된 것으로 해석된다. 이 '-어 # 잇-'의 축약형이 중간본에는 'ᄃᆞ외엿도다'로 표기되어 차이를 보인다.

• 갠: 갠. 개- + -ㄴ.

• ᄃᆡᆫ: 곳에는. ᄃᆡ + -ㄴ.

• 半嶺엣: 반령에의. 半嶺 + -에 + -ㅅ.

– '半嶺'은 '중턱', '산꼭대기와 산기슭의 가운데쯤 되는 곳'을 가리킨다.

• 鶴이: 학이. 鶴 + -이.

• ᄂᆞᆯ오: 날고. ᄂᆞᆯ- + -오.

– 이 '-오'는 연결어미 '-고'의 'ㄱ'가 약화된 형태인데 선행하는 형태가 서술격 조사이거나 선행하는 음이 반모음 'j', 자음 'ㄹ'일 때 '-오'가 통합되었고 그 외의 환경에서는 '-고'가 통합되었다.

• ᄇᆞᄅᆞ맨: 바람엔. ᄇᆞᄅᆞᆷ + -애 + -ㄴ.

• 몰애옛: 모래에서의. 모래사장에. 몰애 + -옛 + -ㅅ.

- '몰애'는 '모래'를 뜻하는 명사이다. '몰애'의 'ㅇ'도 유성후두마찰음 [ɦ]으로 해석하여 그 선대형을 '*몰개'로 재구하기도 한다. 중간본에는 '몰앳'으로 표기되었다.

• 남기: 나무가. 남ㄱ + -이.

• 어즈럽도다: 어지럽도다. 어즈럽- + -도- + -다.

- '어즈럽다'는 '어지럽다'를 뜻하는 형용사이다.

• 볼ᄀᆞ락 업스락 ᄒᆞᄂᆞᆫ: 밝으락 없으락 하는. 밝을락 말락 하는. ᄇᆞᆰ- + ᄋᆞ락 # 없- + -으락 # ᄒᆞ- + -ᄂᆞ- + -ㄴ.

- "볼ᄀᆞ락 업스락 ᄒᆞᄂᆞᆫ"은 원문의 '明滅'은 언해한 것으로 빛이 나타났다 사라졌다 하는 장면을 표현한 것이다.

• 믌ᄀᆞᅀᅥᆺ: 물가에의. 믌ᄀᆞᇫ + -ᅌᅴ + -ㅅ.

- '믌ᄀᆞᇫ'은 '믈 + ㅅ # ᄀᆞᇫ'이 결합된 합성어이고 여기에 통합된 '-ᅌᅴ'는 처소격 조사로 쓰였다. 중간본에는 '-ㅅ'이 탈락된 '믈ᄀᆞᅌᅴ'로 표기되었다.

• ᄒᆡᆺ비치: 햇빛이. ᄒᆡᆺ빛 + -이.

• 微微ᄒᆞ고: 미미하고. 微微ᄒᆞ- + -고.

• 수므락 나락 ᄒᆞᄂᆞᆫ: 숨을 듯 나타날 듯하는. 숨을락 말락 하는. 보일락 말락 하는. 숨- + -으락 # 나- + 락 # ᄒᆞ- + -ᄂᆞ- + ㄴ.

• 바횟: 바위의. 바회 + -ㅅ.

- '바회'는 '바위'를 뜻하는 명사이다.

• 양ᄌᆡ: 모양이. 양ᄌᆞ + -ㅣ.

- 여기에서 '-ㅣ'는 주격 조사이다. 중세 국어에서 주격 조사는 '-이'와 '-ㅣ', '-∅'가 존재하였다. '-이'는 선행 체언이 자음일 때, '-ㅣ'는 모

음일 때 통합되었다. '-∅'는 'ㅣ' 모음이거나 반모음 'j'일 때 통합되었는데 '-∅'로 나타날 때는 성조가 변동하기도 하였다.

• 냇도다: 나타나 있도다. 나- + -아 # 잇- + -도- + -다.

– '나다'는 '나타나다'를 뜻하는 동사이다. 즉, 바위의 모습이 드러나 있음을 표현한 것이다.

• 얽믹여: 얽매여. 얽믹- + -여.

– '얽믹-'는 '얽-'와 '믹-'가 결합된 합성 동사이다. 중간본에는 '얼ᄆᆡ여'로 표기되어 있어 'ㄺ' 겹받침이 중세 국어와 달리 발음이 반영된 표기임을 알 수 있다. 한편, '믹'가 중간본에서 'ᄆᆡ'로 표기된 것도 특기할 만하다.

• 닶가와: 답답하여. 닶가오- + -아.

– '닶가오-'는 '닶갑-'의 'ㅸ'이 반모음 'w'로 변화된 형태로 '닶가바 〉 닶가와'의 변화를 겪었다. 이 '닶가와'도 중간본에서는 '답가와'로 표기되어 있어 겹받침의 표기 경향을 확인할 수 있다.

• 門의: 문에. 門 + -의.

– 여기에서 '-의'는 처소격 조사로 쓰였다.

• 노로니: 노니. 놀- + -오- + -니.

– '-오-'는 주어 1인칭을 표시하는 선어말어미이다. 여기에서는 시적 화자를 표시한 것이다.

• 누네: 눈에. 눈 + -에.

• 디나는: 지나는. 디나- + -ᄂᆞ- + -ㄴ.

– '디나다'는 '지나다'를 뜻하는 동사이다.

• 아ᄉᆞ라히: 아득히.

• 긋도다: 끊어지도다. 그치도다. 긋- + -도- + -다.

– '긋다'는 '끊다', '그치다' 정도를 뜻하는 동사이다. '긏-'의 'ㅊ'이 8종성

에 따라 '긋-'으로 나타난 것이다.

- 언해문 "아ᅀᆞᄅᆞ히 긋도다"는 원문의 '曠絕'을 언해한 것인데 경치가 아득히 멀게 느껴지는 것을 표현한 것이 아닌가 한다.

• 消渴ᄒᆞ야: 소갈하여. 消渴ᄒᆞ- + -야.

- '消渴'은 음식을 많이 먹으나 몸은 여위고 갈증으로 물을 많이 마시어 오줌의 양이 많아지는 병을 말한다.

• 나날: 나날. 날마다.

• 벼개예: 베개에. 벼개 + -예.

• 굿브렛노니: 엎드려 있으니. 굿블- + -어 # 잇- + -ᄂᆞ- + -오- + -니.

- '굿블다'는 '엎드리다'를 뜻하는 동사이고, '-오-'는 주어 1인칭 활용 선어말어미이다.

• 누워 슈미: 누워 있음이. 누우- + -어 # 시- + -움 + -이.

- '누우-'는 '눟-'의 'ㅸ'이 변화된 형태로 '누버 〉 누워'의 변화를 겪었다.

- '시-'는 '이시-'의 이형태로 '있다'를 뜻한다.

• 오라니: 오래니. 오라- + -니.

- '오라다'는 '오래다'를 뜻하는 형용사이다.

• 드트리: 티끌이. 드틀 + -이.

- '드틀'은 '티끌'을 뜻하는 명사이다.

• 시네: 신에. 신 + -에.

• 미쳿도다: 미쳐 있도다. 미치- + -어 # 잇- + -도- + -다.

• 엇뎨: 어찌.

• 메ᄂᆞᆫ: 메는. 메- + -ᄂᆞ- + -ㄴ.

• 술위: 수레.

- '술위'는 '수레'를 뜻하는 명사이고 원문의 '肩輿'는 어깨에 메는 수레를 말한다.

• 업스리오마ᄅᆞᆫ: 없겠느냐마는. 없- + -으리- + -오 + -마ᄅᆞᆫ.

- '-마ᄅᆞᆫ'은 앞의 사실을 인정하면서도 그에 대한 의문이나 그와 어긋나는 상황 따위를 나타내는 보조사로 중세 국어 시기에는 "恩惠ᅀᅡ 모ᄅᆞ리여마ᄅᆞᆫ"〈석상3:35a〉, "므슷 이ᄅᆞᆯ 몯 ᄒᆞ시료마ᄅᆞᆫ"〈월석4:25a〉처럼 의문어미 뒤에 통합되었다.

• ᄇᆞ라ᄂᆞᆫ: 바라는. ᄇᆞ라- + -ᄂᆞ- + -ㄴ.

• 길흘: 길을. 길ㅎ + -을.

- '길ㅎ'은 'ㅎ' 종성 체언으로 '길'을 뜻하는 명사이다.

• ᄀᆞᆯᄒᆡ디: 가리지. 구분하지. ᄀᆞᆯᄒᆡ- + -디.

- 'ᄀᆞᆯᄒᆡ다'는 '가리다', '구분하다' 등을 뜻하는 동사이다.

• 몯ᄒᆞ애라: 못하도다. 몯ᄒᆞ- + -애라.

- '-애라'는 감탄법 종결어미로 '몯ᄒᆞ-' 뒤에 통합되었고, 이와 교체되는 '-에라', '-게라'도 존재하였다. '-에라'와 '-게라'는 각각 "심히 健壯호미 업세라"〈두초3:50a〉, "듣노니 아디 몯게라"〈육조下:7a〉에서 확인된다.

- 언해문의 "ᄀᆞᆯᄒᆡ디 몯ᄒᆞ애라"는 화자가 본향을 바라는 길을 알지 못하는 상황을 표현한 것으로 이해된다.

• ᄒᆡ: 많이.

• 긋디: 그치지. 긋- + -디.

- '긋다'는 '그치다'를 뜻하는 동사이다.

• 蛇虺ㅣ: 세훼가. 蛇虺 + -ㅣ.

- '蛇虺'는 뱀과 살무사를 뜻하는데 뱀과 살무사로 해석할 수도 있고 남을 해롭게 하는 자를 비유하는 의미로 해석할 수도 있다.

• 도ᄅᆞ혀: 도리어.

• 서르: 서로.

- 도라보놋다: 돌아보는구나. 도라보- + -ᄂᆞ- + -옷- + -다.
- 悠悠히: 유유히.
- ᄀᆞᅀᆡᆺ ᄃᆞ리: 가의 달이. 변방의 달이. ᄀᆞᇫ + -ᄋᆡ + -ㅅ # ᄃᆞᆯ + -이.
  - ‘ᄀᆞᇫ’은 ‘가장자리’, ‘가’, ‘변방’ 등을 뜻하는 명사이다.
- 허ᄂᆞ니: 허물어졌는데. 깨졌는데. 허- + -ᄂᆞ- + -니.
  - ‘허-’는 ‘헐-’의 ‘ㄹ’이 ‘ㄴ’ 앞에서 탈락된 형태이다. 여기에서 ‘허ᄂᆞ니’는 달이 이지러지는 모양을 가리킨다.
- 답다비셔: 답답하게 있어서. 답다비 # 이시- + -어.
  - 시적 화자는 고향을 바라보아도 볼 수 없고, 전쟁으로 길이 막혀 있으며 뱀과 살무사가 위협하는 상황을 매우 답답하게 느끼는 상황을 표현한 것이다.
- ᄒᆡᄅᆞᆯ: 해를. ᄒᆡ + -ᄅᆞᆯ.
- 디내노라: 지내노라. 디내- + -ᄂᆞ- + -오- + -라.
- ᄯᅳᆷ: 뜸.
- 버듸: 벗의. 벋 + -의.
  - ‘벋’은 ‘벗’을 뜻하는 명사이다.
- 무를: 무리를. 물 + -을.
  - ‘물’은 ‘무리’를 뜻하는 명사이다.
- 阻隔ᄒᆞ고: 조격하고. 阻隔ᄒᆞ- + -고.
  - ‘阻隔’은 막혀서 서로 통하지 못함을 뜻한다.
- ᄉᆞ라기: 싸라기.
- 바ᄇᆞ로: 밥으로. 밥 + -ᄋᆞ로.
- 아ᄒᆡᄅᆞᆯ: 아이를. 아ᄒᆡ + -ᄅᆞᆯ.
  - ‘아ᄒᆡ’는 ‘아이’를 뜻하는 명사이다.
- 對ᄒᆞ얫노라: 대하고 있노라. 對ᄒᆞ- + -야 # 잇- + -ᄂᆞ- + -오- + -라.

• 一命: 일명. 지위가 낮은 벼슬.

• 모로매: 모름지기.

• 낫비츨: 낯빛을. 낫빛 + -을.

• 구퓨디니: 굽힐 것이니. 구피- + -우- + -ㄹ # ᄃᆞ + -이- + -니.

 - 이때 '-우-'는 관형사절의 피수식어가 목적어(대상역) 성분임을 표시하는 대상 활용의 선어말어미이다.

• 새로: 새로. 새롭게.

• 녯: 옛.

• 버디: 벗이. 벋 + -이.

 - '벋'은 '벗'을 뜻하는 명사이다.

• ᄃᆞ외놋다: 되는구나. ᄃᆞ외- + -ᄂᆞ- + -옷- + -다.

 - 'ᄃᆞ외다'는 '되다'를 뜻하는 동사이다.

• 窮荒ᄒᆞᆫ: 궁황한. 불모지. 窮荒ᄒᆞ- + -ㄴ.

 - 여기서 궁황한 곳은 기주를 가리킨다.

• 싸해: 땅에. 싸ㅎ + -애.

 - '싸ㅎ'은 '땅'을 뜻하는 명사이다.

• 내: 내가. 나 + -이.

• ᄂᆞ족ᄒᆞ노니: 나직한데. ᄂᆞ족ᄒᆞ- + -ᄂᆞ- + -오- + -니.

 - 'ᄂᆞ족ᄒᆞ다'는 '나직하다'를 뜻하는 형용사이다.

 - 1인칭 활용 선어말어미 '-오-'는 주어 '내'와 호응한다.

• 두루: 두루.

• 브터: 의지하여. 기대어. 븥- + -어.

 - '븥다'는 '붙다', '의지하다', '기대다'를 뜻하는 동사이다.

• ᄃᆞᆫ뇨ᄆᆞᆯ: 다니는 것을 ᄃᆞᆫ니- + -옴 + -ᄋᆞᆯ.

 - 'ᄃᆞᆫ니다'는 '다니다'를 뜻하는 합성 동사이며 'ᄃᆞᆮ'의 'ㄷ'이 'ㄴ' 앞에서

동화되어 'ᄃᆞ니다'로 실현되었다.

• 뉘게: 누구에게. 뉘 + -의게.

• 病ᄒᆞ야: 병들어. 병이 있어. 病ᄒᆞ- + -야.

 - '病ᄒᆞ다'는 '병들다'를 뜻하는 동사이다.

• 시드러워: 고달파. 시드러우- + -어.

 - '시드러우-'는 '시드러ᇦ-'의 'ㅸ'이 변화된 형태로 '스드러ᄫᅥ 〉 시드러워'의 변화를 겪었다.

• 사ᄅᆞᆷ: 사람.

• 應接호ᄆᆞᆯ: 응접함을. 應接ᄒᆞ- + -옴 + -ᄋᆞᆯ.

• 시름ᄒᆞ노니: 시름하는데. 시름ᄒᆞ- + -ᄂᆞ- + -오- + -니.

• 아니: 아니.

• 한: 많은. 하- + -ㄴ.

 - '하다'는 '많다', '크다'를 뜻하는 동사이다.

• 더데: 사이에. 덛 + -에.

 - '덛'은 '사이'를 뜻하는 명사이다. 언해문의 "아니 한 더데"는 '많지 않은 사이에' '잠깐 사이에'로 해석된다.

• 어긔르처: 어긋나게. 어긔릋- + -어.

 - '어긔릋다'는 '어긋나다', '틀리다'를 뜻하는 동사이다.

• 거슬ᄧᅳᆯ가: 거스를까. 거슬ᄧᅳ- + -ㄹ가.

 - '거슬ᄧᅳ다'는 '거스르다'를 뜻하는 동사이다.

• 전노라: 두려워하노라. 전- + -ᄂᆞ- + -오- + -라.

 - '전-'은 '젛-'의 'ㅎ'이 'ㄴ' 앞에서 동화된 형태이다.

 - '-라'는 평서법 종결어미인데 '-다'와 교체되었다. 선어말어미 '-니-', '-리-', '-더-', '-오-', 서술격 조사 '-이-' 뒤에서는 '-라'가 나타나고 그 외의 자리에서는 '-다'가 나타났다.

• ᄠᅳᆫ 風俗이: 뜬 풍속이. 부속이. ᄠᅳ- + -ㄴ # 風俗 + -이.

- "ᄠᅳᆫ 風俗이"는 '浮俗'을 언해한 것인데 '浮俗'은 실속이 없이 겉치레만 치중하는 습속, 즉 천박하고 경솔한 풍속을 말한다.

• ᄌᆞ모: 자못.

• ᄀᆞ티로소니: 끝이니. ᄀᆞᇀ + -이- + -로소- + -니.

- '-로소-'는 감탄의 의미를 나타내는 선어말어미로 서술격 조사 '-이-', 선어말어미 '-리-' 뒤와, '-(으)니', '-(으)이-', '-(으)녀' 등 매개 모음이 있는 어미 앞에서 나타나기 때문에 별도로 감탄의 선어말어미 '-로소-'로 분석하지 않고 '-롯-'이 연철과 음운 동화('ᄉᆞ'의 'ㆍ'가 '로'의 모음에 이끌려 동화됨)를 겪어 나타난 형식으로 해석하기도 한다.

• 幽深ᄒᆞᆫ: 유심한. 幽深ᄒᆞ- + -ㄴ.

- "幽深ᄒᆞᆫ 사ᄅᆞ문"은 '幽人'을 언해한 것인데 '幽人'은 속세를 피해 조용히 사는 사람, 즉 은사(隱士)를 말한다. 협주문의 "龐德公과 尙長ᄋᆞᆫ 皆 隱士ㅣ라"(방덕공과 상장은 모두 은사이다.)의 설명을 참고할 수 있다.

• 노피: 높이.

• 거루미: 걷는 것이. 걸- + -움 + -이.

- '걸-'은 '걷-'의 변칙 활용 형태이고, '-움'은 동명사형어미이다.

• 잇ᄂᆞ니라: 있다. 잇- + -ᄂᆞ- + -니- + -라.

- 중간본에는 '잇노라'로 표기되어 초간본과 차이를 보인다.

• 龐公이: 방공이. 龐公 + -이.

- '龐公'은 후한 사람 방덕공(龐德公)으로 처자식을 데리고 녹문산에 들어가 약초를 캐며 사람을 가리킨다.

• ᄆᆞᄎᆞ매: 마침내.

• ᄒᆞ올로: 홀로.

• 尙子ᄂᆞᆫ: 상자는. 尙子 + -ᄂᆞᆫ.

- ‘尙子’는 후한 사람 상자평(向子平)으로 벼슬을 하지 않고 은둔하며 산 사람을 가리킨다.

• 맛보미: 만나보는 것이. 맛보- + -옴 + -이.

- ‘맛보다’는 ‘만나보다’를 뜻하는 동사이다. 이 ‘맛보미’는 중간본의 ‘맛나보미’와는 차이를 보인다. 중간본의 ‘맛나보미’는 초간본 ‘맛보미’의 의미를 분명하게 드러내기 위한 형태로 보인다.

• 드므도다: 드물도다. 드므- + -도- + -다.

- ‘드므-’는 ‘드물-’의 ‘ㄹ’이 ‘ㄷ’ 앞에서 탈락된 형태이다. 중세 국어 시기에 어간의 종성 ‘ㄹ’이 “그 理롤 더욱 아ᄂᆞ니”〈선종 하:34a〉처럼 치음 계열 앞에서 탈락되었는데 이 ‘드므도다’도 치음의 ‘ㄷ’ 앞에서 ‘ㄹ’이 탈락된 것으로 설명된다.

• 洞庭: 동정. 동정호. 중국 호남성에 있는 제1의 호수.

• ᄀᆞ솛히: 가을에. ᄀᆞ솛ㅎ + -이.

- ‘ᄀᆞ솛ㅎ’은 ‘ㅎ’ 종성 체언으로 ‘가을’을 뜻하고, ‘-이’는 처소격 조사로 쓰였다.

• 서놀코: 서늘하고. 서놀ᄒᆞ- + -고.

• 瀟湘: 소상. 중국 호남성 동정호의 남쪽에 있는 소수와 상강을 아울러 이르는 말.

• 헤여호몰: 허옇게 됨을. 헤여ᄒᆞ- + -옴 + -올.

- ‘헤여ᄒᆞ다’는 ‘허옇다’를 뜻하는 형용사이다.

• 기들워: 기다려. 기들우- + -어.

- ‘기들우다’는 ‘기다리다’를 뜻하는 동사이다.

• 막대: 막대. 지팡이.

• 디퍼: 짚어. 딮- + -어.

- ‘딮다’는 ‘짚다’를 뜻하는 동사이다.

• 어루: 어루. 가히.

• 빈예 드러: 배에 들어. 배에 타고. 빈 + -예 # 들- + -어.

• 齒髮의: 치발의. 치아와 머리털의. 齒髮 + -의.

• 늘구믈: 늙음을. 늙- + -움 + -을.

• 보내요리라: 보내리라. 보내- + -요- + -리- + -라.

  – '-요-'는 주어 1인칭을 표시하는 선어말어미인데 선행하는 반모음에 이끌려 '-오-'에 반모음이 삽입된 형태이다.

《두시언해 권 12, 21a-22b》

❀ 원문 텍스트

喜晴

皇天久不雨 旣雨晴亦佳
出郭眺西郊 蕭蕭春增華
靑熒陵陂麥 窈窕桃李花
春夏各有實 我飢豈無涯

干戈雖橫放 慘澹鬪龍蛇
甘澤不猶愈 且耕今未賖
丈夫則帶甲 婦女終在家
力難及黍稷 得種菜與麻

千載商山芝 往者東門瓜
其人骨已朽 此道誰疵瑕
英賢遇轗軻 遠引蟠泥沙
顧慙昧所適 回首白日斜
漢陰有鹿門 滄海有靈查
焉能學衆口 咄咄空咨嗟

❀ 언해문 텍스트

큰 하ᄂᆞᆯ히 오래 비 오디 아니ᄒᆞ더니
ᄒᆞ마 비 오고 개니 ᄯᅩ 됴토다
城郭애 나 西ㅅ녁 ᄆᆡ홀 보니
蕭蕭히 봆비치 더으도다

【窈窕ᄂᆞᆫ 美貌ㅣ라】
두들겟 보리ᄂᆞᆫ 프르러 빗나고
桃李ㅅ 고ᄌᆞᆫ 窈窕ᄒᆞ도다
봄과 녀르메 제여곰 여르미 잇ᄂᆞ니
내 주류믄 엇뎨 ᄀᆞᅀᅵ 업스리오

【甘澤은 謂雨ㅣ라】
干戈ㅣ 비록 어즈러이 펴셔
슬피 龍蛇ㅣ 사호나
甘澤은 오히려 됴티 아니토소녀
받 가로미 이제 머디 아니ᄒᆞ도다
남지니 甲을 니버 가시나
겨지븐 ᄆᆞᄎᆞ매 지븨 잇도다
히미 기장 피 심구메 밋디 몯ᄒᆞ나
菜蔬와 다ᄆᆞᆺ 사ᄆᆞᆫ 시러곰 시므리라

【言四皓ㅣ 採商山ᄒᆞ며 邵平이 種瓜長安東門ᄒᆞ야 皆避亂而隱ᄒᆞ니 其人이 已亡而其道ㅣ 可尙也ㅣ라】
千載옛 商山앳 芝草와
디나간 東門엣 외ᄂᆞᆫ
그 사ᄅᆞ미 ᄢᅦ ᄒᆞ마 서그나
이 道ᄅᆞᆯ 뉘 허믈ᄒᆞ리오
【輱軻ᄂᆞᆫ 不遇也ㅣ라】
어딘 사ᄅᆞ미 輱軻ᄅᆞᆯ 맛니러ᄂᆞᆫ
머리 혀 가 泥沙애 서렛ᄂᆞ니라
【白日斜ᄂᆞᆫ 言年老也ㅣ라】
갈 바ᄅᆞᆯ 아ᄃᆞᆨᄒᆞ야
머리ᄅᆞᆯ 돌아보니 ᄇᆞᆯᄀᆞᆫ ᄒᆡ 기우루믈 도로 붓그리노라
【龐公이 隱鹿門山ᄒᆞ다 天河ㅣ 與海通ᄒᆞ니 有人이 每年八月에 浮槎去來ᄒᆞ더니라 殷浩ㅣ 見廢ᄒᆞ야 書空作咄咄怪事四字ᄒᆞ니라】
漢陰엔 鹿門山이 잇고
滄海옌 靈ᄒᆞᆫ 들구리 잇ᄂᆞ니
엇뎨 能히 뭀 사ᄅᆞᄆᆡ 이블 ᄇᆡ화
咄咄ᄒᆞ야 ᄒᆞᆫ갓 咨嗟ᄒᆞ리오

[해설] 이 시는 오랜 가뭄 끝에 비가 오고 그 비가 다시 갠 것을 기뻐하면서, 전쟁에 대한 원망과 세상을 벗어나려는 화자의 심정이 담겨 있다.

❀ 현대어역

희청(날이 갠 것을 기뻐하다.)

큰 하늘이 오래 비가 오지 아니하였는데
이미 비 오고 개니 또 좋도다.
성곽에 나가 서녘 산을 보니
소소히 봄빛이 더하도다.
둔덕에 있는 보리는 푸르러 빛나고
복숭아꽃과 자두꽃은 요조하도다.
봄과 여름에 제각각 열매가 있는데
내 주림은 어찌 끝이 없으리오.

간과가 비록 어지럽게 펼쳐져
슬프게 용사가 싸우나
비는 오히려 좋지 아니하냐.
밭 가는 것이 이제 멀지 아니하도다.
힘이 기장과 피 심음에 미치지 못하나
채소와 함께 삼은 능히 심으리라.

천재에 상산의 지초와
지나간 동문의 오이를 키웠던
그 사람이 뼈가 이미 썩으나
이 도를 누가 허물리오.
어진 사람이 감가를 만나거든
멀리 데려가 진흙과 모래에 서려 있다.
갈 바가 아득하여
머리를 돌려보니 붉은 해 기우는 것을 도로 부끄러워하노라.
한음에는 녹문산이 있고

> 창해에는 영한 뗏목이 있는데
> 어찌 능히 사람들의 입을 배워
> 놀라워하여 한갓 한탄하리오.

❀ 주석

- 하ᄂᆞᆯ히: 하늘이. 하늘에서. 하ᄂᆞᆯㅎ + -이.
  - 여기에서 '하ᄂᆞᆯ히'는 서술어의 주어로 보기 어렵고 '하늘에서' 정도로 해석하는 것이 자연스럽다. 그러므로 '하ᄂᆞᆯ히'의 조사 '-이'를 단순히 주격 조사로 분석하기 어려운 상황이다. 국어에서 강조 보조사 '-이'의 논의를 받아들여 '하ᄂᆞᆯ히'의 '-이'를 그리 처리할 수 있을 듯도 하고, 비는 하늘이 내려준다는 화자의 의식이 작용하여 글쓰기의 오류 정도로도 볼 수 있을 듯하다.
- 오래: 오래.
- 오디: 오지. 오- + -디.
- 아니ᄒᆞ더니: 아니하였는데. 아니ᄒᆞ- + -더- + -니.
- ᄒᆞ마: 이미. 벌써.
- 개니: 개니. 개- + -니.
- ᄯᅩ: 또.
- 됴토다: 좋도다. 둏- + -도- + -다.
  - '둏다'는 '좋다'를 뜻하는 형용사이다.
- 城郭애: 성곽에. 城郭 + -애.
- 나: 나와서. 나서서. 나- + -아.
- 西ㅅ녁: 서녘. 서쪽. 西 + -ㅅ # 녁.

• ᄆᆡᄒᆞᆯ: 들을. ᄆᆡㅎ + -ᄋᆞᆯ.

- ‘ᄆᆡㅎ’은 ‘들’을 뜻하는 명사이다.

• 蕭蕭히: 소소히. 바람이나 빗소리가 쓸쓸하게.

• 봆비치: 봄빛. 봄 + -ㅅ # 빛 + -이.

- ‘봆빛’은 ‘봄+ -ㅅ # 빛’으로 구성된 합성어인데 중간본에서는 ‘-ㅅ’이 탈락된 ‘봄빛’으로 나타났다. 이처럼 초간본에 합성어 사이에 삽입된 ‘-ㅅ’의 경우 중간본에서는 생략된 형태가 나타나는 일이 많다. 관형격 조사 ‘-ㅅ’이 지위가 약화되면서(혹은 관형격 조사 ‘-ㅅ’이 소실되면서) 일어난 현상으로 해석된다.

• 더으도다: 더하도다. 더으- + -도- + -다.

- ‘더으다’는 ‘더하다’를 뜻하는 동사이다.

• 두들겟: 둔덕에서의. 둔덕에 있는. 두듥 + -에 + -ㅅ.

- ‘두듥’은 ‘둔덕’을 뜻하는 명사이다. 이때의 관형격 조사 ‘-ㅅ’은 중간본에는 나타나지 않았다. “두들게 보리ᄂᆞᆫ”으로 나타났다. 관형격 조사 ‘-ㅅ’의 쓰임이 약화된 것으로 보인다.

• 보리ᄂᆞᆫ: 보리는. 보리 + -ᄂᆞᆫ.

• 프르러: 푸르러. 프르- + -러.

- 연결어미 ‘-러’는 ‘르’로 끝나는 일부 어간 뒤에 나타났다.

• 빗나고: 빛나고. 빗나- + -고.

- ‘빗나다’는 ‘빛나다’를 뜻하는 동사이다. ‘빗나-’의 종성 ‘ㅅ’은 ‘빛’의 ‘ㅊ’이 8종성 표기법에 따라 표기된 형태이다.

• 桃李: 도이. 복숭아와 자두(오얏).

• 고ᄌᆞᆫ: 꽃은. 곶 + -ᄋᆞᆫ.

- ‘곶’은 ‘꽃’을 뜻하는 명사이다.

• 窈窕ᄒᆞ도다: 요조하도다. 얌전하고 정숙하도다. 窈窕ᄒᆞ- + -도- + -다.

- 본문의 '窈窕'는 아름다운 모양을 표현한 것인데 이는 협주문의 "窈窕ᄂᆞᆫ 美貌ㅣ라"(요조는 아름다운 모양이다.)를 통해 알 수 있다.

• 녀르메: 여름에. 녀름 + -에.
  - '녀름'은 '여름'을 뜻하는 명사이다.
• 제여곰: 제각각.
• 여르미: 열매가. 여름 + -이.
  - '여름'은 '열매'를 뜻하는 명사인데 '열-'에 명사 파생 접미사 '-음'이 결합하여 파생된 단어이다.
• 잇ᄂᆞ니: 있는데. 잇- + -ᄂᆞ- + -니.
• 주류믄: 주림은. 주리- + -움 + -은.
  - '-움'은 명사형어미이다. 중세 국어에서 명사형어미 '-옴'과 '-움'은 선행하는 음절 모음에 따라 교체되었다. '-옴'은 양성 모음이 선행할 때, '-움'은 음성 모음이 선행할 때 통합되었다. 한편, 중세 국어에서 명사 파생 접사 '-(으)ㅁ'은 명사형어미 '-옴/움'과 구별되어 사용되었다. "됴ᄒᆞᆫ 씨 심거든 됴ᄒᆞᆫ 여름 여루미"〈월석1:12〉에서 '여름'은 동사 '열-'에 명사 파생 접사 '-음'이 결합된 형태이고 '여루미'는 동사 '열-'에 명사형어미 '-움'이 결합된 형태이다.
• 엇뎨: 어찌.
• ᄀᆞᅀᅵ: 끝이. ᄀᆞᇫ + -이.
  - 'ᄀᆞᇫ'은 '가장자리', '끝'을 뜻하는 명사이다.
• 업스리오: 없겠는가. 없- + -으리- + -오.
• 干戈ㅣ: 간과이. 창과 방패가. 전쟁이. 干戈 + -ㅣ.
  - '干戈'는 창과 방패를 의미하지만 여기에서는 전쟁을 가리킨다.
• 어즈러이: 어지럽게.
• 펴셔: 펴서. 펼쳐져서. 일어나서. 펴- + -어셔.

• 龍蛇ㅣ: 용사가. 龍蛇 + -ㅣ.

- '龍蛇'는 용과 뱀을 의미한다.

• 사호나: 싸우나. 사호- + -나.

- '사호다'는 '싸우다'를 뜻하는 동사이다.

• 甘澤: 감택. 비.

- 여기에서 '甘澤'은 비를 가리키는데 협주문의 "甘澤은 謂雨ㅣ라"(감택은 비를 이른다.)를 통해 알 수 있다.

• 됴티: 좋지. 둏- + -디.

- '둏다'는 '좋다'를 뜻하는 형용사이다.

• 아니토소녀: 아니하냐. 아니ᄒᆞ- + -도소- + -녀.

- '-녀'는 중세 국어의 'ᄒᆞ라체' 판정 의문 종결어미이다. 이 '-녀'를 선어말어미 '-니-'와 어말어미 '-어'로 분석하여 설명하기도 하는데 어말어미 '-어'가 어간에 직접 결합된 예가 확인되지 않고 항상 '-니-'나 '-리-'를 수반하기 때문에 '-니어', '-녀'를 분석하지 않기도 한다. 여기에서는 '-녀'를 '-니어'와 달리 융합형 어미로 다루고자 한다.

- "甘澤은 오히려 됴티 아니토소녀"는 전쟁으로 슬픈 현실이지만 그래도 때맞춰 내린 비는 좋은 일이라는 의미를 담고 있는 것으로 해석된다.

- 중간본에서는 '아니토소리'로 표기되었다. 이때는 '아니ᄒᆞ- + -도소- + -리'로 분석되고 '-리'는 의문 종결어미로 해석된다.

• 받: 밭.

• 가로미: 가는 것이. 갈- + -옴 + -이.

• 머디: 멀지. 머- + -디.

- '머-'는 '멀-'의 'ㄹ'이 'ㄷ' 앞에서 탈락된 형태이다.

- "받 가로미 이제 머디 아니ᄒᆞ도다"는 원문의 "且耕今未賒"을 언해한 것으로 '밭 가는 것(밭 가는 시기가)이 이제 멀지 않았다.' 정도로 해석

되기도 하고, '밭을 갈 시기가 이제 얼마 남지 않았다.' 정도로 해석되기도 한다.

• 남지니: 남자가. 남진 + -이.

- '남진'은 '남자', '남편'을 뜻하는 명사이다.

• 니버: 입어. 닙- + -어.

- '닙다'는 '입다'를 뜻하는 동사이다.

• 가시나: 가 있으나. 가- + -아 # 시- + -나.

- '-아 # 시-'에서 '시-'를 '이시-'의 이형태로 분석하였다. 그런데 이 '시-'를 분석하지 않고 '-아시-'처럼 융합형 어미로 처리하는 일도 있다. 즉, '-아 # 이시- 〉 - 아 시- 〉 -앗-'과 같은 문법화의 발달 과정으로 보는 견해가 있다.

• 겨지븐: 겨집은. 여자는. 겨집 + -은.

• ᄆᆞᄎᆞ매: 마침내.

• 지븨: 집에. 집 + -의.

- 여기에서 '-의'는 처소격 조사로 쓰였다.

• 잇도다: 있도다. 잇- + -도- + -다.

• 히미: 힘이. 힘 + -이.

• 기장: 기장. 볏과의 한해살이풀.

• 피: 피. 볏과의 한해살이풀.

• 심구메: 심음에. 심ㄱ- + -움 + -에.

- '심ㄱ다'는 '심다'를 뜻하는 동사인데 '시므다'와 교체되었다. 후행하는 음이 모음일 때는 '심ㄱ-'이 나타났고, 후행하는 음이 자음일 때는 '시므-'가 나타났다.

• 밋디: 미치지. 밋- + -디.

- '밋-'의 'ㅅ'은 '및-'의 'ㅊ'이 8종성 표기법에 따라 'ㅅ'으로 표기된 형

태로 '미치다'를 뜻하는 동사다.

• 菜蔬: 채소.

• 다뭇: 더불어. 함께.

• 사문: 삼은. 삼 + -운.

• 시러곰: 능히.

• 시므리라: 심으리라. 심을 것이다. 시므- + -리- + -라.

- '시므다'는 '심다'를 뜻하는 동사이다.

• 千載옛: 천재에. 千載 + -예 + -ㅅ.

- '千載'는 '천 년이나 되는 세월', '오랜 세월'을 뜻한다.

• 芝草: 지초. 지칫과의 여러해살이풀.

- 商山芝草는 상산사호(商山四皓), 즉 동원공(東園公) 당병(唐秉), 녹리선생(甪里先生) 주술(周術), 기리계(綺里季) 오실(吳實), 하황공(夏黃公) 최광(崔廣) 등 네 사람이 진나라의 폭정을 피해 상산(商山)으로 들어가 살면서 지초를 캤던 것을 가리킨 것으로 보인다.

• 디나간: 지나간. 오래 전. 디나가- + -ㄴ.

- '디나간'은 원문의 '往者'를 언해한 것으로 과거의 어느 때, 지나간 어느 때, 혹은 오래 전 등을 뜻한 것으로 해석된다.

• 東門엣: 동문에의. 동문에 있는. 東門 + -에 + -ㅅ.

• 외는: 오이는. 외 + -는.

- 협주문의 "邵平이 種瓜長安東門ᄒᆞ야"를 고려할 때 소평이 장안성 동쪽에서 오이를 심었던 것을 가리킨 것으로 보인다.

• 그 사ᄅᆞ미: 그 사람이. 그 # 사ᄅᆞᆷ + -이.

- 여기에서 그 사람은 협주문의 "言四皓ㅣ 採商山ᄒᆞ며", "邵平이 種瓜長安東門ᄒᆞ야 皆避亂而隱ᄒᆞ니"를 볼 때 상산사호(商山四皓)를 가리키되 소평을 구체화한 것으로 보인다. 상산사호 이 네 사람은 진나라의 폭정

을 피해 상산(商山)으로 들어가 살면서 지초를 캐며 노래를 지었으며 소호는 진나라가 망한 뒤 베옷을 입고 가난하게 지내며 장안성 동쪽에 오이를 심으며 지낸 것으로 전해진다.

• 뼤: 뼈가. 뼈 + -ㅣ.

• ᄒᆞ마: 이미. 벌써.

• 서그나: 썩으나. 썩었으나. 석- + -으나.

  - '석다'는 '썩다'를 뜻하는 동사이다.

• 허믈ᄒᆞ리오: 허물하겠는가. 허믈ᄒᆞ- + -리- + -오.

  - '-오'는 의문 종결어미로 '-리-'와 '-니-' 뒤에 주로 나타났다.

• 어딘: 어진. 어디- + -ㄴ.

  - '어디-'는 '어딜-'의 'ㄹ'이 'ㄴ' 앞에서 탈락된 형태로 '어질다'를 뜻하는 형용사이다.

• 轗軻롤: 감가를. 불우한 때를. 轗軻 + -롤.

  - '轗軻'는 '길이 험하여 다니기 힘들다.', '일이 뜻대로 안 되어 마음이 답답하다.' 정도를 뜻한다. 협주문의 "轗軻ᄂᆞᆫ 不遇也ㅣ라"(감가는 불우한 것이다.)를 참고할 수 있다.

• 맛니러ᄂᆞᆫ: 만나서는. 만나거든. 맛닐- + -어 + -ᄂᆞᆫ.

  - '맛닐다'는 '만나다'를 뜻하는 동사이다. '-어ᄂᆞᆫ'은 연결어미 '-어'에 보조사 '-ᄂᆞᆫ'이 통합된 것으로 분석되고 '-어서는' 정도로 해석된다.

  - 중간본에서는 '맛나러ᄂᆞᆫ'으로 표기되어 있어 특기할 만하다. '맛닐-'의 사용 빈도가 낮고 그 의미가 분명하지 않아서 사용 빈도가 높은 '맛나-' 어간을 사용하되 '맛닐-'의 'ㄹ' 때문에 '맛나러ᄂᆞᆫ'으로 표기한 것이 아닌가 한다.

• 머리: 멀리.

• 혀: 데려. 물러나. 혀- + -어.

- ‘혀다’는 ‘끌다’, ‘데리다’ 등을 뜻하는 동사인데 언해문의 “머리 혀 가”는 ‘멀리 물러나’ 정도로 해석하는 것이 자연스럽다.

• 泥沙: 이사. 진흙과 모래.

• 서렛ᄂᆞ니라: 서려 있다. 서리- + -어 # 잇- + -ᄂᆞ- + -니- + -라.

- 이 장면에서 ‘서렛ᄂᆞ니라’는 몸을 움츠리고 숨어 있는 내용으로 해석된다.

• 갈 바ᄅᆞᆯ: 갈 바를. 갈 바가. 가- + -ㄹ # 바 + -ᄅᆞᆯ.

- 여기에서 ‘바ᄅᆞᆯ’은 ‘바를’보다는 ‘바가’로 해석하는 것이 자연스럽다.

• 아득ᄒᆞ야: 아득하여. 아득ᄒᆞ- + -야.

• 머리ᄅᆞᆯ: 머리를. 고개를. 머리 + -ᄅᆞᆯ.

• ᄇᆞᆯᄀᆞᆫ: 밝은. ᄇᆞᆰ- + -ᄋᆞᆫ.

• ᄒᆡ: 해.

• 기우루믈: 기우는 것을. 기울- + -움 + -을.

- “ᄇᆞᆯᄀᆞᆫ ᄒᆡ 기우루믈”은 원문의 ‘白日斜’를 언해한 것으로 두보 자신이 늙어감을 비유적으로 표현한 것이다. 협주문의 “白日斜ᄂᆞᆫ 言年老也ㅣ라”(백일사는 나이가 늙음을 말한다.)를 참고할 수 있다.

• 붓그리노라: 부끄러워하노라. 붓그리- + -ᄂᆞ- + -오- + -라.

- ‘붓그리다’는 ‘부끄러워하다’를 뜻하는 동사이다. ‘-노-’는 현재 시제 선어말어미 ‘-ᄂᆞ-’와 1인칭 선어말어미 ‘-오-’가 축약된 형태이다.

• 漢陰엔: 한음에는. 漢陰 + -에 + -ㄴ.

• 鹿門山: 녹문산.

- 후베이(湖北) 양양현(襄陽縣)에 있는 녹문산을 가리키는데 이곳은 방덕공이 은거하였던 곳이다. 협주문의 “龐公이 隱鹿門山ᄒᆞ다”(방공이 녹문산에 은거하였다.)에서 알 수 있다.

• 잇고: 있고. 잇- + -고.

• 滄海: 창해.

• 들구리: 뗏목. 들굴 + -이.

 - "靈ᄒᆞᆫ 들구리"는 '靈査'를 언해한 것인데 이때 '靈査'는 은하수를 오가는 뗏목을 가리킨다. 협주문의 "天河ㅣ 與海通ᄒᆞ니 有人이 每年八月에 浮槎去來ᄒᆞ더니라"(은하수가 바다와 통하니 어떤 사람이 매년 8월에 뗏목을 띄워 거래하였다.)를 통해 그 내용을 알 수 있다.

• 잇ᄂᆞ니: 있는데. 잇- + -ᄂᆞ- + -니.

• 엇뎨: 어찌.

• 뭀: 무리의. 뭇. 물 + -ㅅ.

 - '물'은 '무리'를 뜻하는 명사이다.

• 사ᄅᆞᄆᆡ: 사람의. 사ᄅᆞᆷ + -ᄋᆡ.

• 이블: 입을. 입 + -을.

• ᄇᆡ화: 배워. ᄇᆡ호- + -아.

 - 'ᄇᆡ호다'는 '배우다'를 뜻하는 동사이다.

• 咄咄ᄒᆞ야: 돌돌하여. 놀라워하여. 咄咄ᄒᆞ- + -야.

 - '咄咄'은 괴이하게 여겨서 놀라는 모양을 뜻하는데 협주문의 "咄咄怪事"(괴이한 일)에서 그 의미를 알 수 있다.

• ᄒᆞᆫ갓: 한갓.

• 咨嗟ᄒᆞ리오: 자차하리오. 한탄하리오. 咨嗟ᄒᆞ- + -리- + -오.

 - '咨嗟하다'는 '한숨을 쉬며 한탄하다.'를 뜻한다.

《두시언해 권 12, 22b-23b》

❀ 원문 텍스트

晩晴

高唐暮冬雪壯哉 舊瘴無複似塵埃
崖沈谷沒白皚皚 江石缺裂青楓摧
南天三旬苦霧開 赤日照耀從西來 六龍寒急光徘徊
照我衰顏忽落地 口雖吟咏心中哀
未恠及時少年子 揚眉結義黃金臺
汨乎吾生何飄零 支離委絶同死灰

❀ 원문 텍스트

【高唐觀이 在夔州ᄒᆞ다】
高唐ㅅ 暮冬애 누니 壯大ᄒᆞ니
녯 더위 또 드틀 ᄀᆞᆮ호미 업도다
【皚ᄂᆞᆫ 白貌ㅣ라】
비레 ᄃᆞᄆᆞ며 묏고리 빠뎌 헤여히 ᄒᆡ니
ᄀᆞᄅᆞ맷 돌히 뻐디고 프른 싄 남기 것듣ᄂᆞᆺ다
南녁 하ᄂᆞᆯ히 세 열흐를 심ᄒᆞᆫ 雲霧ㅣ 여니
블근 ᄒᆡᆺ비치 비취여 西ㅅ녀그로브터 오ᄂᆞ니
여ᅀᅳᆺ 龍이 치위 ᄲᆞᆯ라 비치 머므ᄂᆞᆺ다
내 늘근 ᄂᆞᄎᆞᆯ 비취오 忽然히 ᄡᅡ해 디ᄂᆞ니
이베 비록 입주리나 ᄆᆞᅀᆞ매 슬노라
【燕昭王이 築黃金臺ᄒᆞ야 以禮郭隗ᄒᆞ니 言年少人이 欲及時仕進也ㅣ라】
時節을 미츨 져믄 사ᄅᆞᄆᆡ 눈서블 펴고
黃金臺예 義氣ᄅᆞᆯ 相結호ᄆᆞᆯ 怪異히 너기디 몯ᄒᆞ리로다

【支離ᄂᆞᆫ 猶流離也ㅣ라】
믈 흐르ᄃᆞ시 내 ᄌᆞ모 불여 ᄃᆞᆫ니노니
헤여디며 ᄇᆞ리여 ᄆᆞᅀᆞ미 주근 ᄌᆡ와 ᄀᆞᆮ호라

[해설] 이 시는 13구로 이루어진 시로 한 달간 눈이 오다가 겨우 찾아든 붉은 태양으로 밝아진 경물을 담고 있으며 뜻을 한 번도 펴보지 못한 채 가족과 흩어져 있는 자신을 한탄하는 심정을 드러내고 있다.

❀ 현대어역

만청(해 저물 때 날이 개다.)

고당의 모종에 눈이 장대하니
옛 더위의 티끌 같은 것이 없도다.
벼랑에 잠기며 산골이 꺼져 허옇게 희니
강에 있는 돌이 떨어지고 푸른 신나무가 꺾여 떨어지는구나.
남녘 하늘이 세 열흘(30일)을 심한 운무가 피어오르니
붉은 햇빛이 비쳐 서녘으로부터 오는데
여섯 용이 추위가 빨라 빛이 머무는구나.
내 늙은 낯을 비추고 홀연히 지는데
입에 비록 읊조리나 마음에 슬퍼하노라.
시절이 미치어(때가 되어) 어린 사람의 눈썹을 펴고
황금대에 의기를 상결함을 괴이히 여기지 못하리로다.
물 흐르듯이 내 자못 불려 다니는데
헤어지며 버려져 마음이 죽은 재와 같다.

❀ 주석

- 高唐ㅅ: 고당의. 高唐 + -ㅅ.
  - '高唐'은 '高唐觀'을 말하는데 기주 무산에 있으며(협주문의 "高唐觀이 在夔州ᄒᆞ다"(고당관이 기주에 있다.)) 초나라 회왕(懷王)이 고당관에 잠시 머물다가 꿈속에서 무산의 신녀를 만난 이야기, 그리고 그 꿈속에서 신녀가 말한 대로 저녁이 되자 산기슭에 비가 내렸다는 이야기를 담고 있는 장소이다.
  - '-ㅅ'은 관형격 조사이다.
- 暮冬애: 모동에. 늦은 겨울에. 暮冬 + -애.
  - '暮冬'은 '늦은 겨울' 혹은 '섣달 겨울'을 뜻한다. '-애'는 처격 조사이다.
- 누니: 눈이. 눈 + -이.
- 壯大ᄒᆞ니: 장대하니. 壯大ᄒᆞ- + -니.
- 녯: 옛.
  - "녯 더위"는 '舊瘴'을 언해한 것으로 '예전의 더위' 내지 '겨울에도 남아 있는 안개처럼 음습한 기운'을 뜻하는 것으로 해석된다.
- 더위: 더위.
- ᄯᅩ: 또.
- 드틀: 티끌.
- ᄀᆞᆮᄒᆞ미: 같은 것이. ᄀᆞᆮᄒᆞ- + -옴 + -이.
  - 'ᄀᆞᆮᄒᆞ다'는 '같다'를 뜻하는 형용사이다.
- 업도다: 없도다. 업- + -도- + -다.
  - '업-'는 '없-'의 받침 'ㅄ'이 8종성 표기법에 따라 'ㅂ'만 표기된 형태이다.

• 비레: 벼랑

• ᄃᆞᄆᆞ며: 잠기며. ᄃᆞᆷ- + -ᄋᆞ며.

 - 'ᄃᆞᆷ다'는 '잠기다'를 뜻하는 동사이다.

• 묏고리: 산골이. 뫼 + -ㅅ # 골 + -이.

• ᄲᅢ뎌: 꺼져. ᄲᅢ디- + -어.

 - 'ᄲᅢ디다'는 '꺼지다'를 뜻하는 동사이다.

• 헤여히: 허옇게. 헤여ᄒᆞ- + -이.

 - '헤여ᄒᆞ다'는 '허옇다'를 뜻하는 형용사이고 '-이'는 부사 파생 접미사이다.

 - 중간본에는 '허여히'로 표기되었다.

• ᄒᆡ니: 희니. ᄒᆡ- + -니.

 - 'ᄒᆡ다'는 '희다'를 뜻하는 형용사이다.

• ᄀᆞᄅᆞᇝ맷: 강에의. 강에 있는. ᄀᆞᄅᆞᇝ + -애 + -ㅅ.

 - '-앳'은 처소격 조사 '-애'와 관형격 조사 '-ㅅ'이 통합된 형태이다.

• 돌히: 돌이. 돌ㅎ + -이.

 - '돌ㅎ'은 '돌'을 뜻하는 명사로 'ㅎ' 종성 체언이다.

• ᄠᅥ디고: 떨어지고. ᄠᅥ디- + -고.

 - 'ᄠᅥ디다'는 '떨어지다'를 뜻하는 형용사이다.

• ᄉᆡᆫ남기: 신나무.

• 것듣ᄂᆞᆺ다: 꺾여 떨어지다. 것듣- + -ᄂᆞ- + -옷- + -다.

 - '것듣다'는 '꺾여 떨어지다'를 뜻하는 동사로 '겄-'와 '듣-'가 결합된 합성어이다.

 - '-ᄂᆞᆺ-'은 현재 시제 선어말어미 '-ᄂᆞ-'와 감탄법 선어말어미 '-옷-'이 축약된 형태이다.

• 하ᄂᆞᆯ히: 하늘이. 하ᄂᆞᆯㅎ + -이.

- '하놀ㅎ'은 '하늘'을 뜻하는 명사로 'ㅎ' 종성 체언이다.

• 열흐를: 열흘을. 열흘 + -을.

- "세 열흘"은 원문의 '三旬'을 언해한 것으로 30일을 뜻한다.

• 심훈: 심한. 심ᄒᆞ- + -ㄴ.

• 雲霧ㅣ: 운무가. 雲霧 + -ㅣ.

- '-ㅣ'는 주격 조사이다. 중세 국어에서 주격 조사는 '-이'와 '-ㅣ', '-∅'가 존재하였다. '-이'는 선행 체언이 자음일 때, '-ㅣ'는 모음일 때 통합되었다. '-∅'는 'ㅣ' 모음이거나 반모음 'j'일 때 통합되었는데 '-∅'로 나타날 때는 성조가 변동하기도 하였다.

• 여니: 열리니. 피어오르니. 여- + -니.

- '여-'는 '열-'의 'ㄹ'이 'ㄴ' 앞에서 탈락된 형태이다.

• 블근: 붉은. 븕- + -은.

• 힛비치: 햇빛이. 히 + -ㅅ # 빛 + -이.

- '힛빛'의 'ㅅ'이 중간본에는 나타나지 않은 '히비치'로 실현되어 특기할 만하다. 'NP1 + -ㅅ # NP2'의 합성 구성이 중간본에서는 'ㅅ'이 탈락된 구성으로 실현되는 일이 많은데 중간본의 '히비치'로 그에 해당된다. 이는 관형격 조사 '-ㅅ'의 소실과 관련된 것으로 보인다.

• 비취여: 비치어. 비취- + -여.

- 여기에서 '비취다'는 '비치다'를 뜻하는 동사로 쓰였다.

• 西ㅅ녀그로브터: 서녘으로부터. 서녘에서. 西ㅅ녁 + -으로브터.

- '-으로브터'는 '-으로'와 '-브터'가 통합된 것으로 출발점이나 비롯되는 대상임을 나타내고 있다.

• 여슷: 여섯.

- "여슷 龍"은 '여섯 용'으로 해석되는데 여기에서는 '해'를 비유한 것으로 보인다.

• 치위: 추위.

• 쌜라: 빨라. 쌜ㄹ- + -아.

- "치위 쌜라"는 '추위가 빨라서', '급격히 추워져서' 정도로 해석된다.

• 비치: 빛이. 빛 + -이.

• 머므놋다: 머무는구나. 머므- + -ᄂᆞ- + -옷- + -다.

- '머므-'는 '머믈-'의 'ㄹ'이 'ㄴ' 앞에서 탈락된 형태이다.

• 늘근: 늙은. 늙- + -은.

• ᄂᆞᄎᆞᆯ: 낯을. ᄂᆞᆾ + -ᄋᆞᆯ.

- 'ᄂᆞᆾ'은 '낯'을 뜻하는 명사이다.

• 비취오: 비추고. 비취- + -오.

- 여기에서 '비취다'는 '비추다'를 뜻하는 동사로 쓰였다.

- 이 '-오'는 연결어미 '-고'의 'ㄱ'가 약화된 형태인데 선행하는 형태가 서술격 조사이거나 선행하는 음이 반모음 'j', 자음 'ㄹ'일 때 '-오'가 통합되었고 그 외의 환경에서는 '-고'가 통합되었다. 한편, 중세 국어에서 'ㄱ'가 약화된 형태는 '알어늘'(알-어늘/거늘), '알오'(알-오/고)에서도 확인된다. 'ㄱ'가 약화된 'ㅇ'은 유성후두마찰음 [ɦ]이므로 선행하는 어간의 말음이 후행하는 어미에 연철되지 않았다.

• 忽然히: 홀연히.

• 싸해: 땅에. 싸ㅎ + -애.

- '싸ㅎ'은 '땅'을 뜻하는 명사로 'ㅎ' 종성 체언이다.

• 디ᄂᆞ니: 지는데. 디- + -ᄂᆞ- + -니.

- '디다'는 '지다', '떨어지다'를 뜻하는 동사이다.

• 이베: 입에. 입 + -에.

• 입주리나: 읊조리나. 입주리- + -나.

- '입주리다'는 '읊조리다'를 뜻하는 동사이다.

• ᄆᆞᅀᆞ매: 마음에. ᄆᆞᅀᆞᆷ + -애.

- 'ᄆᆞᅀᆞᆷ'은 '마음'을 뜻하는 명사이다.

• 슬노라: 슬퍼하노라. 슬- + -ᄂᆞ- + -오- + -다.

- '슬-'은 '슳-'의 'ㅎ'이 8종성 표기법에 따라 탈락된 형태이다.

• 미츨: 미칠. 및- + -을.

- '및다'는 '미치다'를 뜻하는 동사이다.

- "時節을 미츨"은 '及時'를 언해한 것으로 '때마침', '때가 되어', '때에 이르러' 정도로 해석되는데 이는 세상의 벼슬길에 나아가는 때를 말한다.

• 져믄: 어린. 졈- + -은.

- '졈다'는 '어리다'를 뜻하는 형용사로 여기에서 "져믄 사ᄅᆞ믜"는 '少年子'를 언해한 것이다.

• 사ᄅᆞ믜: 사람의. 사ᄅᆞᆷ + -ᄋᆡ.

• 눈서블: 눈썹을. 눈섭 + -을.

• 黃金臺: 황금대. 연나라 소왕(昭王)이 구축한 높은 대(臺).

• 義氣: 의기. 정의감에서 우러나오는 기개.

• 相結호ᄆᆞᆯ: 상결함을. 서로 뭉침을. 相結ᄒᆞ- + -옴 + -ᄋᆞᆯ.

- "黃金臺예 義氣롤 相結호ᄆᆞᆯ"의 의미는 협주문의 "燕昭王이 築黃金臺ᄒᆞ야 以禮郭隗ᄒᆞ니 言年少人이 欲及時仕進也ㅣ라"(연나라 소왕이 황금대를 지어 곽외를 맞아들인 것이니 나이가 젊은 사람이 출세하여 벼슬길에 나아가려 하는 말한다.)를 참고할 수 있다.

• 너기디: 여기지. 너기- + -디.

• 몯ᄒᆞ리로다: 못하리로다. 몯ᄒᆞ- + -리- + -로- + -다.

• 믈: 물.

• 흐르ᄃᆞ시: 흐르듯이. 흐르- + -ᄃᆞ시.

- '-ᄃᆞ시'는 '-듯이'로 쓰인 연결어미이다.

• 내: 내가.

• ᄌᆞ모: 자못.

• 불여: 불려. 떠밀려. 불이- + -어.

– '불이다'는 '불리다'를 뜻하는 동사로 바람에 의해 어느 방향으로 움직여지는 것을 말한다. 원문의 '支離'를 언해한 것인데 이는 협주문의 "支離ᄂᆞᆫ 猶流離也ㅣ라"(지리는 마치 흘러 흩어지는 것과 같다.)를 통해서도 그 의미를 알 수 있다.

• ᄃᆞᆫ니노니: 다니는데. ᄃᆞᆫ니- + -ᄂᆞ- + -오- + -니.

– 'ᄃᆞᆫ니다'는 '다니다'를 뜻하는 합성어로 'ᄃᆞᆫ니-'는 'ᄃᆞᆮ- + 니-'로 분석된다. 'ᄃᆞᆮ-'의 'ㄷ'이 후행하는 'ㄴ'에 동화되어 'ᄃᆞᆫ'으로 실현되었다.

• 헤여디며: 헤어지며. 헤여디- + -며.

– '헤여디다'는 '헤어지다'를 뜻하는 동사이다.

• ᄇᆞ리여: 버리어. 버려지어. ᄇᆞ리- + -여.

– 'ᄇᆞ리다'는 '버리다', '버려지다' 정도를 뜻하는 동사이다.

• ᄆᆞᅀᆞ미: 마음이. ᄆᆞᅀᆞᆷ + -이.

– 'ᄆᆞᅀᆞᆷ'은 '마음'을 뜻하는 명사이다.

• 주근: 죽은. 죽- + -은.

• ᄌᆡ와: 재와. ᄌᆡ + -와.

• ᄀᆞᆮ호라: 같다. ᄀᆞᆮᄒᆞ- + -오- + -라.

– 1인칭 활용 선어말어미 '-오-'는 화자가 자신의 마음을 죽은 재와 비교하고 있어서 사용된 것이다.

《두시언해 권 12, 23b-24a》

❀ 원문 텍스트

復陰

方冬合遝玄陰塞 昨日晩晴今日黑
萬里飛蓬映天過 孤城樹羽揚風直
江濤簸岸黃沙走 雲雪埋山蒼兕吼
君不見夔子之國 杜陵翁牙齒半落左耳聾

❀ 언해문 텍스트

【合沓은 相繼皃ㅣ라】
뵈야ᄒᆞ로 겨스레 니ᅀᅥ 거믄 陰氣ㅣ 마켜시니
어제ᄂᆞᆫ 나조히 개더니 오ᄂᆞᄅᆞᆫ 어듭도다
【樹羽ᄂᆞᆫ 屯兵羽旗也ㅣ라】
萬里예 ᄂᆞᄂᆞᆫ 다보지 하ᄂᆞᆯᄒᆞᆯ 비취여 디나고
외로왼 城에 셰엿ᄂᆞᆫ 羽旗ᄂᆞᆫ ᄇᆞᄅᆞ매 펴 고댓도다
믌겨리 두들게 부치고 누른 몰애 ᄃᆞᆫᄂᆞ니
구룸과 눈괘 뫼ᄒᆞᆯ 무뎃고 프른 兕ㅣ 우르ᄂᆞᆺ다
【夔子國은 即夔州ㅣ라】
그듸ᄂᆞᆫ 보디 아니ᄒᆞᄂᆞᆫ다 夔子ㅅ 나라해 왯ᄂᆞᆫ
杜陵엣 한아비 니 半만 ᄥᅡ디고 왼 귀머구라

[해설] 겨울 내내 내리던 눈이 그치고 저녁에 잠깐 하늘이 개어서 햇빛을 보는 잠깐의 기쁨과 다시 눈구름으로 묻힌 산을 묘사하면서 처량한 자

신의 모습을 이가 반은 빠지고 왼쪽 귀가 먹은 기자국의 늙은이로 형상화한 시이다.

❀ 현대어역

> 부음(다시 흐리다.)
>
> 바야흐로 겨울에 이어 검은 음기가 막혀 있으니
> 어제는 저녁이 개더니 오늘은 어둡도다.
> 만 리에 날아다니는 다복쑥이 하늘을 비추며 지나고
> 외로운 성에 세워 있는 우기는 바람에 펼쳐져 곧아 있도다.
> 물결이 둔덕에서 일렁이고 누런 모래를 다니니
> 구름과 눈이 산을 묻었고 푸른 무소가 부르짖는구나.
> 그대는 보지 아니하는가? 기자의 나라에 와 있는
> 두릉에 있는 노인 치아 반이 빠지고 왼쪽 귀먹었다.

❀ 주석

- 뵈야ᄒᆞ로: 바야흐로
- 겨ᅀᅳ레: 겨울에. 겨ᅀᅳᆯ + -에.
  - "뵈야ᄒᆞ로 겨ᅀᅳ레"는 '方冬'을 언해한 것으로 음력 10월을 달리 이르는 말이다.
- 니ᅀᅥ: 이어. 니ᇫ- + -어.
  - '니ᇫ다'는 '잇다'를 뜻하는 동사이다.
- 거믄: 검은. 검- + -은.
- 陰氣ㅣ: 음기가. 陰氣 + -ㅣ.

- '-ㅣ'는 주격 조사이다.

• 마켜시니: 막혀 있으니. 막히- + -어 # 이시- + -니.

• 나조히: 저녁이. 나조ㅎ + -이.

- '나조ㅎ'은 'ㅎ' 종성 체언으로 '저녁'을 뜻하는 명사이다.

• 개더니: 개더니. 개- + -더- + -니.

- '개다'는 '(날씨가) 개다'를 뜻하는 동사이다.

• 오ᄂᆞᄅᆞᆫ: 오늘은. 오ᄂᆞᆯ + -ᄋᆞᆫ.

• 어듭도다: 어둡도다. 어듭- + -도- + -다.

- '어듭다'는 '어둡다'를 뜻하는 형용사로 여기에서는 날씨가 흐려진 상황을 표현한 것으로 해석된다.

• ᄂᆞᄂᆞᆫ: 나는. ᄂᆞ- + -ᄂᆞ- + -ㄴ.

- 'ᄂᆞ-'는 'ᄂᆞᆯ-'의 'ㄹ'이 'ㄴ' 앞에서 탈락된 형태도 '날다'를 뜻하는 동사인데 여기에서는 '날아다니는' 정도로 해석된다.

• 다보지: 다북쑥이. 다봊 + -이.

- "ᄂᆞᄂᆞᆫ 다보지"는 '飛蓬'을 언해한 것으로 '흐트러져 있는 모양'을 비유한 것이다.

• 하ᄂᆞᆯᄒᆞᆯ: 하늘을. 하ᄂᆞᆯㅎ + -ᄋᆞᆯ.

- '하ᄂᆞᆯㅎ'은 'ㅎ' 종성 체언으로 '하늘'을 뜻하는 명사이다.

• 비취여: 비추어. 비추며. 비취- + -여.

- 여기에서 '비취다'는 '비추다'를 뜻하는 동사로 쓰였는데 "비취여 디나고"의 의미 맥락을 고려할 때 이는 '비추며 지나고' 정도로 해석된다.

• 디나고: 지나고. 디나- + -고.

- '디나다'는 '지나다'를 뜻하는 동사이다.

• 외로왼: 외로운. 외로외- + -ㄴ.

- '외로외다'. '외롭다'를 뜻하고 '외로ᄫᅵ-'의 'ᄫ'이 변화된 형태이다. 즉,

'외로뷔- 〉 외로외-'의 변화를 겪었다.

• 셰엿ᄂᆞᆫ: 세워 있는. 셰- + -어 # 잇- + -ᄂᆞ- + -ㄴ.

 - '셰다'는 '세우다'를 뜻하는 동사로 '셔-'에 접미사 '-이'가 결합된 파생어이다.

• 羽旗ᄂᆞᆫ: 우기는. 羽旗 + -ᄂᆞᆫ.

 - '羽旗'는 깃으로 만든 깃발을 가리킨다.

• ᄇᆞᄅᆞ매: 바람에. ᄇᆞᄅᆞᆷ + -애.

• 펴: 펼쳐져. 펴- + -어.

 - 여기에서 '펴다'는 '펴다', '펼쳐지다' 정도로 해석된다.

• 고댓도다: 곧아 있도다. 곧- + -아 # 잇- + -도- + -다.

• 믌겨리: 물결이. 믈 + -ㅅ # 결 + -이.

 - '믌결'이 중간본에는 '-ㅅ'이 탈락된 '믈결'로 표기되었다.

• 두들게: 두둑에. 둔덕에. 두듥 + -에.

 - '두듥'은 '두둑', '둔덕'을 뜻하는 명사이다.

• 부치고: 일렁이고. 부치- + -고.

 - '부치다'는 그 뜻이 분명하지 않으나 여기에서는 '簸'를 언해한 것으로 물결이 일렁이는 모양을 표현하는 것으로 해석된다.

• 누른: 누런. 누르- + -ㄴ.

 - '누르다'는 '누르다'를 뜻하는 형용사로 황금이나 놋쇠의 빛깔과 같이 다소 밝고 탁한 빛을 가리킨다.

• 몰애: 모래.

• ᄃᆞᆫᄂᆞ니: 다니니. 달리니. ᄃᆞᆫ- + -ᄂᆞ- + -니.

 - 'ᄃᆞᆫ-'은 'ᄃᆞᆮ-'의 'ㄷ'이 후행하는 'ㄴ'에 동화되어 표기된 형태이고 '다니다', '달리다'를 뜻한다.

• 구룸과: 구름과. 구룸 + -과.

- '구룸'은 '구름'을 뜻하는 명사이다.

• 눈괘: 눈이. 눈 + -과 + -이.

- 이 시기에 공동격 조사는 [NP1와 NP2와]처럼 후행하는 명사 NP2에도 통합되었는데 이 공동격 조사 뒤에 '괘', '과롤', '괏'처럼 주격 조사 '-이', 목적격 조사 '-롤, 관형격 조사 '-ㅅ' 등이 중첩되기도 하였다.

• 뫼홀: 산을. 뫼ㅎ + -올.

- '뫼ㅎ'은 'ㅎ' 종성 체언으로 '산'을 뜻하는 명사이다.

• 무뎃고: 묻었고. 묻- + -어 # 잇- + -고.

• 프른: 푸른. 프르- + -ㄴ.

• 뭀ㅣ: 시가. 무소가. 뭀 + -ㅣ.

- '-ㅣ'는 주격 조사이다. 중세 국어에서 주격 조사는 '-이'와 '-ㅣ', '-∅'가 존재하였다. '-이'는 선행 체언이 자음일 때, '-ㅣ'는 모음일 때 통합되었다. '-∅'는 'ㅣ' 모음이거나 반모음 'j'일 때 통합되었는데 '-∅'로 나타날 때는 성조가 변동하기도 하였다.

• 우르놋다: 부르짖는구나. 우르- + -ᄂᆞ- + -옷- + -다.

- '우르다'는 '부르짖다'를 뜻하는 동사이다.

• 그듸ᄂᆞᆫ: 그대는. 그듸 + -ᄂᆞᆫ.

- '그듸'는 '그대'를 뜻하는 명사이다.

• 아니ᄒᆞᄂᆞ다: 아니하느냐. 아니ᄒᆞ- + -ᄂᆞ- + -ㄴ다.

- 의문의 종결어미 '-ㄴ다'는 주어가 2인칭일 때 통합되는 어미인데 여기에서는 주어 '그듸ᄂᆞᆫ'과 호응 관계를 이루고 있다.

• 夔子ㅅ: 기자의. 夔子 + -ㅅ.

- 협주문의 "夔子國은 卽夔州ㅣ라"(기자국은 곧 기주다.)를 통해 '夔子'가 '夔州'임을 알 수 있다.

• 왯ᄂᆞᆫ: 와 있는. 오- + -아 # 잇- + -ᄂᆞ- + -ㄴ.

• 杜陵엣: 두릉에의. 두릉에 있는. 杜陵 + -에 + -ㅅ.

- '杜陵'은 한나라 선재(宣宰)의 무덤을 말한다.

• 한아비: 노인. 할아버지.

- '한아비'는 '노인', '할아버지'를 뜻하는 명사이다.

• 니: 치아. 이.

• 半만: 반이. 半 + -만.

- 여기에서는 조사 '-만'을 한정의 의미보다는 강조의 의미로 해석하는 것이 자연스럽다.

• 싸디고: 빠지고. 싸디- + -고.

- '싸디다'는 '빠지다'를 뜻하는 동사이다.

• 왼: 왼쪽.

• 귀머구라: 귀먹었다. 귀먹- + -우- + -라.

- 이 '-우-'는 주어 1인칭 선어말어미로 귀먹은 사람이 시적 화자임을 표현한 것이다.

《두시언해 권 12, 24a-24b》

❀ 원문 텍스트

雨

冥冥甲子雨 已度立春時
輕箑煩相向 纖絺恐自疑
煙添纔有色 風引更如絲
直覺巫山暮 兼催宋玉悲

❀ 언해문 텍스트

【諺云春雨甲子ㅣ면 赤地千里라ᄒᆞ니 此ᄂᆞᆫ 憂之之言이라】
아ᄃᆞᆨ아ᄃᆞᆨᄒᆞᆫ 甲子ㅅ 낤 비
ᄒᆞ마 立春ㅅ 時節을 디나놋다
【箑ᄋᆞᆫ 所甲反ᄒᆞ니 扇也ㅣ라 此言氣候ㅣ 非時而溫也ㅣ라】
가ᄇᆡ야온 부체ᄅᆞᆯ 어즈러이 서르 向ᄒᆞ노니
ᄀᆞᄂᆞᆫ 츩 오ᄉᆞᆯ 저혀 내 疑心ᄒᆞ노라
ᄂᆡ 더으니 ᄋᆡ야라 비치 잇고
ᄇᆞᄅᆞ미 혀니 ᄯᅩ 실 ᄀᆞᆮ도다
【巫山애 有神女ㅣ 朝爲行雲ᄒᆞ고 暮爲行雨ᄒᆞ니라 宋玉이 悲秋ᄒᆞ니 此雨ㅣ 亦可悲也ㅣ라】
巫山ㅅ 나조ᄒᆡ 宋玉ᄋᆡ 슬후믈
조쳐 뵈아ᄆᆞᆯ 곧 아노라

[해설] 이 시는 갑자 일부터 비가 내려 입춘을 지나 계속 내리는 장면과 부채와 칡베 옷을 꺼내면서 송옥의 고사를 떠올리는 내용을 담고 있다.

❀ 현대어역

우(비)

아득아득한 갑자 날 비.
이미 입춘의 시절을 지나는구나.
가벼운 부채를 어지러이 서로 향하니
가는 칡 옷을 두려워하여 내 의심하노라.
연기가 더하니 겨우 빛이 있고
바람이 부니 (비가) 또 실 같도다.
무산의 저녁에 송옥의 슬픔을
좇아 재촉함을 곧 아노라.

❀ 주석

- 아ᄃᆞᆨ아ᄃᆞᆨᄒᆞᆫ: 아득아득한. 아ᄃᆞᆨ아ᄃᆞᆨᄒᆞ- + -ㄴ.
  - ‘아ᄃᆞᆨ아ᄃᆞᆨᄒᆞ다’는 ‘아득아득하다’를 뜻하는 형용사이다.
- 甲子ㅅ 낤: 갑자 날의. 甲子 + -ㅅ # 날 + -ㅅ.
  - “甲子ㅅ 낤 비”는 협주문의 “諺云春雨甲子ㅣ면 赤地千里라ᄒᆞ니 此ᄂᆞᆫ 憂之之言이라”(속담에서 이르기를, 봄비가 갑자 날(초파일)에 오면 붉은 땅이 천리라 하니 이는 그것을 염려한다는 말이다.)에서 알 수 있듯이 갑자 날에 비가 오면 천리에 가뭄이 든다는 속담을 인용하기 위해 표현한 것으로 해석된다.
- ᄒᆞ마: 이미. 벌써.
- 디나놋다: 지나는구나. 디나- + -ᄂᆞ- + -옷- + -다.
  - ‘-놋-’은 현재 시제 선어말어미 ‘-ᄂᆞ-’와 감탄법 선어말어미 ‘-옷-’이

축약된 형태이다.

• 가ᄫᅵ야ᄋᆞᆫ: 가벼운. 가ᄫᅵ야오- + -ㄴ.

- 'ᄀᆞᄫᅵ야오-'는 '가볍다'를 뜻하는 형용사로 '가ᄫᅵ야ᇦ-'의 'ᄫ'이 변화된 형태이며 '가ᄫᅵ야ᄫᆞᆫ 〉 가ᄫᅵ야ᄋᆞᆫ'의 변화를 겪었다.

• 부체ᄅᆞᆯ: 부채를. 부체 + -ᄅᆞᆯ.

- '부체'는 '부채'를 뜻하는 명사이다.

• 어즈러이: 어지러이. 어지럽게.

- '어즈러이'는 '어즈러ᇦ-'에 접미사 '-이'가 결합된 단어로 '어즈러ᄫᅵ 〉 어즈러이' 변화를 겪었다.

• 서르: 서로.

• 向ᄒᆞ노니: 향하노니. 向ᄒᆞ- + -ᄂᆞ- + -오- + -니.

• ᄀᆞᄂᆞᆫ: 가는. ᄀᆞᄂᆞ- + -ㄴ.

- 'ᄀᆞᄂᆞ-'는 'ᄀᆞᄂᆞᆯ-'의 'ㄹ'이 탈락된 형태로 '가늘다'를 뜻하는 형용사이다.

• 츩 오ᄉᆞᆯ: 칡베 옷을. 츩 # 옷 + -ᄋᆞᆯ.

- '츩'은 '칡'을 뜻하는 명사로 '츩 옷'은 칡베(칡 섬유로 짠 베)로 만든 옷을 가리킨다.

• 저혀: 두려워하여. 젛- + -여.

- '젛다'는 '두려워하다'를 뜻하는 동사이다.

• 疑心ᄒᆞ노라: 의심하노라. 疑心ᄒᆞ- + -ᄂᆞ- + -오- + -라.

- '-오-'는 1인칭 선어말어미로 주어 '내'와 호응을 이룬다.

• ᄂᆡ: 내. 연기. 안개. [煙].

• 더으니: 더하니. 더으- + -니.

- '더으다'는 '더하다'를 뜻하는 동사이다.

• 애야라: 겨우.

• 비치: 빛이. 빛 + -이.

• 잇고: 있고. 잇- + -고.

• ᄇᆞᄅᆞ미: 바람이. ᄇᆞᄅᆞᆷ + -이.

• 혀니: 끄니. 당기니. 부니. 혀- + -니.

- '혀다'는 '끌다', '당기다' 등을 뜻하는 동사이다. 여기에서는 '風引'을 언해한 것이어서 '(바람이) 부니' 정도로 해석하는 것이 자연스럽다. 즉. 이 구절은 '바람이 부니 비가 또 실 같도다.'로 해석된다.

• ᄯᅩ: 또.

• ᄀᆞᆮ도다: 같도다. ᄀᆞᆮ- + -도- + -다.

- 'ᄀᆞᆮ-'는 'ᄀᆞᇀ-'의 'ㅌ'이 8종성 표기법에 따라 'ㄷ'으로 표기된 형태이다.

• 巫山ㅅ: 무산의. 巫山 + -ㅅ.

• 나조ᄒᆡ: 저녁에. 나조ㅎ + -ᄋᆡ.

- '나조ㅎ'는 '저녁'을 뜻하는 명사이고 '-ᄋᆡ'는 처소격 조사이다.

• 宋玉ᄋᆡ: 송옥의. 宋玉 + -ᄋᆡ.

- '宋玉'은 초나라의 문인으로 초나라 양왕과 무산에 사는 신녀와의 밀회를 노래한 〈고당부〉의 작가이다.

• 슬후믈: 슬퍼함을. 슳- + -움 + -을.

- '슳다'는 '슬퍼하다'를 뜻하는 동사이다.

• 조쳐: 좇아. 따라. 조치- + -어.

- '조치다'는 '겸하다', '아우르다', '좇다' 등을 뜻하는 동사이다.

• 뵈아몰: 재촉함을. 뵈아- + -옴 + -올.

- '뵈아다'는 '재촉하다'를 뜻하는 동사이다.

• 아노라: 안다. 아- + -ᄂᆞ- + -오- + -라.

- '아-'는 '알-'의 'ㄹ'이 'ㄴ' 앞에서 탈락된 형태이고 '-오-'는 1인칭 선어말어미이다.

- 협주문의 "巫山애 有神女ㅣ 朝爲行雲ᄒᆞ고 暮爲行雨ᄒᆞ니라 宋玉이 悲秋ᄒᆞ니 此雨ㅣ 亦可悲也ㅣ라"(무산에 신녀가 있어 아침에 구름을 만들고 저녁에 비를 만들었다. 송옥이 가을을 슬퍼하니 이 비 또한 가히 슬퍼할 만하다.)를 통해 무산 저녁의 송옥의 슬픔이 무산의 신녀와 관련되어 있음을 알 수 있다.

《두시언해 권 12, 25a》

❀ 원문 텍스트

春夜喜雨

好雨知時節 當春乃發生
隨風潛入夜 潤物細無聲
野徑雲俱黑 江船火獨明
曉看紅濕處 花重錦官城

❀ 언해문 텍스트

됴ᄒᆞᆫ 비 時節을 아니
보ᄆᆞᆯ 當ᄒᆞ야 베퍼 나게 ᄒᆞᄂᆞ다
ᄇᆞᄅᆞᄆᆞᆯ 조차 ᄀᆞ마니 바ᄆᆡ 드ᄂᆞ니
物을 저져 ᄀᆞᄂᆞ라 소리 업도다
ᄆᆡ햇 길헨 구루미 다 어듭고
ᄀᆞᄅᆞᇝ ᄇᆡ옌 브리 ᄒᆞ오ᅀᅡ ᄇᆞᆰ도다
새배 블근 저즌 ᄯᅡ홀 보니
錦官城에 고지 해 펫도다

[해설] 이 시는 성도에서 지은 시로 봄비를 반기는 시적 화자의 마음이 드러나 있다. 밤에 내리기 시작한 비가 땅을 적시고 꽃을 피우는 장면을 시에 담았다. 원문의 "錦官城"은 성도의 별칭이다.

❀ 현대어역

춘야희우(봄밤에 내린 기쁜 비)

좋은 비는 시절을 아니
봄을 당하여(봄이 되니) 베풀어 나게 하는구나.
바람을 좇아 가만히 밤에 드니
만물을 적시는데 가늘어 소리가 없도다.
들길에는 구름이 다 어둡고
강에 있는 배는 불이 홀로 밝도다.
새벽 붉은 젖은 땅을 보니
금관성에 꽃이 많이 피어 있도다.

❀ 주석

• 됴ᄒᆞᆫ: 좋은. 둏- + -ᄋᆞᆫ.

– '둏다'는 '좋다'를 뜻하는 형용사이다.

• 아니: 아니. 아- + -니.

– '아-'는 '알-'의 'ㄹ'이 'ㄴ' 앞에서 탈락된 형태이다.

• 보ᄆᆞᆯ: 봄을. 봄 + -ᄋᆞᆯ.

• 當ᄒᆞ야: 당하여. 맞아. 되니. 當ᄒᆞ- + -야.

– 언해문의 "보ᄆᆞᆯ 當ᄒᆞ야"는 '봄을 맞아', '봄이 되니' 정도로 해석된다.

• 베퍼: 베풀어. 베프- + -어.

– '베프다'는 '베플다', '펴다' 등을 뜻하는 동사이다. 여기에서는 '發'을 언해한 것인데 비가 내려 식물이 나는 것을 고려하여 비가 내리는 장면을 베푸는 것으로 표현한 것으로 보인다.

• 나게: 나오게. 생기게. 나- + -게.

• ᄒᆞᄂᆞᆺ다: 하는구나. ᄒᆞ- + -ᄂᆞ- + -옷- + -다.

 - "나게 ᄒᆞᄂᆞᆺ다"는 원문의 '發生'을 언해한 것으로 비가 내려 만물이 싹 트는 것을 표현한 것이다.

• ᄇᆞᄅᆞᄆᆞᆯ: 바람을. ᄇᆞᄅᆞᆷ + -ᄋᆞᆯ.

• 조차: 좇아. 따라. 좇- + -아.

• ᄀᆞ마니: 가만히.

• 바ᄆᆡ: 밤에. 밤 + -ᄋᆡ.

 - 이때 '-ᄋᆡ'는 처소격 조사로 쓰였다.

• 드ᄂᆞ니: 드니. 들어오니. 드- + -ᄂᆞ- + -니.

 - '드-'는 '들'의 'ㄹ'이 후행하는 'ㄴ' 앞에서 탈락된 형태이다.

• 物을: 사물을. 物 + -을.

• 저져: 적시어. 저지- + -어.

 - '저지다'는 '적시다'를 뜻하는 동사이다.

• ᄀᆞᄂᆞ라: 가늘어. ᄀᆞᄂᆞᆯ- + -아.

 - 'ᄀᆞᄂᆞᆯ다'는 '가늘다'를 뜻하는 형용사이다.

• 업도다: 없도다. 업- + -도- + -다.

 - '업-'은 '없-'의 'ㅄ'이 8종성 표기법에 따라 'ㅂ'만 표기된 형태이다.

• ᄆᆡ햇: 들에의. ᄆᆡㅎ + -애 + -ㅅ.

 - 'ᄆᆡㅎ'은 '들'을 뜻하는 명사이고 '-앳'은 처소격 조사 '-애'와 관형격 조사 '-ㅅ'이 통합된 형태이다.

• 길헨: 길에는. 길ㅎ + -에 + -ㄴ.

 - '길ㅎ'은 'ㅎ' 종성 체언으로 '길'을 뜻하는 명사이다.

 - "ᄆᆡ햇 길헨"은 '野徑'을 언해한 것으로 '들길'로 해석하는 것이 자연스럽다. 이 'ᄆᆡ햇'도 중간본에는 'ㅅ'이 탈락된 'ᄆᆡ해'로 표기되었다.

• 구루미: 구름이. 구룸 + -이.

• ᄀᆞᄅᆞᇝ: 강의. 강에 있는. ᄀᆞᄅᆞᆷ + -ㅅ.

 - ‘ᄀᆞᄅᆞᆷ’은 ‘강’을 뜻하는 명사이다.

• ᄇᆡ옌: 배에는. ᄇᆡ + -예 + -ㄴ.

 - ‘ᄇᆡ’는 ‘배’[船]를 뜻하는 명사로 “ᄀᆞᄅᆞᇝ ᄇᆡ옌”은 ‘강에 떠 있는 배에는’ 정도로 해석된다.

• 브리: 불이. 블 + -이.

 - ‘블’은 ‘불’[火]을 뜻하는 명사이다.

• ᄒᆞ오사: 혼자. 홀로.

• ᄇᆞᆰ도다: 밝도다. ᄇᆞᆰ- + -도- + -다.

 - ‘ᄇᆞᆰ다’는 ‘밝다’를 뜻하는 형용사이다.

• 새배: 새벽.

• 블근: 붉은. 븕- + -은.

• 저즌: 젖은. 젖- + -은.

• 짜ᄒᆞᆯ: 땅을. 짜ㅎ + -ᄋᆞᆯ.

 - ‘짜ㅎ’은 ‘ㅎ’ 종성 체언으로 ‘땅’을 뜻하는 명사이다.

• 錦官城: 금관성. 중국 사천성 성도(成都)의 별칭.

• 고지: 꽃이. 곶 + -이.

 - ‘곶’은 ‘꽃’을 뜻하는 명사이다.

• 해: 많이.

• 폣도다: 피어 있도다. 피- + -어 # 잇- + -도- + -다.

《두시언해 권 12, 25a-25b》

❀ 원문 텍스트

江雨有懷鄭典設

春雨闇闇塞峽中 早晩來自楚王宮
亂波分披已打岸 弱雲狼藉不禁風
寵光蕙葉與多碧 點注桃花舒小紅
谷口子眞正憶汝 岸高瀼滑限西東

❀ 원문 텍스트

【即指神女之雨ᄒᆞ다】
봆비 어득어득ᄒᆞ야 峽中에 마갯ᄂᆞ니
언제 오ᄆᆞᆯ 楚王ㅅ 宮을 브트니오
어즈러운 믌겨리 헤여뎌 ᄒᆞ마 두들글 티ᄂᆞ니
보ᄃᆞ라온 구루미 답사혀 ᄇᆞᄅᆞ몰 이긔디 몯ᄒᆞ놋다
蕙草ㅅ 니플 寵光ᄒᆞ야 한 프른 비ᄎᆞᆯ 주고
桃花애 브서 져근 블구믈 펴놋다
【鄭子眞이 居谷口ᄒᆞ더니 此ᄂᆞᆫ 用同姓古事ᄒᆞ야 比典設ᄒᆞ다】
谷口엣 子眞아 正히 너를 ᄉᆞ랑ᄒᆞ노니
두들기 놉고 瀼水ㅣ 믯그러워 東西ㅣ 限隔ᄒᆞ도다

[해설] 봄비 내리는 경치를 보면서 전설을 지낸 정 씨를 생각하며 그에게 갈 수 없는 아쉬운 심정을 읊은 시이다.

❀ 현대어역

> 강우유회정전설(비 내리는 강가에서 정전설을 생각하다.)
>
> 봄비 어둑어둑한 변방의 협곡 가운데 내리니
> 언제 초왕의 궁에서 온 것인가.
> 어지러운 물결이 부서져 이미 둔덕을 치는데
> 부드러운 구름이 첩첩이 쌓여 바람을 이기지 못하는구나.
> 혜초의 잎을 총광하여 많은 푸른 빛을 주고
> 도화에 부어 옅은 붉음을 펴는구나.
> 곡구의 자진아. 정히 너를 생각하는데
> 둔덕이 높고 양수가 미끄러워 동서가 한격하도다.

❀ 주석

• 봆비: 봄비. 봄 + -ㅅ # 비.

- 중간본에 '봄비'로 표기되었다. 초간본의 '봆비'의 'ㅅ'이 탈락된 형태로 나타났다.

• 어드어드ᄒᆞ야: 어둑어둑하여. 어드어드ᄒᆞ- + -야.

- '어드어드ᄒᆞ다'는 '어둑어둑하다'를 뜻하는 형용사이다. 그런데 이때 '어드어드ᄒᆞ-'가 '비'를 서술한 것으로 해석하기보다는 후행하는 '峽中'을 수식하는 것으로 해석하는 것이 더 자연스럽게 보인다.

• 峽中에: 협중에. 협곡 가운데에. 峽中 + -에.

• 마갯ᄂᆞ니: 막히어 있으니. 막- + -아 # 잇- + -ᄂᆞ- + -니.

- '마갯ᄂᆞ니'는 '塞'을 언해한 것으로 직역하면 '막히어 있으니' 정도로 해석된다. 여기에서 흥미로운 것은 동사 '막-'의 쓰임인데 중세 국어에서

'막-'는 '막다'와 '막히다'의 의미로 모두 쓰인 것으로 보인다. "올흔 소ᄂᆞ로 겨틧 사ᄅᆞᄆᆞᆯ 막더니"〈월석 23:89b〉에서 '막-'는 '막다'로 쓰였고 "懶墮ᄂᆞᆫ 勇猛애 막고"(라타는 용맹에 막히고)〈법화5:39b〉에서 '막-'는 '막히다'로 쓰였다.

- 그런데 "봆비 어득어득ᄒᆞ야 峽中에 마갯ᄂᆞ니"(春雨闇闇塞峽中)는 봄비가 어둑어둑한 변방의 협곡 가운데 내리는 장면을 묘사한 것으로 의역하여 '봄비가 어둑어둑한 변방의 협곡 가운데 내리니' 정도로 해석하는 것이 자연스럽다. 원문의 '塞'를 언해문처럼 '막히다'(막다)로 해석하기는 어려울 듯하다.

• 楚王ㅅ 宮을: 초왕의 궁을. 楚王 + -ㅅ # 宮 + -을.

• 브트니오: 따랐는가. 의지하였는가. 시작한 것인가. 븥- + -으니- + -오.

- '븥다'는 '의지하다', '따르다' 등을 뜻하는 동사이다. 여기에서는 의역하여 '시작한 것인가', '온 것인가' 정도로 해석하고자 한다.

- '-으니오'는 선어말어미 '-으니-'와 의문의 종결어미 '-오'로 분석되는데 의문어미 '-오'는 선어말어미 '-니-' 뒤에 통합되어 '-니오', '-뇨'로 실현되었다. 이때 '-니오', '-뇨'를 '-니-'와 '-오'로 분석하고 이 '-오'를 의문 종결어미 '-고'의 'ㄱ'이 약화 탈락된 것으로 설명할 수 있다. 그런데 '-오'가 어간에 직접 결합되는 예가 확인되지 않고 항상 '-리-'나 '-니-'를 수반하기 때문에 '-니오', '-뇨'를 분석하지 않기도 한다. 여기에서 '-니오'는 전자의 설명을 따랐다.

- "언제 오ᄆᆞᆯ 楚王ㅅ 宮을 브트니오"는 직역하면 '언제 옴을 초왕의 궁을 따랐는가.' 정도로 표현할 수 있고 의역하면 '언제 초왕의 궁에서 온 것인가?' 정도로 해석된다. 원문에서 '自'를 서술어 '브트니오'로 번역하여 어떤 일의 시작임을 나타내었는데 전체 의미 맥락을 고려하면 '來'가 서술어로 쓰여야 한다. 언해문에서 '來'를 명사형 '오ᄆᆞᆯ'로 번역하였는

데 이 명사형을 설명하기도 쉽지 않다. 한편, 원문의 '早晩'(아침저녁)을 의문사 '언제'로 언해한 것은 특기할 만하다.

• 어즈러운: 어지러운. 어즈러우- + -ㄴ.

– '어즈러우-'는 '어즈럽-'의 'ㅸ'이 변화된 형태로 '어즈러븐 〉 어즈러운'의 변화를 겪었다. '어즈럽다'는 '어지럽다'를 뜻하는 형용사이다.

• 믌결: 물결. 믈 + -ㅅ # 결.

– '믌결'은 중간본에서 'ㅅ'이 탈락된 '믈결'로 표기되었다.

• 헤여뎌: 헤어져. 부서지며. 헤여디- + -어.

– '헤여디다'는 '헤어지다', '부서지다'를 뜻하는 동사이다.

• ᄒᆞ마: 이미. 벌써.

• 두들글: 두둑을. 둔덕을. 두듥 + -을.

– '두듥'은 '두둑', '둔덕'을 뜻하는 명사이다.

• 티ᄂᆞ니: 치는데. 티- + -ᄂᆞ- + -니.

– '티다'는 '치다'를 뜻하는 동사이다.

• 보ᄃᆞ라온: 부드러운. 보ᄃᆞ라오- + -ㄴ.

– '보ᄃᆞ라오-'는 '보ᄃᆞ랍-'의 'ㅸ'이 변화된 형태로 '보ᄃᆞ라본 〉 보ᄃᆞ라온'의 변화를 겪었다. '보ᄃᆞ랍다'는 '부드럽다'를 뜻하는 형용사이다.

• 구루미: 구름이. 구룸 + -이.

• 답사혀: 첩첩이 쌓여. 답사히- + -어.

– '답사히다'는 '첩첩히 쌓이다' 정도를 뜻하는 동사이다.

• ᄇᆞᄅᆞ몰: 바람을. ᄇᆞᄅᆞᆷ + -올.

• 이긔디: 이기지. 이긔- + -디.

– '이긔다'는 '이기다'를 뜻하는 동사이다.

• 몯ᄒᆞᄂᆞ다: 못하는구나. 몯ᄒᆞ- + -ᄂᆞ- + -옷- + -다.

• 니플: 잎을. 닢 + -을.

– ‘닢’은 ‘잎’을 뜻하는 명사이다.

• 寵光ᄒᆞ야: 총광하여. 寵光ᄒᆞ– + –야.

– ‘寵光’은 ‘은총이나 총애를 받는 영광’을 뜻한다.

• 한: 많은. 하– + –ㄴ.

– ‘하다’는 ‘많다’, ‘크다’를 뜻하는 동사이다.

• 프른: 풀은. 플 + –은.

• 비쳘: 빛을. 빛 + –을.

• 桃花애: 도화에. 桃花 + –애.

• 브ᅀᅥ: 부어. 븟– + –어.

– ‘븟–’(붓다)는 ‘붓다’를 뜻하는 동사이다.

• 져근: 적은. 옅은. 젹– + –은.

– ‘젹다’는 ‘적다’ 정도로 해석되는데 “져근 블구믈”에서는 붉은빛이 진하지 않은, 즉 붉은빛이 옅은 모습을 표현한 것으로 해석하는 것이 자연스럽다.

• 블구믈: 붉음을. 붉은 것을. 븕– + –움 + –을.

• 펴ᄂᆞ다: 펴는구나. 펴– + –ᄂᆞ– + –옷– + –다.

• 谷口엣 子眞아: 곡구의 자진아. 谷口 + –에 + –ㅅ # 子眞 + –아.

– “谷口엣 子眞아”는 ‘谷口子眞’을 언해한 것이다. 한나라 성제 때 정박(鄭樸)은 출사하지 않고 산야에서 농사를 지으며 수신한 선비로 자가 자진(子眞)이고 사는 곳이 곡구(谷口)였기 때문에 사람들이 그를 곡구자진(谷口子眞)으로 부른 것인데 여기에서는 성이 같은 정전설을 비유한 것으로 보인다.

– ‘谷口엣’은 중간본에서 ‘ㅅ’이 탈락된 ‘谷口에’로 표기되었다.

• ᄉᆞ랑ᄒᆞ노니: 생각하는데. 사랑ᄒᆞ– + –ᄂᆞ– + –오– + –니.

– ‘사랑ᄒᆞ다’는 주로 ‘생각하다’를 뜻하는 동사로 쓰였다.

• 두듥기: 두둑이. 둔덕이. 두듥 + -이.

• 놉고: 높고. 놉- + -고.

 - '놉-'은 '높'의 'ㅍ'이 8종성 표기법에 따라 표기된 형태이다.

• 瀼水ㅣ: 양수가. 瀼水 + -ㅣ.

 - '瀼水'는 중국 사천성에 있는 강 이름.

• 믯그러워: 미끄러워. 믯그러우- + -어.

 - '믯그러우-'는 '믯그렇-'의 'ㅸ'이 변화된 형태인데 '믯그러버 > 믯그러워'의 변화를 겪었다. '믯그렇다'는 '미끄럽다'를 뜻하는 형용사이다.

• 限隔ᄒᆞ도다: 한격하도다. 限隔ᄒᆞ- + -도- + -다.

 - '限隔'은 '한계나 경계가 막힘'을 뜻한다.

《두시언해 권 12, 26a-26b》

❀ 원문 텍스트

雨不絕

鳴雨旣過漸細微 映空搖颺如絲飛
階前短草泥不亂 院裏長條風乍稀
舞石旋應將乳子 行雲莫自濕仙衣
眼邊江舸何忽促 未待安流逆浪歸

❀ 언해문 텍스트

우르ᄂᆞᆫ 비 ᄒᆞ마 디나고 漸漸 細微ᄒᆞ니
虛空애 비취여 이어 부치여 실ᄀᆞ티 ᄂᆞᄂᆞ다
階砌ㅅ 알ᄑᆡ 뎌른 프레 홀기 어즈럽디 아니ᄒᆞ고
집안햇 긴 가지옌 ᄇᆞᄅᆞ미 져기 드므도다
【零陵에 有石이 遇風雨則飛如燕ᄒᆞ니라 巫山神女ㅣ 行雲은 見前註ᄒᆞ다】
춤츠ᄂᆞᆫ 돌ᄒᆞᆫ 도로혀 당당이 젖 먹ᄂᆞᆫ 아ᄃᆞᄅᆞᆯ 더브렛도다
구루믈 녜요맨 아니 제 仙衣ㅣ 젓ᄂᆞᆫ가
눈ᄀᆞᇫ애 ᄀᆞᄅᆞᄆᆡᆺ ᄇᆡ ᄌᆞ모 뵈왓비 가ᄂᆞ니
便安히 흐르ᄂᆞᆫ ᄃᆡᄅᆞᆯ 얻디 몯ᄒᆞ야 믌겨를 거스러 가ᄂᆞ다

[해설] 그치지 않는 비를 바라보면서 비 내리는 경물을 묘사하고, 석연산과 무산 신녀 이야기로 비 오는 광경을 확장하였다. 그리고 고향을 다시 돌아고자 하는 시인의 심경을 드러내고 있다.

❀ 현대어역

우부절(그치지 않는 비)

천둥소리 치는 비가 이미 지나고 점점 가늘어지니
허공에 비치여 흔들어 부치는 실 같이 나는구나.
계체 앞에 짧은 풀에 흙이 어지럽지 아니하고
집안의 긴 가지에는 바람이 적이 드물도다.
춤추는 돌, 제비는 도리어 당연히 젖 먹는 새끼를 더불어 있도다.
구름을 다니는 것에는 제 선의가 안 젖는가?
눈가에 강의 배가 자못 바삐 가는데
편안히 흐르는 곳을 얻지 못하여 물결을 거슬러 가는구나.

❀ 주석

• 우르ᄂᆞᆫ 비: 우는 비. 천둥소리 치며 내리는 비. [鳴雨]. 우르- + -ᄂᆞ- + -ㄴ # 비.
 - "우르ᄂᆞᆫ 비"는 '鳴雨'을 언해한 것으로 '뇌우'(雷雨)로 해석하는 것이 자연스럽다.

• ᄒᆞ마: 이미. 벌써.

• 디나고: 지나고. 디나- + -고.

• 虛空애 비취여: 허공에 비치어. 虛空 + -애 # 비취- + -여.
 - "虛空애 비취여"는 원문의 '映空'을 언해한 것인데 그 의미가 분명하지 않다. 무엇이 허공에 비치었는지, 혹은 주어를 '비'라고 할 때 비가 허공에 비치는 장면이 어떤 장면이 쉽게 연상되지 않는다. 원문 '映空'의 '映'이 '희미하다', '흐릿하다'의 뜻을 지니고 있으므로 '映空'을 '흐린 하늘' 정도로 해석하는 것이 자연스럽게 느껴진다. 즉, 폭우가 지나간 뒤이고 가랑비가 내리는 상황이므로 날씨는 흐릴 것으로 추정되고 시

적 화자는 그러한 상황을 묘사한 것이 아닌가 한다.

- 이어: 흔들어. 이어- + -어.
  - '이어다'는 '흔들다'를 뜻하는 동사이다.
- 부치여: 나부끼어. 부치어. 부치- + -여.
  - '부치다'는 '나부끼다'를 뜻하는 동사로 해석된다. 여기에서는 '颺'을 언해한 것이다.
- 실ᄀᆞ티: 실같이.
- ᄂᆞ놋다: 나는구나. ᄂᆞ- + -ᄂᆞ- + -옷- + -다.
  - 'ᄂᆞ-'는 'ᄂᆞᆯ-'의 'ㄹ'이 'ㄴ' 앞에서 탈락된 형태이다.
- 階砌: 계체. 섬돌.
- 알ᄑᆡ: 앞에. 앒 + -ᄋᆡ.
  - '앒'은 '앞'을 뜻하는 명사이고, 여기에서 '-ᄋᆡ'는 처소격 조사로 쓰였다.
- 뎌른: 짧은. 뎗- + -은.
  - '뎗다'는 '짧다'를 뜻하는 형용사이다.
- 집안햇: 집안에의. 집안ㅎ + -애 + -ㅅ.
  - 중간본에는 '-ㅅ'이 표기되지 않았다.
- 가지옌: 가지에는. 가지 + -예 + -ㄴ.
- ᄇᆞᄅᆞ미: 바람이. ᄇᆞᄅᆞᆷ + -이.
- 져기: 적이. 꽤 어지간한 정도.
- 드므도다: 드물도다. 드므- + -도- + -다.
  - '드므-'는 '드믈-'의 'ㄹ'이 'ㄷ' 앞에서 탈락된 형태이다.
- 춤츠ᄂᆞᆫ: 춤추는. 춤츠- + -ᄂᆞ- + -ㄴ.
  - '춤츠다'는 '춤추다'를 뜻하는 동사이다.
- 돌ᄒᆞᆫ: 돌은. 돌ㅎ + -ᄋᆞᆫ.
  - '돌ㅎ'은 '돌'을 뜻하는 명사이다.

- "춤츠는 돌호"은 '舞石'을 언해한 것으로 바위가 제비처럼 춤추는 모양을 지닌 것을 빗대어 표현한 것이다. 상수(湘水) 동쪽 석연산(石燕山)에 제비 모양의 바위가 있는데 비바람이 잦아들면 제비 떼가 날아오르는 듯 보여 춤추는 돌(바위)로 묘사한 것으로 생각된다. 협주문의 "零陵에 有石이 遇風雨則飛如燕ᄒᆞ니라"(영릉에 있는 바위(돌)가 비바람을 만나 제비처럼 나는 것이다.)에서도 "춤츠는 돌홀"의 의미를 알 수 있다.

• 도로혀: 도리어.

• 당당이: 당연히. 마땅히.

• 졋: 젖. [乳].

• 아ᄃᆞ롤: 아들을. 아ᄃᆞᆯ + -올.

• 더브렛도다: 더불어 있도다. 더블- + -어 # 잇- + -도- + -다.

- '더블다'는 '함께하다', '같이하다' 정도를 뜻하는 동사이다.

• 구루믈: 구름을. 구룸 + -을.

• 녜요맨: 다니는 것에는. 지나가는 구름에는. 녜- + -욤 + -애 + -ㄴ.

- '녜다'는 '다니다', '가다'를 뜻하는 동사이고, 명사형어미 '-욤'은 선행하는 반모음 'j'에 이끌려 반모음이 삽입된 형태이다.

- "구루믈 녜요맨"은 '行雲'을 언해한 것으로 '구름을 다니는 것에는', '지나가는 구름에는' 정도로 해석되는데 협주문의 "巫山神女ㅣ 行雲은"을 통해 '무산신녀'를 가리키는 것을 알 수 있다. '무산신녀'가 저녁에 비가 된다고 하여 비를 그만 내리게 하라는 의미로 풀이된다.

• 아니: 아니. [不]. [莫].

- "아니 제 仙衣ㅣ 젓ᄂᆞᆫ가"에서 '아니'가 동사에 직접 선행하지 않는 어순 구조가 특징적인데 한문의 직역에 따른 어순 구조로 보인다. 이 문장을 현대어로 표현하면 '제 선의가 안 젖는가?' 정도로 해석된다. 즉, 이 구

절은 신녀에게 오래 비를 내려서 자신의 옷을 적시지 말라고 권유하는 의미가 담겨 있다.

• 제: 제. 스스로.

• 仙依ㅣ: 선의가. 仙依 + -ㅣ.

• 젓ᄂᆞᆫ가: 젖는가. 젓- + -ᄂᆞ- + ㄴ가.

– '젓-'는 '젖-'의 'ㅈ'이 8종성 표기법에 따라 'ㅅ'으로 표기된 형태이고 '젖다'를 뜻하는 동사이다.

• 눉ᄀᆞᅀᆡ: 눈가에. 눈앞. 눈 # -ㅅ # ᄀᆞᇫ + -ᄋᆡ.

– '눉ᄀᆞᅀᆡ'는 원문의 '眼邊'을 언해한 것으로 '눈앞' 혹은 '가까운 곳'을 표현한 것으로 해석된다. 중간본에는 '-ㅅ'이 탈락된 '눈ᄀᆞᄋᆡ'로 표기되었다.

• ᄀᆞᄅᆞ맷: 강에의. ᄀᆞᄅᆞᆷ + -애 + -ㅅ.

– 'ᄀᆞᄅᆞᆷ'은 '강'을 뜻하는 명사이다.

• ᄌᆞ모: 자못

• 뵈왓비: 바삐.

– 부사 '뵈왓비'는 어근 '뵈왓ᄇᆞ-'에 부사 파생접미사 '-이'가 결합된 파생 부사이다. '뵈앗ᄇᆞ-'는 "ᄀᆞ장 뵈왓ᄇᆞ더라"〈두초24:13a〉, "기픈 뫼헤 뎌른 ᄒᆡ 뵈왓브니"〈두초11:43b〉처럼 '뵈앗브-'로도 나타나며 주로 『杜詩諺解』에서 확인된다.

• 便安히: 편안히.

• 흐르ᄂᆞᆫ: 흐르는. 흐르- + -ᄂᆞ- + -ㄴ.

• ᄃᆡ를: 데를. 곳을. ᄃᆡ + -ᄅᆞᆯ.

• 얻디: 얻지. 얻- + -디.

• 믌겨를: 물결을. 믌결 + -을.

– '믌결'이 중간본에는 '-ㅅ'이 탈락된 '믈결'로 표기되었다.

• 거스러: 거슬러. 거슬- + -어.

- '거슬다'는 '거슬다', '거스르다'를 뜻하는 동사이다.

• 가놋다: 가는구나. 가- + -ᄂᆞ- + -옷- + -다.

《두시언해 권 12, 26b-27a》

❀ 원문 텍스트

梅雨

南京犀浦道 四月熟黃梅
湛湛長江去 冥冥細雨來
茅茨疎易濕 雲霧密難開
竟日蛟龍喜 盤渦與岸回

❀ 원문 텍스트

【成都애 有犀浦縣ᄒᆞ니라】
南京ㅅ 犀浦ㅅ 길헤
四月에 누른 梅實이 니겟도다
【湛湛은 水平貌ㅣ라】
평ᄒᆞᆫ 긴 ᄀᆞᄅᆞ미 가고
아ᄃᆞᆨᄒᆞᆫ ᄀᆞᄂᆞᆫ 비 오ᄂᆞᆺ다
새집 우히 설픠여 저주미 쉬우니
雲霧ᄂᆞᆫ ᄎᆡᆨᄎᆡᆨᄒᆞ야 여로미 어렵도다
나리 ᄆᆞᆺ도록 蛟龍이 깃거ᄒᆞᄂᆞ니
믌 뉘누리 두듥과 다ᄆᆞᆺ 횟도랫도다

[해설] 이 시는 촉의 매우(梅雨)를 읊은 시로 성도에 있으면서 초여름 매화가 익어가는 때 비가 계속 오는 모습을 표현한 시이다.

❀ 현대어역

매우(매실 장마)

남경의 서포 길에
사월에 누런 매실이 익어 있도다.
평평한 긴 강이 흘러가고
아득한 가는 비가 오는구나.
초가집 위(지붕)가 설피어 젖기 쉬우니
운무는 빽빽하여 걷히는 것이 어렵도다.
날이 새도록 교룡이 기뻐하는데
물 소용돌이가 둔덕과 함께 휘돌아 있도다.

❀ 주석

- 梅雨: 매우. 매실 장마.
  - '梅雨'는 매실나무 열매가 익을 즈음에 내리는 비를 뜻하는데 6월부터 7월 중순에 걸쳐 계속되는 장마 또는 장마철을 이르는 말이다.
- 南京ㅅ: 남경의. 촉 땅 성도(成都). 南京 + -ㅅ.
- 犀浦ㅅ: 서포. 성도부에 속한 현 이름. 犀浦 + -ㅅ.
- 길헤: 길에. 길ㅎ + -에.
  - '길ㅎ'은 '길'을 뜻하는 명사이다.
- 누른: 누런. 누르- + -ㄴ.
- 梅實이: 매실이. 梅實 + -이.
- 니겟도다: 익어 있도다. 닉- + -어 # 잇- + -도- + -다.
  - '닉다'는 '익다'를 뜻하는 동사이다.

• 평ᄒᆞᆫ: 평평한. [湛湛]. 평ᄒᆞ- + -ㄴ.

- “평ᄒᆞᆫ 긴 ᄀᆞᄅᆞ미”는 ‘湛湛長江’을 언해한 것으로 ‘평ᄒᆞᆫ’은 ‘湛湛’을 뜻하는데 이는 물이 고르고 깊은 모습을 말한다.

• ᄀᆞᄅᆞ미: 강이. ᄀᆞᄅᆞᆷ + -이.

- ‘ᄀᆞᄅᆞᆷ’은 ‘강’을 뜻하는 명사이다.

• 아독ᄒᆞᆫ: 아득한. 어둑한. [冥冥]. 아독ᄒᆞ- + -ㄴ.

- ‘아독ᄒᆞ다’는 ‘아득하다’, ‘어둑하다’를 뜻하는 형용사이다.

• ᄀᆞᄂᆞᆫ 비: 가는 비. 세우(細雨). ᄀᆞᄂᆞ- + -ㄴ # 비.

- ‘ᄀᆞᄂᆞ-’는 ‘ᄀᆞᄂᆞᆯ-’의 ‘ㄹ’이 ‘ㄴ’ 앞에서 탈락된 형태이다.

- “가ᄂᆞᆫ 비”는 원문 ‘細雨’을 언해한 것으로 ‘가늘게 내리는 비’(가랑비)를 가리킨다.

• 오ᄂᆞᆺ다: 오는구나. 오- + -ᄂᆞ- + -옷- + -다.

• 새집: 새집. 초가집.

• 우히: 위가. 우ㅎ + -이.

- ‘우ㅎ’은 ‘ㅎ’ 종성 체언으로 ‘위’를 뜻하는 명사이다.

• 설픠여: 설피어. 설픠- + -여.

- ‘설픠다’는 ‘설피다’(짜거나 엮은 것이 거칠고 성기다)를 뜻하는 형용사이다.

• 저주미: 젓는 것이. 젓- + -움 + -이.

• 雲霧ᄂᆞᆫ: 운무는. 雲霧 + -ᄂᆞᆫ.

• 칙칙ᄒᆞ야: 빽빽하여. 칙칙ᄒᆞ- + -야.

- ‘칙칙ᄒᆞ다’는 ‘빽빽하다’ 정도를 뜻하는 형용사이다. ‘密’을 언해한 어휘이다.

• 여로미: 여는 것이. 개는 것이. 열- + -옴 + -이.

- 여기에서 ‘열다’는 운무가 걷히는 것을 표현한 것으로 해석된다.

• 나리: 날이. 날 + -이.

• ᄆᆞᆺ도록: 마치도록. 새도록. ᄆᆞᆺ- + -도록.

- 'ᄆᆞᆺ-'는 'ᄆᆞᆾ-'의 'ㅊ'이 8종성 표기법에 따라 표기된 형태이며 '마치다', '끝내다'를 뜻하는 동사이다.

• 蛟龍: 교룡. 전설상의 뿔 없는 용.

• 깃거ᄒᆞᄂᆞ니: 기뻐하는데. 깃거ᄒᆞ- + -ᄂᆞ- + -니.

- '깃거ᄒᆞ-'는 'ᄀᆡᇧ-'에 '-어ᄒᆞ-'가 결합하여 형성된 동사이다.

• 믌: 물의. 믈 + -ㅅ.

- '믌 뉘누리'가 중간본에는 '-ㅅ'이 탈락된 '믈 뉘누리'로 표기되었다.

• 뉘누리: 물살. 소용돌이. [盤].

• 두듥과: 두둑과. 둔덕과. 두듥 + -과.

- '두듥'은 '두둑', '둔덕'을 뜻하는 명사인데 여기에서는 종성이 어말자음군으로 실현된 점이 특기할 만하다. 8종성 표기법에 따라 한 자음만 실현되는 것이 보통인데 여기에서는 'ㄹㄱ' 모두 표기되었다. 중간본에는 '두들과'로 한 자음만 표기되었다.

• 다ᄆᆞᆺ: 더불어. 함께.

• 횟도랫도다: 휘돌아 있도다. 횟돌- + -아 # 잇- + -도- + -다.

- '횟돌다'는 '휘돌다'를 뜻하는 동사이다.

《두시언해 권 12, 27a》

❀ 원문 텍스트

喜雨

南國旱無雨 今朝江出雲
入空纔漠漠 洒迥已紛紛
巢燕高飛盡 林花潤色分
晩來聲不絕 應得夜深聞

❀ 언해문 텍스트

南國에 ᄀᆞᄆᆞ라 비 업더니
오ᄂᆞᆳ 아ᄎᆞᄆᆡ ᄀᆞᄅᆞ매셔 구루미 나놋다
虛空애 드러 아야라 漠漠ᄒᆞ더니
먼 ᄃᆡ 쁘려 ᄒᆞ마 어즈럽도다
기셋 져비ᄂᆞᆫ 노피 ᄂᆞ로미 다ᄋᆞ고
수프렛 고ᄌᆞᆫ 저즌 비치 ᄂᆞᆫ홧도다
나조ᄒᆡ 소리 긋디 아니ᄒᆞᄂᆞ니
당당이 시러곰 밤 깁ᄃᆞ록 드르리로다

[해설] 오래 가뭄 끝에 내리는 단비를 기뻐하며 밤 깊도록 빗소리를 들을 수 있는 반가움을 표현한 시이다.

❀ 현대어역

> 희우(가뭄 끝에 반갑게 오는 비)
>
> 남국에 가물어 비가 없었는데
> 오늘 아침에 강에서 구름이 일어나는구나.
> 허공에 들어가 조금 막막하더니
> 먼 데에 (비를) 뿌려 벌써 어지럽도다.
> 둥지에 있는 제비는 높이 날기를 다하고
> 수풀에 있는 꽃은 젖은 빛이 나누어 있도다.
> 저녁에 소리가 그치지 아니하는데
> 마땅히 능히 밤 깊도록 들으리로다.

❀ 주석

• 南國에: 남국에. 파촉 땅에. 南國 + -에.

• ᄀᆞᄆᆞ라: 가물어. ᄀᆞᄆᆞᆯ- + -아.

- 'ᄀᆞᄆᆞᆯ다'는 '가물다'를 뜻하는 동사이다.

• 업더니: 없더니. 없었는데. 업- + -더- + -니.

- '업-'는 '없-'이 8종성 표기법에 따라 한 자음 'ㅂ'으로 표기된 형태이다.

• 오ᄂᆞᆳ: 오늘의. 오ᄂᆞᆯ + -ㅅ.

- 중간본에는 '-ㅅ'이 탈락된 '오ᄂᆞᆯ'로 표기되었다.

• 아ᄎᆞᄆᆡ: 아침에. 아ᄎᆞᆷ + -ᄋᆡ.

- '아ᄎᆞᄆᆡ'의 '-ᄋᆡ'는 처소를 나타내는 조사이며 이 시기 처소격 조사는 '-에', '-애', '-ᄋᆡ', '-의'가 존재하였다. '-에'와 '-의'는 선행 음절의 모음이 음성일 때, '-애'와 '-ᄋᆡ'는 선행 음절의 모음이 양성일 때 통합되

었다. 한편, 선행 체언의 말음이 모음 'ㅣ'이거나 반모음 'j'일 때는 '-예'가 나타나기도 하였다.

• ᄀᆞᄅᆞ매셔: 강에서. ᄀᆞᄅᆞᆷ + -애셔.

- 'ᄀᆞᄅᆞᆷ'은 '강'을 뜻하는 명사이고 '-애셔'는 처소격 조사이다.

• 나놋다: 나타나는구나. 이는구나. 나- + -ᄂᆞ- + -옷- + -다.

- '나다'는 '나타나다', '생기다' 등을 뜻하는 동사이다.

• 드러: 들어. 들- + -어.

• 아야라: 겨우. 조금. [纔].

• 漠漠ᄒᆞ더니: 막막하더니. 아주 멀어 아득하더니. 漠漠ᄒᆞ- + -더- + -니.

• ᄃᆡ: 곳에.

- 'ᄃᆡ'는 '곳'을 뜻하는 명사이다.

• ᄲᅳ려: 뿌려. ᄲᅳ리- + -어.

- 'ᄲᅳ리다'는 '뿌리다'를 뜻하는 동사이다.

• ᄒᆞ마: 이미. 벌써.

• 어즈럽도다: 어지럽도다. 어즈럽- + -도- + -다.

- '어즈럽다'는 '어지럽다'를 뜻하는 형용사이다.

• 기셋: 깃에의. 둥지에의. 깃 + -에 + -ㅅ.

• 져비ᄂᆞᆫ: 제비는. 져비 + -ᄂᆞᆫ.

• 노피: 높이.

• ᄂᆞ로미: 나는 것을. 날기를. ᄂᆞᆯ- + -옴 + -이.

• 다ᄋᆞ고: 다하고. 다ᄋᆞ- + -고.

- '다ᄋᆞ다'는 '다하다'를 뜻하는 동사이다.

• 수프렛: 수풀에의. 수풀에 있는. 수플 + -에 + -ㅅ.

- '수플'은 '수풀'을 뜻하는 명사이고 '-엣'은 처소격 조사 '-에'와 관형격 조사 '-ㅅ'이 통합된 형태이다.

• 고즌: 꽃은. 곶 + -은.

- '곶'은 '꽃'을 뜻하는 명사이다.

• 저즌: 젖은. 젖- + -은.

• 눈홧도다: 나누어 있구나. 눈호- + -아 # 잇- + -도- + -다.

- '눈호다'는 '나누다'를 뜻하는 동사이다.

• 나조히: 저녁에. 나조ㅎ + -익.

- '나조ㅎ'은 '저녁'을 뜻하는 명사이고 여기에서 '-익'는 처소격 조사로 쓰였다.

• 긋디: 그치지. 긋- + -디.

- '긋-'은 '긏-'의 'ㅊ'이 8종성 표기법에 따라 표기된 형태이고 '끊다', '그치다' 정도를 뜻하는 동사이다.

• 당당이: 당연히. 마땅히.

• 시러곰: 능히.

• 깁두록: 깊도록. 깁- + -두록.

- '깁-'은 '깊-'의 'ㅍ'이 8종성 표기법에 따라 'ㅂ'으로 표기된 형태이다.
- 여기에서 '-두록'은 어떤 일이나 상태의 정도를 나타내는 어미로 쓰였다.

• 드르리로다: 들으리로다. 들- + -으리- + -로- + -다.

- '들-'은 '듣-'이 변칙 활용을 보이는 형태로 후행하는 음이 모음일 때 '들-'이 실현되고 자음일 때는 '듣-'이 실현되었다.

《두시언해 권 12, 27b》

❀ 원문 텍스트

雨

萬木雲深隱 連山雨未開
風扉掩不定 水鳥過仍回
鮫館如鳴杼 樵舟豈伐枚
淸涼破炎毒 衰意欲登臺

❀ 원문 텍스트

萬木은 구루메 기피 그슥ᄒᆞ얫고
니슨 뫼헨 비 여디 아니ᄒᆞ얏도다
ᄇᆞᄅᆞ맷 門ㅅ 부체ᄂᆞᆫ 다다도 安定티 아니ᄒᆞᄂᆞ니
므렛 새ᄂᆞᆫ 디나가 지즈로 도라오놋다
【南海中에 有鮫人이 居水中織綃ᄒᆞᄂᆞ니 言雨聲이 如杼鳴也ㅣ라】
鮫人의 지븻 ᄇᆞᄃᆡᆺ지비 우ᄂᆞᆫ ᄃᆞᆺᄒᆞ니
나모 뷔ᄂᆞᆫ ᄇᆡ옌 어느 남글 베히리오
ᄆᆞᆯᄀᆞᆫ 서늘호미 더윗 모디로ᄆᆞᆯ 헤티니
늘근 ᄠᅳ데 臺예 오ᄅᆞ고져 ᄒᆞ노라

[해설] 개지 않는 비에 사립문이 흔들리고 새들이 둥지로 돌아오는 경물을 묘사하면서 빗소리를 베 짜는 소리와 나무 베는 소리(혹은 많은 비로 나무를 벨 수 없는 상황)에 비유하여 비가 그치지 않고 계속 내리는 상황과,

마지막 구절에서는 비로 더위가 수그러들어 누대에 올라 바람을 쐬고자 하는 마음을 표현한 시이다.

❀ 현대어역

우(비)

만목은 구름에 깊이 그윽하여 있고
연이은 산에는 비가 개지 아니하여 있도다.
바람에 사립문은 닫아도 안정치 아니하는데
수조는 지나가 그로 인하여 돌아오는구나.
교인의 집에 있는 바디집이 우는 듯하니
나무꾼의 배는 어떤 나무를 베겠는가.
맑은 서늘함이 더위의 모짐을 헤치니
늙은 뜻에 누대에 오르고자 하노라.

❀ 주석

• 萬木은: 만목은. 만 그루는. 萬木 + -은.

• 구루메: 구름에. 구룸 + -에.

• 기피: 깊이.

• 그슥ᄒᆞ얫고: 그윽하여 있고. 그슥ᄒᆞ- + -야 # 잇- + -고.

• 니슨: 연이은. 이어져 있는. 닛- + -은.

– "니슨 뫼헨"은 '連山'을 언해한 것으로 '연이은 산', '이어져 있는 산' 정도로 해석하는 것이 자연스럽다.

• 여디: 열지. 개지. 여- + -디.

- ‘여-’는 ‘열-’의 ‘ㄹ’이 ‘ㄷ’ 앞에서 탈락된 형태이다. 여기에서 ‘열다’는 ‘개다’를 뜻한다.

• 아니ᄒᆞ얏도다: 아니하여 있도다. 아니ᄒᆞ- + -야 # 잇- + -도- + -다.

• ᄇᆞᄅᆞ맷: 바람에. ᄇᆞᄅᆞᆷ + -애 + -ㅅ.

- 여기에서 ‘ᄇᆞᄅᆞ맷’은 ‘바람에’, ‘바람 때문에’ 정도로 해석하는 것이 자연스럽다. 즉, “ᄇᆞᄅᆞ맷 門ㅅ 부체ᄂᆞᆫ 다다도”에서 ‘ᄇᆞᄅᆞᆷ’이 후행하는 성분을 수식하는 것이 아닌, 바람에 문을 닫는 상황으로 해석해야 한다.

• 門ㅅ 부체ᄂᆞᆫ: 문의 문짝은. 사립문은. 門 + -ㅅ # 부체 + -ᄂᆞᆫ.

- ‘부체’는 ‘문짝’을 의미하는데 여기에서 “門ㅅ 부체”는 사립문의 문짝을 의미하는 것으로 보인다.

• 다다도: 닫아도. 닫- + -아도.

• 安定티: 안정하지. 安定ᄒᆞ- + -디.

• 므렛 새: 물에의 새. 수조. 믈 + -에 + -ㅅ # 새.

- ‘므렛 새’로 언해한 ‘水鳥’는 생활 조건이 물과 밀접한 관계가 있는 새를 통틀어 이르는 말이다.

• 디나가: 지나가. 디나가- + -아.

• 지즈로: 인하여.

- 여기에서 ‘지즈로’는 비가 개지 않고 계속해서 내리는 상황을 가리킨다.

• 도라오ᄂᆞᆺ다: 돌아오는구나. 도라오- + -ᄂᆞ- + -옷- + -다.

- ‘-ᄂᆞᆺ-’은 현재 시제 선어말어미 ‘-ᄂᆞ-’와 감탄법 선어말어미 ‘-옷-’이 축약된 형태이다.

• 鮫人의: 교인의. 鮫人 + -의.

- ‘鮫人’은 상반신은 사람과 같고 하반신은 물고기와 같다는 상상의 바다 동물을 가리킨다.

• 지븻: 집에의. 집 + -의 + -ㅅ.

- 여기에서 '-의'는 처소격 조사로 쓰였다. 중간본에는 '-ㅅ'이 탈락된 '지븨'로 표기되었다.

• ᄇᆞ듸지비: 바디집이. ᄇᆞ듸집 + -이.

- 'ᄇᆞ듸집'은 '바디를 끼우는 테'를 뜻하는데 '바디틀'이라고 한다.

- "ᄇᆞ듸지비 우ᄂᆞᆫ ᄃᆞᆺᄒᆞ니"는 베틀 북을 울리는 소리는 말하는데 여기에서는 강물에 내리는 빗소리를 비유한 것으로 해석된다.

• 우ᄂᆞᆫ ᄃᆞᆺᄒᆞ니: 우는 듯하니. 우- + -ᄂᆞ- + -ㄴ # ᄃᆞᆺᄒᆞ- + -니.

- 이 구절은 협주문의 "南海中에 有鮫人이 居水中織綃ᄒᆞᄂᆞ니 言雨聲이 如杼鳴也ㅣ라"(남해 가운데 교인이 있어 물속에 거하며 비단을 짜니 빗소리가 북이 우는 소리와 같은 것을 말한다.)에서 그 비유 표현을 참고할 수 있다.

• 나모: 나무.

• 뷔ᄂᆞᆫ: 비는. 베는. 뷔- + -ᄂᆞ- + -ㄴ.

- '뷔다'는 '비다', '베다'를 뜻하는 동사이다.

• ᄇᆡ옌: 배에는. ᄇᆡ + -예 + -ㄴ.

- "나모 뷔ᄂᆞᆫ ᄇᆡ옌"은 '樵舟'을 언해한 것으로 나무꾼이 산에서 땔감을 채취하여 강이나 호수를 통해 운반할 때 사용하는 작은 배를 가리킨다.

• 어느: 어느.

• 남ᄀᆞᆯ: 나무. 남ㄱ + -ᄋᆞᆯ.

- '남ㄱ'은 '나무'를 뜻하는 명사로 '나모'와 비자동적 교체를 보였다. '남기'(남ㄱ+-이), '남ᄀᆞᆯ'(남ㄱ+-ᄋᆞᆯ)처럼 모음으로 시작하는 조사와 통합될 때는 '남ㄱ'이 나타났고 '나모도'(나모+-도)처럼 자음으로 시작하는 조사와 '-와'가 통합될 때와 조사가 후행하지 않을 때는 '나모'가 나타났다.

• 베히리오: 베겠는가. 베히- + -리- + -오.

- '베히다'는 '베다'를 뜻하는 동사이다.

- 의문어미 '-오'는 선어말어미 '-리-' 뒤에 통합되어 '-리오', '-료'로 실현되었다. 이때 '-리오', '-료'를 '-리-'와 '-오'로 분석하고 이 '-오'를 의문 종결어미 '-고'의 'ㄱ'이 약화 탈락된 것으로 설명할 수 있다. 그런데 '-오'가 어간에 직접 결합되는 예가 확인되지 않고 항상 '-리-'나 '-니-'를 수반하기 때문에 '-리오', '-료'를 분석하지 않기도 한다. 여기에서 '-리오'는 전자의 설명을 따랐다.
- "어느 남글 베히리오"는 비가 와서 나무꾼의 배가 나무를 할 수 없음을 강조한 표현으로 해석되는데 원문의 '伐枚'을 앞의 구절의 '鳴杼'와 대구를 이루는 것으로 해석하여 나무에 도끼질할 때 나는 소리를 빗소리에 비유한 것으로 해석하기도 한다.

• 몰ᄀᆞᆫ: 맑은. ᄆᆞᆰ- + -ᄋᆞᆫ.

• 서늘호미: 서늘함이. 서늘ᄒᆞ- + -옴 + -이.

• 더윗: 더위의. 더위 + -ㅅ.

• 모디로ᄆᆞᆯ: 모진 것을. 모딜- + -옴 + -ᄋᆞᆯ.

- '모딜다'는 '모질다'를 뜻하는 형용사이고, "더윗 모디로ᄆᆞᆯ"은 원문의 '炎毒'을 언해한 것으로 몹시 더운 여름 날씨를 가리킨다.

• 헤티니: 헤치니. 헤티- + -니.

- '헤티다'는 '헤치다'를 뜻하는 동사이다.

• 늘근: 늙은. 늙- + -은.

• ᄠᅳ데: 뜻에. ᄠᅳᆮ + -에.

- 'ᄠᅳᆮ'은 '뜻'을 뜻하는 명사이다.

• 臺예: 대에. 누대에. 臺 + -예.

• 오ᄅᆞ고져: 오르고자. 오ᄅᆞ- + -고져.

- '-고져'는 의도나 목적의 연결어미이다.

• ᄒᆞ노라: 한다. ᄒᆞ- + -ᄂᆞ- + -오- + -라.

- '-오-'는 1인칭 활용 선어말어미이다. '오ᄅᆞ고져 ᄒᆞ노라'의 주체 시적 화자와 호응을 이루는 선어말어미이다.

《두시언해 권 12, 28a》

❀ 원문 텍스트

夜雨

小雨夜復密 回風吹早秋
野涼侵閉戶 江滿帶維舟
通籍恨多病 爲郎忝薄遊
天寒出巫峽 醉別仲宣樓

❀ 원문 텍스트

져근 비 바ᄆᆡ ᄯᅩ 칙칙ᄒᆞ니
회로리ᄇᆞᄅᆞ미 이른 ᄀᆞ술홀 부놋다
ᄆᆡ햇 서늘호미 다ᄃᆞᆫ 이페 侵逼ᄒᆞᄂᆞ니
ᄀᆞᄅᆞ미 ᄀᆞᄃᆞᆨᄒᆞ야 ᄆᆡ엿ᄂᆞᆫ ᄇᆡᄅᆞᆯ 帶ᄒᆞ얫도다
【甫ㅣ 嘗爲拾遺ᄒᆞ니 爲通禁門之籍也ㅣ라】
通籍에 病 하ᄆᆞᆯ 슬노니
郎官 ᄃᆞ외요매 열이 노로ᄆᆞᆯ 더러이노라
하ᄂᆞᆯ히 서늘커든 巫峽으로셔 나가
醉코 仲宣樓ᄅᆞᆯ 여희요리라

[해설] 이 시는 기주에 있을 때 지은 시로 비 내리는 초가을 밤의 정경을 묘사하면서 떠돌아다니는 자신의 신세를 서술하고 무협을 나가고자 하는 마음을 드러내고 있다.

❀ 현대어역

야우(밤비)

적은 비 밤에 또 빽빽하니
회오리바람이 이른 가을에 부는구나.
들에 서늘함이 닫은 문을 침핍하니
강이 (물이) 가득하여 매여 있는 배를 대하여 있구나.
통적에 병 많음을 슬퍼하니
낭군이 되매 마음대로 노는 것이 더럽혀지는구나.
하늘이 서늘하거든 무협을 나가서
취하고 중선루를 여읠 것이다.

❀ 주석

• 져근 비: 적은 비. 소우(小雨). 젹- + -은 # 비.

– "져근 비"는 원문 '小雨'을 언해한 것으로 '가늘게 내리는 비'(가랑비), 혹은 '잠시 동안 내리는 비' 정도로 해석되는데 전자로 해석하는 것이 더 자연스럽게 느껴진다.

• 바믹: 밤에. 밤 + -익.

– 여기에서 '-익'는 처소격 조사로 쓰였다.

• 쏘: 또.

• 칙칙ᄒᆞ니: 빽빽하니. 칙칙ᄒᆞ- + -니.

– '칙칙ᄒᆞ다'는 '빽빽하다' 정도를 뜻하는 형용사이다. '密'을 언해한 어휘이다.

• 회로리ᄇᆞᄅᆞ미: 회오리바람이. 회풍(回風). 회로리ᄇᆞᄅᆞᆷ + -이.

– '회로리ᄇᆞᄅᆞᆷ'은 '회오리바람'을 뜻하며, 원문의 '回風'은 갑자기 생긴 저

기압 주변으로 한꺼번에 모여든 공기가 나선 모양으로 일으키는 선회 바람을 말한다.

• 이른: 이른. 이르- + -ㄴ.

• ᄀᆞ술홀: 가을을. 가을에. ᄀᆞ술ㅎ + -올.

- ‘ᄀᆞ술ㅎ’은 ‘가을’을 뜻하는 ‘ㅎ’ 종성 체언이다.

- ‘ᄀᆞ술홀’은 ‘부놋다’의 목적어가 아니기 때문에 이때 ‘-올’을 목적격 조사로 분석하기 어렵고 현재로서는 강조의 보조사 정도로 처리할 수 있을 듯하다.

• 부놋다: 부는구나. 부- + -ᄂᆞ- + -옷- + -다.

- ‘부-’는 ‘불-’의 ‘ㄹ’이 ‘ㄴ’ 앞에서 탈락된 형태이다.

• ᄆᆡ햇: 들에의. ᄆᆡㅎ + -애 + -ㅅ.

- ‘ᄆᆡㅎ’을 ‘들’을 뜻하는 ‘ㅎ’ 종성 체언이다.

• 서늘호미: 서늘함이. 서늘ᄒᆞ- + -옴 + -이.

• 다돈: 닫은. 닫- + -온.

• 이페: 창문에. 문에. 잎- + -에.

- ‘잎’은 ‘창문’, ‘문’을 뜻하는 명사이다.

• 侵逼ᄒᆞᄂᆞ니: 침핍하는데. 스며드는데. 侵逼ᄒᆞ- + -ᄂᆞ- + -니.

- ‘侵逼ᄒᆞ다’는 ‘침노하여 핍박하다’를 뜻하는 동사이다.

• ᄀᆞᄅᆞ미: 강이. ᄀᆞᄅᆞᆷ + -이.

• ᄀᆞ독ᄒᆞ야: 가득하여. ᄀᆞ독ᄒᆞ- + -야.

• ᄆᆡ엿ᄂᆞᆫ: 매여 있는. ᄆᆡ이- + -어 # 잇- + -ᄂᆞ- + -ㄴ.

- ‘ᄆᆡ엿-’은 ‘ᄆᆡ이- + -어 # 잇-’이 축약된 형태이다.

• ᄇᆡ롤: 배를. ᄇᆡ + -롤.

• 帶ᄒᆞ얫도다: 대하여. 있도다. 묶어 두었도다. 帶ᄒᆞ- + -야 # 잇- + -도- + -다.

- 여기에서 '滯ᄒᆞ다'는 '묶어 두다', '연결하다' 정도를 뜻하는 것으로 해석된다.

• 通籍: 통적. 궁문의 출입을 허락하던 일.

• 病 하몰: 병이 많음을. 病 # 하- + -옴 + -올.

- '하다'는 '많다', '크다'를 뜻하는 동사이다.

• 슬노니: 슬퍼하는데. 슬- + -ᄂᆞ- + -오- + -니.

- '슬-'는 '슳-'의 종성이 8종성 표기법에 따라 한 자음만 표기된 형태이고 '슬퍼하다'를 뜻하는 동사이다. '-오-'는 화자 자신과 호응 관계를 보이는 1인칭 활용 선어말어미이다.

• 郎官: 낭관. 각 관아의 당하관(堂下官)을 이르는 말.

- '郎官'은 두보가 공부원외랑(工部員外郎)이 되었던 것을 가리킨다.

• ᄃᆞ외요매: 됨에. ᄃᆞ외- + -욤 + -애.

- 'ᄃᆞ외다'는 '되다'를 뜻하는 동사이고, '-욤'은 명사형어미 '-옴'에 반모음 'j'가 삽입된 형태이다.

• 열이: 엷게.

- '열이'는 '열ᄫᅵ'의 'ᄫ'이 변화된 형태로 '열ᄫᅵ 〉 열이'의 변화를 겪었다. '열이'는 '엷게'를 뜻한다.

• 노로몰: 노는 것을. 놀- + -옴 + -올.

- "열이 노로몰"은 '薄遊'을 언해한 것으로 '마음대로 노는 것' 정도를 뜻한다.

• 더러이노라: 더럽히는구나. 더럽혀지는구나. 더러이- + -ᄂᆞ- + -오- + -라.

- '더러이다'는 '더럽히다', '더럽혀지다'를 뜻하는 동사로 '더러ᄫᅵ- 〉 더러이'의 변화를 겪었다.

- "郎官 ᄃᆞ외요매 열이 노로몰 더러이노라"는 원문의 "爲郎忝薄遊"을 언

해한 것으로 낭관이 되어 이리저리 떠도는 것을 '忝'(더러이노라)로 표현한 것이다. 즉 벼슬을 얻었지만 떠돌아다니는 자신을 부끄러워하는 모습을 드러낸 것으로 해석된다.

• 하ᄂᆞᆯ히: 하늘이. 하ᄂᆞᆯㅎ + -이.

  - '하ᄂᆞᆯㅎ'은 'ㅎ' 종성 체언으로 '하늘'을 뜻한다.

• 서늘커든: 서늘하거든. 서늘ᄒᆞ- + -거든.

• 巫峽으로셔: 무협. 巫峽 + -으로셔.

  - '巫峽'은 중국 쓰촨성 충칭시와 후베이성 사이에 있는 협곡.
  - 여기에서 '-으로셔'는 출발점을 나타내는 조사로 쓰였다.

• 나가: 나가서. 나가- + -아.

• 醉코: 취하고. 醉ᄒᆞ- + -고.

• 仲宣樓: 중선루.

  - '仲宣樓'는 건안칠자(建安七子) 중 한 사람인 왕찬(王粲, 자: 仲宣)이 등루부(登樓賦)를 쓴 곳이라고 알려진 당양현(當陽縣)의 성루를 가리킨다.

• 여희요리라: 여읠 것이다. 이별할 것이다. 여희- + -요- + -리- + -라.

  - '여희다'는 '여이다'를 뜻하는 동사이며, '-요-'는 1인칭 선어말어미 '-오-'에 반모음 'j'가 삽입된 형태이다.

《두시언해 권 12, 28b》

❀ 원문 텍스트

更題

只應踏初雪 騎馬發荊州
直怕巫山雨 眞傷白帝秋
群公蒼玉佩 天子翠雲裘
同舍晨趨侍 胡爲淹此留

❀ 원문 텍스트

오직 당당이 첫 누ᄂᆞᆯ ᄇᆞᆯ와
ᄆᆞᆯ 타 荊州ㅣ로셔 나가리로다
곧 巫山ㅅ 비ᄅᆞᆯ 저ᄒᆞ며
眞實로 白帝ㅅ ᄀᆞᄉᆞᆯᄒᆞᆯ 슬노라
群公ᄋᆞᆫ 프른 玉ᄋᆞᆯ 챗고
天子ᄂᆞᆫ 프른 구룸 ᄀᆞᆮᄒᆞᆫ 갓오ᄉᆞᆯ 니버 겨시니라
ᄒᆞᆫ 官舍애 잇던 사ᄅᆞ문 새배 ᄃᆞ라가 侍衛ᄒᆞ거ᄂᆞᆯ
엇뎨라 오래 예 와 머믈아뇨

[해설] 형주를 떠나 장안을 가려고 하는데 아직 기주에 있는 자신을 서글퍼하는 마음이 드러난 시다. 함께 일하던 이들은 황제를 모시는데 자신은 그곳에 가지 못하는 안타까운 심경을 드러내고 있다.

❀ 현대어역

갱제(다시 쓰다.)

오직 마땅히 첫눈을 밟아
말을 타 형주를 나가리로다.
곧 무산의 비를 두려워하며
진실로 백제의 가을을 슬퍼하노라.
군공은 푸른 옥을 차 있고
천자는 푸른 구름 같은 가죽옷을 입고 계셨다.
한 관사에 있던 사람은 새벽에 달려가 시위하거늘
어찌하여 (나는) 오래 이곳에 와서 머무는가.

❀ 주석

- 오직: 오직.
- 당당이: 마땅히. 당연히.
- 누ᄂᆞᆯ: 눈을. 눈 + -ᄋᆞᆯ.
- ᄇᆞᆯ와: 밟아. ᄇᆞᆯ오- + -아.
  - ‘ᄇᆞᆯ오-’는 ‘ᄇᆞᆲ-’의 ‘ᄫ’이 변화된 형태로 ‘ᄇᆞᆯᄫᅡ 〉 ᄇᆞᆯ와’의 변화를 겪었다.
- ᄆᆞᆯ: 말. [馬].
- 荊州ㅣ로셔: 형주로. 荊州 + -ㅣ + -로셔.
  - 여기에서 ‘-로셔’는 움직임의 방향이 시작되는 장소를 나타내는 의미로 쓰였는데 선행하는 ‘-ㅣ’의 쓰임이 분명하지 않다. 이 ‘-ㅣ’를 주격이나 보격 조사로 볼 수 없으므로 ‘-ㅣ로셔’를 하나의 조사로 분석하는 것이 방법일 것이다.

• 나가리로다: 나갈 것이다. 나가- + -리- + -로- + -다.

• 巫山: 무산. 중국 사천성 동쪽에 있는 명산. 사천성과 후베이성의 경계에 있는 명산

• 저ᄒᆞ며: 두려워하며. 젛- +-ᄋᆞ며.

- '젛다'는 '두려워하다'를 뜻하는 동사이다.

• 眞實로: 진실로.

• ᄀᆞᄉᆞᆯ홀: 가을을. ᄀᆞᄉᆞᆯㅎ + -올.

• 슬노니: 슬퍼하니. 슬- + -ᄂᆞ- + -오- + -니.

- '슬-'은 '슳-'의 종성 'ㄹㅎ'이 8종성 표기법에 따라 표기된 형태이며 '슬퍼하다'를 뜻한다.

• 群公ᄋᆞᆫ: 군공은. 많은 관리는. 群公 + -ᄋᆞᆫ.

• 프른 玉: 푸른 옥. 프르- + -ㄴ # 玉.

- "프른 玉"은 원문의 '蒼玉'은 오품 이상의 관원이 차는 패를 가리킨다.

• 챗고: 차 있고. 차- + -아 # 잇- + -고.

• ᄀᆞᆮᄒᆞᆫ: 같은. ᄀᆞᆮᄒᆞ- + -ㄴ.

- 'ᄀᆞᆮᄒᆞ다'는 '같다'를 뜻하는 형용사이다.

• ᄀᆞᆺ오ᄉᆞᆯ: 가죽옷을. ᄀᆞᆺ옷 + -ᄋᆞᆯ.

- 'ᄀᆞᆺ옷'은 '가죽옷'을 뜻하는 명사이다.

• 니버: 입어. 닙- + -어.

- '닙다'는 '입다'를 뜻하는 동사로 '닙- 〉 입-'처럼 두음의 'ㄴ'이 탈락하는 변화를 겪었다.

• 겨시니라: 계시니라. 겨시- + -니- + -라.

- '겨시다'는 '계시다'를 뜻하는 동사이다.

• ᄒᆞᆫ: 한.

• 官舍애: 관사애. 官舍 + -애.

• 잇던: 있던. 잇- + -더- + -ㄴ.

 – '잇다'는 '있다'를 뜻하는 형용사이다.

• 사ᄅᆞ문: 사람은. 사ᄅᆞᆷ + -ᄋᆞᆫ.

• 새배: 새벽.

• ᄃᆞ라가: 달려가. ᄃᆞ라가- + -아.

 – 'ᄃᆞ라가다'는 '달려가다'를 뜻하는 동사이다.

• 侍衛ᄒᆞ거늘: 시위하거늘. 侍衛ᄒᆞ- + -거늘.

 – '侍衛ᄒᆞ다'는 '임금이나 어떤 모임의 우두머리를 모시어 호위하다.'를 뜻한다.

• 엇뎨라: 어찌하여. 어째서. 엇뎨 + -ㅣ- + -라.

 – '엇뎨라'는 '엇뎨'에 서술격 조사 '-ㅣ-', 종결어미 '-라'가 통합된 구성으로 '어찌하여', '어째서' 정도로 해석하는 것이 자연스럽다.

• 예: 여기에.

• 머믈아뇨: 머무는가. 머믈- + -어- + -오- + -뇨.

 – '머물아뇨'는 화자 자신이 스스로 묻는 장면으로 해석된다. 이때 '-아-'는 확인법 선어말어미 '-어-'와 1인칭 활용 선어말어미 '-오-'로 분석된다. 즉, '-아-'는 선어말어미 '-어-'와 '-오-'가 축약된 형태인 것이다. '-거-'와 '-오-'가 축약될 때는 '-가-'로 나타났다. 한편, '-어-'의 어두음이 [ɦ]이어서 '머믈-'의 'ㄹ'이 연철되지 않았다.

 – '-뇨'는 중세 국어의 설명 의문문일 때 통합되었는데 이 '-뇨'를 선어말어미 '-니-'와 의문어미 '-오'로 분석하고 '-오'를 의문 종결어미 '-고'의 'ㄱ'이 약화 탈락된 것으로 설명할 수 있다. 그런데 '-오'가 어간에 직접 결합되는 예가 확인되는 일이 없고 항상 '-니-'나 '-리-'를 수반하기 때문에 '-뇨'를 분석하지 않기도 한다. 여기에서는 '-뇨'를 '-니오'와 달리 융합형 어미로 다루고자 한다.

《두시언해 권 12, 28b-30b》

❀ 원문 텍스트

雨四首

微雨不滑道 斷雲踈復行
紫崖奔處黑 白鳥去邊明
秋日新霑影 寒江舊落聲
柴扉臨野碓 半濕擣香秔

江雨舊無時 天晴忽散絲
暮秋霑物冷 今日過雲遲
上馬回休出 看鷗坐不辭
高軒當灩澦 潤色靜書幃

物色歲將晏 天隅人未歸
朔風鳴淅淅 寒雨下霏霏
多病久加飯 衰容新授衣
時危覺凋喪 故舊短書稀

楚雨石苔滋 京華消息遲
山寒青兕叫 江晚白鷗飢
神女花鈿落 鮫人織杼悲
繁憂不自整 終日灑如絲

[해설] 이 시는 4수의 연작시로 제1수는 비가 갤 무렵의 풍경을 그림처럼 묘사하였고, 제2수는 내리는 비가 개기를 기다리는 심정을, 제3수는 찬바람이 불고 찬비가 부슬부슬 내리는 풍경과 위태로운 시인의 상황을, 제4수는 장안에서의 소식이 더디어 근심을 풀지 못하는 시인의 답답한 심정을 묘사하였다.

❀ 언해문 텍스트

져근 비예 길히 믯그럽디 아니ᄒᆞ니
그츤 구루믄 섯긔오 ᄯᅩ 녀놋다
블근 비레 듣ᄂᆞᆫ ᄯᅡ해 어듭고
힌 새 가ᄂᆞᆫ ᄀᆞᅀᅵ 블갯도다
ᄀᆞᅀᆳᄒᆡᄂᆞᆫ 새려 저즌 그리메
서늘ᄒᆞᆫ ᄀᆞᄅᆞ문 녜브터 디ᄂᆞᆫ 소리로다
섭門이 ᄆᆡ햇 방하ᄅᆞᆯ 臨ᄒᆞ얫ᄂᆞ니
半만 저즌 곳다온 우케ᄅᆞᆯ 딘놋다

ᄀᆞᄅᆞ맷 비 녜브터 ᄢᅢ 업스니
하ᄂᆞᆯ히 개얏다가 忽然히 시리 흗ᄂᆞᆫ ᄃᆞᆺᄒᆞ도다
暮秋에 저즌 거시 서ᄂᆞᆯᄒᆞ니
오ᄂᆞᆳ나래 디나가ᄂᆞᆫ 구루미 더듸도다
【回休出ᄋᆞᆫ 謂騎馬欲出去ᄒᆞ다가 因雨ᄒᆞ야 休出而還入家也ㅣㅣ라】
ᄆᆞᆯ 탓다가 도라와 나가디 아니ᄒᆞ고
ᄀᆞᆯ며기 보노라 안자쇼ᄆᆞᆯ 마디 아니ᄒᆞ노라
노ᄑᆞᆫ 軒檻이 灩澦ᄅᆞᆯ 當ᄒᆞ얫ᄂᆞ니
저즌 비체 글 닑ᄂᆞᆫ 帳이 寂靜ᄒᆞ도다

萬物ㅅ 비츤 ᄒᆡ 將次ㅅ 늣도소니
하ᄂᆞᆳ 모햇 사ᄅᆞ미 도라가디 몯ᄒᆞ얫노라
【淅淅ᄋᆞᆫ 風聲이오 霏霏ᄂᆞᆫ 雨皃ㅣ라】
北녁 ᄇᆞᄅᆞ문 淅淅히 울오
서늘ᄒᆞᆫ 비ᄂᆞᆫ 霏霏히 ᄂᆞ리놋다
【詩예 九月에 授衣니라】
한 病에 오래 바블 더 머고니
늘근 양ᄌᆞ애 새려 오ᄉᆞᆯ 주ᄂᆞ다
時節ㅅ 危亂애 브스왜요ᄆᆞᆯ 아노니
녯 버듸 더른 글워리 드므리 오놋다

楚ㅅ 비예 돌햇 이시 젓고
셔울흰 消息이 더듸도다
뫼히 서늘ᄒᆞ니 프른 뫼햇 쇠 울오

ᄀᆞᄅᆞᇝ 나조ᄒᆡ ᄒᆡᆫ ᄀᆞᆯ며기 주리놋다
【神女鮫人ᄋᆞᆫ 見前註ᄒᆞ다 花鈿은 首飾이라】
神女의 花鈿이 디고
鮫人의 뵈 ᄧᆞᄂᆞᆫ ᄇᆞᄃᆡ집 소리 슬프도다
한 시르미 제 整齊티 몯ᄒᆞᄂᆞ니
나리 ᄆᆞᆺᄃᆞ록 실ᄀᆞ티 ᄡᅳ리ᄂᆞ다

❀ 현대어역

우 사 수(비를 읊은 네 수)

적은 비에 길이 미끄럽지 아니하니
조각조각 끊어진 구름은 성기고 또 흐르는구나.
붉은 벼랑이 내닫는 땅은 어둡고
흰 새 가는 가장자리는 밝아 있도다.
가을 해는 새로 젖은 그림자가 있고
서늘한 강은 예부터 떨어지는 소리가 있도다.
사립문이 들 방아를 임하여 있는데
반만 젖은 꽃다운 메벼를 찧는구나.

강에 비가 예부터 없으니 하늘이 개어 있다가
홀연 비가 실이 흩뿌리는 듯하도다.
늦가을에 젖은 것이 서늘하니
오늘날에 지나가는 구름이 더디도다.
말 타 있다가 돌아와 나가지 아니하고
갈매기 보느라 안자 있음을 그치지 아니하노라.
높은 마루가 염예를 당하여 있으니
젖은 빛에 글 읽는 방이 적정하도다.

만물의 빛은 한 해 장차 저무는데
하늘 모퉁이에 있는 사람이 돌아가지 못하고 있구나.
북녘 바람은 석석 울고

서늘한 비는 비비하게 내리는구나.
많은 병에 오래 밥을 더 먹으니
쇠약해진 몸에 새로 옷을 준다.
시절의 위난에 부산함을 아는데
옛 벗의 짧은 글이 드물게 오는구나.

초의 비에 돌에 낀 이끼가 젖고
서울에서는 소식이 더디도다.
산이 서늘하니 푸른 산에는 소가 울고
강의 저녁에는 흰 갈매기 주리는구나.
신녀의 화전이 떨어지고
교인이 베를 짜는 바디집 소리가 슬프도다.
많은 시름이 스스로 정제하지 못하는데
날이 새도록 (비가) 실같이 뿌린다.

❀ 주석

- 져근: 적은. 젹- + -은.
  - '젹다'는 '적다'를 뜻하는 형용사이다.
- 비예: 비에. 비 + -예.
  - 여기에서 "져근 비"는 '微雨'를 언해한 것으로 보슬보슬 내리는 이슬비를 가리킨다.
- 길히: 길이. 길ㅎ + -이.
  - '길ㅎ'은 'ㅎ' 종성 체언으로 '길'을 뜻하는 명사이다.
- 믯그럽디: 미끄럽지. 믯그럽- + -디.
  - '믯그럽다'는 '미끄럽다'를 뜻하는 형용사이다.
- 그츤: 끊어진. 긏- + -은.
  - '긏다'는 '끊어지다', '끊다'를 뜻하는 동사이다.

- “그친 구르믄”은 ‘斷雲’을 언해한 것으로 조각조각 끊어진 구름을 가리킨다.

• 구룸은: 구름은. 구룸 + -은.

• 섯긔오: 성기고. 섯긔- + -오.

- ‘섯긔다’는 ‘성기다’를 뜻하는 형용사이고, 여기에서 ‘-오’는 연결어미로 ‘-고’와 교체되었는데 서술격 조사와 반모음 ‘j’, ‘ㄹ’일 때 나타났고 그 외의 환경에서는 ‘-고’가 나타났다.

• 쏘: 또.

• 녀놋다: 흐르는구나. 녀- + -ᄂᆞ- + -옷- + -다.

- ‘녀다’는 ‘가다’, ‘다니다’를 뜻하는 동사인데 여기에서는 ‘흐르다’ 정도로 해석하는 것이 자연스럽다.

• 블근: 붉은. 븕- + -은.

• 비레: 벼랑.

- ‘비레’는 ‘벼랑’을 뜻하는 명사이다.

• 돋ᄂᆞᆫ: 다다르는. 돋- + -ᄂᆞ- + ㄴ.

- ‘돋다’는 ‘다다르다’, ‘내닫다’ 정도를 뜻하는 동사이다.

• 짜해: 땅에. 땅이. 짜ㅎ + -애.

- ‘짜ㅎ’은 ‘ㅎ’ 종성 체언으로 ‘땅’을 뜻하는 명사이다. 그런데 언해문 “짜해 어듭고”(땅이 어둡고)에서 처소격 조사 ‘-애’가 통합된 ‘짜해’가 서술어 ‘어듭고’의 주어로 쓰인 점이 특기할 만하다. 이 구문은 주술 구조이기 때문에 ‘짜ㅎ’에 주격 조사가 통합되어야 하나 처소격 ‘-애’가 통합되어 있다. 현재로서는 땅에 어둠이 내린 상황을 묘사하면서 나타난 조사의 오류로 보인다. 이와 대구를 이루는 “ᄀᆞᅀᅵ 불갯도다”에서 ‘ᄀᆞᅀᅵ’의 ‘-ᄋᆡ’도 마찬가지이다.

• 어듭고: 어둡고. 어듭- + -고.

• ᄒᆡᆫ: 흰.

• 가ᄂᆞᆫ: 가는. 가- + -ᄂᆞ- + -ㄴ.

• ᄀᆞᅀᆡ: 가장자리에. 가장자리가. ᄀᆞᇫ + -ᄋᆡ.

 - ‘ᄀᆞᇫ’은 ‘가장자리’, ‘변두리’를 뜻하는 명사인데 이 ‘ᄀᆞᅀᆡ’에 통합된 ‘-ᄋᆡ’가 서술어 ‘ᄇᆞᆯ갯도다’의 주어인 ‘ᄀᆞᇫ’에 통합되었다는 점에서 특기할 만하다.

• ᄇᆞᆯ갯도다: 밝아 있도다. ᄇᆞᆰ- + -아 # 잇- + -도- + -다.

 - ‘ᄇᆞᆰ다’는 ‘밝다’를 뜻하는 형용사이다.

• ᄀᆞᅀᆳᄒᆡᄂᆞᆫ: 가을 해는. ᄀᆞᅀᆞᆯ + -ㅅ # ᄒᆡ + -ᄂᆞᆫ.

 - 중간본에는 관형격 조사 ‘-ㅅ’이 탈락된 ‘ᄀᆞ올 ᄒᆡᄂᆞᆫ’으로 표기되었다.

• 새려: 새로.

• 저즌: 젖은. 젖- + -은.

• 그리메: 그림자.

• 서늘ᄒᆞᆫ: 서늘한. 서늘ᄒᆞ- + -ㄴ.

• ᄀᆞᄅᆞᄆᆞᆫ: 강은. ᄀᆞᄅᆞᆷ + -ᄋᆞᆫ.

 - ‘ᄀᆞᄅᆞᆷ’은 ‘강’을 뜻하는 명사이다.

• 녜브터: 예부터. 녜 + -브터.

• 디ᄂᆞᆫ: 지는. 떨어지는. 디- + -ᄂᆞ- + -ㄴ.

 - ‘디다’는 ‘지다’, ‘떨어지다’를 뜻하는 동사이다.

 - “디ᄂᆞᆫ 소리”는 ‘落聲’을 언해한 것으로 ‘물이 높은 곳에서 떨어지는 소리’를 지시한 것으로 해석된다.

• 섭門: 사립문. 柴扉.

• ᄆᆡ햇: 들에의. 들에 있는. ᄆᆡᇂ + -애 + -ㅅ.

 - ‘ᄆᆡᇂ’은 ‘들’을 뜻하는 명사이고, ‘-앳’은 처소격 조사 ‘-애’와 관형격 조사 ‘-ㅅ’이 통합된 형태이다. 중간본에는 관형격 조사 ‘-ㅅ’이 탈락된

'ᄆᆡ해'로 표기되었다.

• 방하롤: 방아를. 방하 + -롤.

• 臨ᄒᆞ얫ᄂᆞ니: 임하여 있는데. 臨ᄒᆞ- + -야 # 잇- + -ᄂᆞ- + -니.

• 半만: 반 정도. 반쯤. 半 + -만.

- 여기에서 '-만'은 정도(그만큼가량의 분량)를 뜻하는 조사로 쓰였다.

• 곳다온: 꽃다운. 곳다오- + -ㄴ.

- '곳다오-'는 '곳닿-'의 'ㅸ'이 변화된 형태로 '곳다ᄫᆞᆫ 〉 곳다온'의 변화를 겪었다.

• 우케: 메벼. [秔].

- '우케'는 '찧기 위하여 말리는 벼'를 뜻하고, "곳다온 우케"는 '香秔'을 언해한 것으로 '향기로운 메벼'로 해석된다.

• 딘놋다: 찧는구나. 딘- + -ᄂᆞ- + -옷- + -다.

- '딘-'은 '딯-'의 'ㅎ'이 8종성 표기에 따라 'ㄷ'으로 바뀐 뒤에 'ㄷ'이 'ㄴ' 앞에서 동화된 표기 형태이다. '딯다'는 '찧다'를 뜻하는 동사로 여기에서는 '擣'를 언해한 것이다.

• ᄀᆞᄅᆞᄆᆡᆺ: 강에의. 강에 내리는. ᄀᆞᄅᆞᆷ + -애 + -ㅅ.

- 중간본에는 관형격 조사 '-ㅅ'이 탈락된 'ᄀᆞᄅᆞ매'로 표기되었다.

• 녜브터: 예부터. 녜 + -브터.

• ᄢᅢ: 때.

• 업스니: 없으니. 업- + -으니.

- '업-'은 '없-'의 종성 'ㅄ'이 8종성 표기법에 따라 한 자음 'ㅂ'으로 표기된 형태이다.

• 하ᄂᆞᆯ히: 하늘이. 하ᄂᆞᆯㅎ + -이.

- '하ᄂᆞᆯㅎ'는 'ㅎ' 종성 체언으로 '하늘'을 뜻하는 명사이다.

• 개얏다가: 개어 있다가. 개- + -아 # 잇- + -다가.

• 忽然히: 홀연히.

• 시리: 실이.

• 흗논: 흐트러진. 흗- + -ᄂᆞ- + -ㄴ.

– '흗다'는 '흩다', '흩어지다' 정도를 뜻하는 동사이고, "시리 흗논 ᄃᆞᆺᄒᆞ도다"는 '散絲'를 언해한 것으로 여기에서는 '비가 흩뿌린 실 같음'을 비유한 것으로 해석된다.

• 暮秋: 모추. 늦가을. 음력 9월.

• 저즌: 젖은. 젖- + -은.

• 거시: 것이. 것 + -이.

• 서늘ᄒᆞ니: 서늘하니. 서늘ᄒᆞ- + -니.

• 오ᄂᆞᆳ나래: 오늘날에. 오ᄂᆞᆯ + -ㅅ # 날 + -애.

– 중간본에는 관형격 조사 '-ㅅ'이 탈락된 '오ᄂᆞᆯ나래'로 표기되었다.

• 디나가ᄂᆞᆫ: 지나가는. 디나가- + -ᄂᆞ- + -ㄴ.

– '디나가다'는 '지나가다'를 뜻하는 동사이다.

• 더듸도다: 더디도다. 더듸- + -도- + -다.

– '더듸다'는 '더디다'를 뜻하는 동사이다.

• ᄆᆞᆯ: 말. [馬].

• 탓다가: 타 있다가. 타- + -아 # 잇- + -다가.

• 도라와: 돌아와. 도라오- + -아.

• 나가디: 나가지. 나가- + -디.

• ᄀᆞᆯ며기: 갈매기.

• 보노라: 보느라고. 보- + -ᄂᆞ- + -오- + -라.

– '-오-'는 1인칭 활용 선어말어미로 주어가 시적 화자 자신임을 표현한 것이고 '-라'는 연결어미이다.

• 안자쇼ᄆᆞᆯ: 앉아 있음을. 앉- + -아 # 시- + -옴 + -ᄋᆞᆯ.

- '-아 # 시-'에서 '시-'를 '이시-'의 이형태로 분석하였다. 그런데 이 '시-'를 분석하지 않고 '-아시-'처럼 융합형 어미로 처리하는 일도 있다. 즉, '-아 # 이시- 〉 - 아 시- 〉 -앗-'과 같은 문법화의 발달 과정으로 보는 견해가 있다.

• 마디: 마지. 마- + -디.

- '마-'는 '말-'의 'ㄹ'이 'ㄷ' 앞에서 탈락된 형태이다.

• 노픈: 높은. 높- + -ᄋᆞᆫ.

• 軒檻: 헌함. 대청 기둥 밖으로 돌아가며 깐 난간이 있는 좁은 마루.

• 灩澦: 염예. 양자강 상류 구당협의 입구에 솟아 있는 험한 바위의 이름.

- 염예는 모양이 말과 같은 형상의 바위이다.

• 當ᄒᆞ얫ᄂᆞ니: 당하여 있는데. 當ᄒᆞ- + -야 # 잇- + -ᄂᆞ- + -니.

• 비체: 빛에. 빛 + -에.

• 닑ᄂᆞᆫ: 읽는. 닑- + -ᄂᆞ- + -ㄴ.

- '닑다'는 '읽다'를 뜻하는 동사이다.

• 帳이: 장이. 휘장이.

• 寂靜ᄒᆞ도다: 적정하도다. 寂靜ᄒᆞ- + -도- + -다.

• 萬物ㅅ: 만물의. 萬物 + -ㅅ.

• 비츤: 빛은. 빛 + -은.

• ᄒᆡ: 해.

• 將次ㅅ: 장차의. 將次 + -ㅅ.

• 늣도소니: 늦었는데. 저물었는데. 늣- + -도소- + -니.

- '늣-'은 '늦'의 종성 'ㅈ'이 8종성 표기법에 따라 표기된 형태이고 '늦다'는 '늦다', '저물다'를 뜻하는데 여기에서는 '저물다'로 해석하는 것이 자연스럽다.

- '-도소-'는 '-(으)니', '-(으)이-', '-(으)녀' 등 매개 모음이 있는 어미

앞에서 나타나기 때문에 별도로 감탄의 선어말어미 '-도소-'로 분석하지 않고 '-돗-'이 연철과 음운 동화('ᄾᆞ'의 'ㆍ'가 '로'의 모음에 이끌려 동화됨)를 겪어 나타난 형식으로 해석하기도 한다.

• 하ᄂᆞᆳ: 하늘의. 하ᄂᆞᆯ + -ㅅ.

• 모햇: 모퉁이에의. 모퉁이에 있는. 모ㅎ + -애 + -ㅅ.

- '하ᄂᆞᆳ 모햇'이 중간본에는 관형격 조사 '-ㅅ'이 탈락된 '하ᄂᆞᆯ 모해'로 표기되었다.

• 도라가디: 돌아가지. 도라가- + -디.

- '도라가다'는 '돌아가다'를 뜻하는 동사이다.

• 몯ᄒᆞ얫노라: 못하고 있구나. 몯ᄒᆞ- + -야 # 잇- + -ᄂᆞ- + -오- + -라.

- '-야 # 잇-' 구성이 축약될 때는 대체로 '-얫-'으로 표기되는데 이러한 축약형이 중간본에서는 '-얏-'으로 표기되는 일이 많다. 이 '몯ᄒᆞ얫노라'도 중간본에는 '못ᄒᆞ얏도다'로 표기되었다. 이러한 축약의 변화는 '-야 # 잇-'의 문법화 과정 측면에서 접근할 수 있어 주목되는 현상이다.

• 北녁: 북녘. 북쪽.

• ᄇᆞᄅᆞᄆᆞᆫ: 바람은. ᄇᆞᄅᆞᆷ + -ᄋᆞᆫ.

• 淅淅히: 석석히. 거침없이 밀거나 쓸거나 비비거나 하는 소리.

- 협주문의 "淅淅ᄋᆞᆫ 風聲이오"(석석은 바람소리이고)를 통해 "淅淅히"가 지시하는 바를 알 수 있다.

• 울오: 울고. 불고. 울- + -오.

- 이 연결어미 '-오'는 '-고'의 'ㄱ'가 약화된 형태로 분석되는데 선행하는 형태가 서술격 조사이거나 선행하는 음이 반모음 'j', 자음 'ㄹ'일 때 '-오'가 통합되었고 그 외의 환경에서는 '-고'가 통합되었다. 한편, 중세 국어에서 'ㄱ'가 약화된 형태는 '알어늘'(알-어늘/거늘), '알오'(알-오/고)에서도 확인된다. 'ㄱ'가 약화된 'ㅇ'은 유성후두마찰음 [ɦ]이므

로 선행하는 어간의 말음이 후행하는 어미에 연철되지 않았다.

• 霏霏히: 비비히. 부슬부슬 내리는 비나 눈발이 배고 가는 모양.

– 협주문의 "霏霏ᄂᆞᆫ 雨皃ㅣ라"(비비는 비 내리는 모양이다.)를 통해 '霏霏히'가 지시하는 바를 알 수 있다.

• ᄂᆞ리놋다: 내리는구나. ᄂᆞ리- + -ᄂᆞ- + -옷- + -다.

– 'ᄂᆞ리다'는 '내리다'를 뜻하는 동사이다.

• 한: 많은. 하- + -ㄴ.

– '하다'는 '많다', '크다'를 뜻하는 동사이다.

• 바ᄇᆞᆯ: 밥을. 밥 + -ᄋᆞᆯ.

• 머고니: 먹으니. 먹- + -오- + -니.

– '-오-'는 1인칭 선어말어미이며 먹는 행위의 주체가 시적 화자 자신임을 표현한 것이다.

• 늘근: 늙은. 늙- + -은.

• 양ᄌᆞ애: 모양에. 용모에. 양ᄌᆞ + -애.

– "늘근 양ᄌᆞ애"는 '衰容'을 언해한 것으로 '쇠약해진 몸'을 표현한 것이다.

• 새려: 새로.

• 오ᄉᆞᆯ: 옷을. 옷 + -ᄋᆞᆯ.

• 주ᄂᆞ다: 준다. 주- + -ᄂᆞ- + -다.

• 危亂애: 위란에. 危亂 + -애.

– '危亂'은 위태로운 전란을 말한다.

• ᄇᆞᅀᆞ왜요ᄆᆞᆯ: 어지러움을. ᄇᆞᅀᆞ왜- + -욤 + -ᄋᆞᆯ.

– 'ᄇᆞᅀᆞ왜다'는 '부산떨다', '어지럽다'를 뜻하는 동사이다.

• 아노니: 아니. 아- + -ᄂᆞ- + -오- + -니.

– '아-'는 '알-'의 'ㄹ'이 'ㄴ' 앞에서 탈락된 형태이고 '-오-'는 1인칭 활

용 선어말어미이다.

• 녯: 옛.

• 버듸: 벗의. 친구의. 벋 + -의.

• 뎌른: 짧은. 뎔- + -은.

- '뎔다'는 '짧다'를 뜻하는 형용사이다.

• 글워리: 글이. 글월 + -이.

- '글월'은 '글'을 뜻하는 명사이다.

• 드므리: 드물게.

• 오놋다: 오는구나. 오- + -ᄂᆞ- + -옷- + -다.

- '-놋-'은 현재 시제 선어말어미 '-ᄂᆞ-'와 감탄법 선어말어미 '-옷'이 축약된 형태이다.

• 비예: 비에. 비 + -예.

- 처격 조사 '-예'는 선행음이 모음 'ㅣ'나 반모음 'j'일 때 통합되었다.

• 돌햇: 돌에의. 돌에 낀. 돌ㅎ + -애 + -ㅅ.

- '돌ㅎ'은 '돌'을 뜻하는 명사로 'ㅎ' 종성 체언이다. 중간본에는 '돌해'로 표기되었다.

• 이시: 이끼가. 잇 + -이.

- '잇'은 '이끼'를 뜻하는 명사이다. 그런데 중세 국어에서 이 명사는 '잇'과 '잇ㄱ'이 교체되었는데 후행하는 음이 모음일 때 '잇기', '잇글', '잇긔'처럼 나타났고 그 외의 자리에서는 '잇'이 나타났다. 여기에서는 '잇'이 주격 조사에 연철되어 있어 특기할 만하다.

• 셔울흰: 서울에는. 셔울ㅎ + -의 + -ㄴ.

- '셔울ㅎ'은 'ㅎ' 종성 체언으로 '서울'을 뜻하는 명사이고 여기에서 '-의'는 처소격 조사로 쓰였다.

• 消息이: 소식이. 消息 + -이.

• 더듸도다: 더디도다. 더듸- + -도- + -다.

- '더듸다'는 '더디다'를 뜻하는 형용사이다.

• 뫼히: 산이. 뫼ㅎ + -이.

- '뫼ㅎ'은 'ㅎ' 종성 체언으로 '산'을 뜻하는 명사이다.

• ᄆᆡ햇: 들에의. 들에 있는. ᄆᆡㅎ + -애 + -ㅅ.

- 'ᄆᆡㅎ'은 'ㅎ' 종성 체언으로 '들'을 뜻하는 명사이다.

• 쇠: 소가. 쇼 + -ㅣ.

• 울오: 울고. 울- + -오.

- 이 연결어미 '-오'는 '-고'의 'ㄱ'가 약화된 형태로 분석되는데 선행하는 형태가 서술격 조사이거나 선행하는 음이 반모음 'j', 자음 'ㄹ'일 때 '-오'가 통합되었고 그 외의 환경에서는 '-고'가 통합되었다.

• ᄀᆞᄅᆞᇝ: 강의. ᄀᆞᄅᆞᆷ + -ㅅ.

- 'ᄀᆞᄅᆞᆷ'은 '강'을 뜻하는 명사이다. 중간본에는 관형격 조사 '-ㅅ'이 탈락된 'ᄀᆞᄅᆞᆷ'으로 표기되었다.

• 나조ᄒᆡ: 저녁에. 나조ㅎ + -ᄋᆡ.

- '나조ㅎ'은 'ㅎ' 종성 체언으로 '저녁'을 뜻하는 명사이다.

• ᄒᆡᆫ: 흰. ᄒᆡ- + -ㄴ.

- 'ᄒᆡ다'는 '희다'를 뜻하는 형용사이다.

• ᄀᆞᆯ며기: 갈매기.

• 주리놋다: 주리는구나. 주리- + -ᄂᆞ- + -옷- + -다.

• 花鈿: 화전. 꽃비녀.

- 협주문의 "花鈿은 首飾이라"(화전은 머리장식이다.)에서 그 뜻을 참고할 수 있다.

• 디고: 지고. 떨어지고. 디- + -고.

- '디다'는 '지다', '떨어지다' 정도를 뜻하는 동사이다.

• 鮫人의: 교인의. 鮫人 + -의.

- '鮫人'은 반은 물고기 반은 사람인 모양을 하고 있는 인어를 가리킨다.

• 뵈 ᄧᆞᄂᆞᆫ: 베 짜는. 뵈 # ᄧᆞ- + -ᄂᆞ- + -ㄴ.

- '뵈'는 '베'를 뜻하는 명사이고 'ᄧᆞ-'는 '(베를)짜다'를 뜻하는 동사이다.

• ᄇᆞ디집: 바디집. 바디를 끼우는 테.

• 한: 많은. 하- + -ㄴ.

• 시르미: 시름이. 시름 + -이.

• 제: 스스로.

• 整齊티: 정제하지. 整齊ᄒᆞ- + -디.

- '티'는 'ᄒᆞ-'와 '-디'가 축약된 형태이다.

• 나리 뭇ᄃᆞ록: 날이 마치도록. 날이 새도록. 날 + -이 # 뭇- + -ᄃᆞ록.

• 실ᄀᆞ티: 실같이. 실처럼. 실 + -ᄀᆞ티.

- '-ᄀᆞ티'는 조사 '-같이', '-처럼'의 의미로 쓰였다.

- '-ᄀᆞ티'가 중간본에는 구개음화가 반영된 '-ᄀᆞ치'로 표기되었다.

• 쓰리ᄂᆞ다: 뿌린다. 쓰리- + -ᄂᆞ- + -다.

- '쓰리다'는 '뿌리다'를 뜻하는 동사이다.

《두시언해 권 12, 30b》

❀ 원문 텍스트

白帝

白帝城中雲出門 白帝城下雨飜盆
高江急峽雷霆闘 翠木長藤日月昏
戎馬不如歸馬逸 千家今有百家存
哀哀寡婦誅求盡 慟哭秋原何處村

❀ 언해문 텍스트

白帝城ㅅ 가온ᄃᆡ 구루미 門의셔 나고
白帝城ㅅ 아랜 비 그르스로 업티ᄂᆞᆫ 듯ᄒᆞ놋다
노ᄑᆞᆫ ᄀᆞ롬과 ᄲᆞ른 峽엔 울에 사호고
프른 나모와 긴 藤蘿앤 ᄒᆡ ᄃᆞ리 어듭도다
【書에 歸馬于華山之陽이라ᄒᆞ니 言征伐이 不如修文이라 下句ᄂᆞᆫ 言殘敝也ㅣ라】
사호맷 ᄆᆞ리 ᄆᆞᆯ 보내요ᄆᆡ 安逸홈만 ᄀᆞᆮ디 몯ᄒᆞ니
즈믄 지비 이젠 온 집ᄲᅮᆫ 잇도다
【誅求ᄂᆞᆫ 賦也ㅣ라】
슬픈 ᄒᆞ올어ᄆᆡ게 바도ᄆᆞᆯ 다ᄒᆞᄂᆞ니
ᄀᆞᅀᆞᆶ 두들게 셜워 우ᄂᆞ니 어듸 ᄆᆞᅀᆞᆯ힌고

[해설] 이 시는 한바탕 쏟아지는 폭우로 거친 협곡과 전쟁으로 피폐해진 백성들의 삶을 그리고 있다.

❀ 현대어역

백제

백제성의 가운데에는 구름이 문에서 나오고
백제성의 아래에는 비가 그릇을 엎친 듯하도다.
높은 강과 빠른 협에는 우레가 싸우고
푸른 나무와 긴 덩굴에는 해와 달이 어둡도다.
군마가 귀마의 안일함만 못하니
천 집이 이제는 백 집만 있도다.
슬픈 홀어머니에게 받음을 다하니
가을 둔덕에서 서러워 우는데 어느 마을인고.

❀ 주석

• 白帝: 백제. 백제성.
 – 중국 충칭시 백제촌에 있는 백제성을 가리킨다.

• 가온딕: 가운데.

• 구루미: 구룸이. 구룸 + –이.
 – '구룸'은 '구름'을 뜻하는 명사이다.

• 門의셔: 문에서. 門 + –의셔.
 – '–의셔'는 '–에셔'의 의미로 쓰였다.

• 나고: 나고. 나오고. 나– + –고.
 – '나다'는 '나다', '나오다', '나타나다' 정도를 뜻하는 동사이다.

• 아랜: 아래는. 아래 + –ㄴ.

• 그르스로: 그릇으로. 그릇 + –으로.

• 업티ᄂᆞᆫ: 엎치는. 업티– + –ᄂᆞ– + –ㄴ.

- ‘업티다’는 ‘엎치다’를 뜻하는 동사이다. “업티ᄂᆞᆫ ᄃᆞᆺᄒᆞ놋다”는 ‘엎치는 듯하도다.’로 해석되는데 이는 비가 그릇을 엎치는 것과 같이 쏟아지는 것을 비유한 것이다. “그르스로 업티ᄂᆞᆫ ᄃᆞᆺᄒᆞ놋다”는 원문의 ‘雨飜盆’을 언해한 것이다.

• 노ᄑᆞᆫ ᄀᆞᄅᆞᆷ: 높은 강. 불어난 강. 높- + -ᄋᆞᆫ # ᄀᆞᄅᆞᆷ.

- ‘ᄀᆞᄅᆞᆷ’은 ‘강’을 뜻하는 명사이고, 원문의 “노ᄑᆞᆫ ᄀᆞᄅᆞᆷ”은 ‘高江’을 언해한 것으로 불어난 강을 표현한 것이다.

• ᄲᆞᄅᆞᆫ: 빠른. 거센. ᄲᆞᄅᆞ- + -ㄴ.

- ‘ᄲᆞᄅᆞ다’는 ‘빠르다’를 뜻하는 형용사인데 여기에서는 ‘거센’ 정도로 해석하는 것이 자연스럽다.
- 원문의 “ᄲᆞᄅᆞᆫ 峽”은 ‘急峽’을 언해한 것으로 협곡의 거세진 물살을 표현한 것이다.

• 울에: 우레.

• 사호고: 싸우고. 사호- + -고.

- ‘사호다’는 ‘싸우다’를 뜻하는 동사이다.
- “울에 사호고”는 원문의 ‘雷霆鬪’를 언해한 것으로 불어난 강과 협곡의 거센 물살 소리를 비유한 것으로도 해석된다.

• 프른: 푸른. 프르- + -ㄴ.

- ‘프르다’는 ‘푸르다’를 뜻하는 형용사이다.

• 나모와: 나무와. 나모 + -와.

- ‘나모’는 ‘나무’를 뜻하는 명사로 ‘낡ㄱ’과 비자동적 교체를 보였다. ‘남기’(낡ㄱ+-이), ‘남ᄀᆞᆯ’(낡ㄱ+-ᄋᆞᆯ)처럼 모음으로 시작하는 조사와 통합될 때는 ‘낡ㄱ’이 나타났고 ‘나모도’(나모+-도)처럼 자음으로 시작하는 조사와 ‘-와’가 통합될 때와 조사가 후행하지 않을 때는 ‘나모’가 나타났다.

• 藤蘿: 등라. 등나무의 덩굴.

• ᄒᆡ ᄃᆞ리: 해 달이. ᄒᆡ # ᄃᆞᆯ + -이.

• 어듭도다: 어둡도다. 어듭- + -도- + -다.

 - '어듭다'는 '어둡다'를 뜻하는 형용사이다.

• 사호맷: 싸움의. 사호- + -옴 + -애 + -ㅅ.

 - '사호다'는 '싸우다'를 뜻하는 동사이고 "사호맷 ᄆᆞ리"는 '戎馬'를 번역한 것으로 '군마'를 뜻한다.

• 보내요ᄆᆡ: 보냄의. 보내는 것의. 보내- + -욤 + -ᄋᆡ.

 - "ᄆᆞᆯ 보내요ᄆᆡ"는 '歸馬'를 언해한 것으로 전쟁터에 돌아온 말을 표현한 것이다. 협주문의 "書에 歸馬于華山之陽이라ᄒᆞ니"(서경에 말이 화산 남쪽으로 돌아간다 하니)를 참고할 수 있다.

• 安逸홈만: 안일함만. 安逸ᄒᆞ- + -옴 + -만.

• ᄀᆞᆮ디: 같지. ᄀᆞᆮ- + -디.

 - 'ᄀᆞᆮ-'는 '같-'의 종성 'ㅌ'이 8종성 표기법에 따라 'ㄷ'으로 표기된 형태이다.

• 즈믄: 천.

• 지비: 집이. 집 + -이.

• 집ᄡᅮᆫ: 집만. 집 + -ᄡᅮᆫ.

 - 여기에서 조사 '-ᄡᅮᆫ'은 한정 내지 강조의 의미로 해석된다.

• 잇도다: 있도다. 잇- + -도- + -다.

• 슬픈: 슬픈. 슬프- + -ㄴ.

• ᄒᆞ올어믜게: 홀어머니에게. ᄒᆞ올어미 + -의게.

 - 'ᄒᆞ올어미'는 '홀어머니'를 뜻하는데 여기에서 '-의게'와 통합될 때 'ᄒᆞ올어미'의 'ㅣ' 모음이 탈락된 것은 특기할 만하다. '아비', '어미'가 이와 같은 경우에 'ㅣ' 모음이 탈락된 '아븨', '어믜'로 나타났다.

• 바도몰: 받음을. 받- + -옴 + -올.

- '바도몰'은 원문의 '誅求'를 언해한 것으로 관에서 백성에게 강제로 세금을 혹독하게 징수하는 것을 뜻한다.

• ᄀᆞᄉᆳ: 가을의. ᄀᆞᄉᆞᆯ + -ㅅ.

- 중간본에는 관형격 조사 '-ㅅ'이 탈락된 'ᄀᆞ올'로 표기되었다.

• 두들게: 두둑에서. 둔덕에서. 두듥 + -에.

- 여기에서 조사 '-에'는 '-에서' 정도로 해석된다.

• 셜워: 서러워. 셜우- + -어.

- '셜우-'는 '셟-'의 'ㅸ'이 변화된 형태로 '셜버 〉 셜워'의 변화를 겪었다.

- "ᄀᆞᄉᆳ 두들게 셜워 우ᄂᆞ니"는 관에서 집집마다 혹독하게 징수하는 세금으로 피폐해진 백성들의 통곡 소리를 표현한 것이다.

• 우ᄂᆞ니: 우는데. 우- + -ᄂᆞ- + -니.

- '우-'는 '울-'의 'ㄹ'이 'ㄴ' 앞에서 탈락된 형태이다.

• 어딋: 어디의. 어듸 + -ㅅ.

- '어듸'는 '어디'를 뜻하는 명사이다.

• ᄆᆞᅀᆞᆶ힌고: 마을인고. ᄆᆞᅀᆞᆶ + -ㅣ + -ㄴ고.

《두시언해 권 12, 31a-31b》

❀ 원문 텍스트

村雨

雨聲傳兩夜 寒事颯高秋
挈帶看朱紱 開箱覩黑裘
世情只益睡 盜賊敢忘憂
松菊新霑洗 茅齋慰遠遊

❀ 원문 텍스트

빗소리 두 바ᄆᆞᆯ 傳ᄒᆞᄂᆞ니
치운 이ᄅᆞᆫ 노ᄑᆞᆫ ᄀᆞᄉᆞᆯ히 서ᄂᆞᆯᄒᆞ도다
【甫ㅣ 爲工部員外郎ᄒᆞ야 服緋故로 云朱紱ᄒᆞ니라】
ᄯᅴᄅᆞᆯ 자바 朱紱을 보고
箱子ᄅᆞᆯ 여러 거믄 갓오ᄉᆞᆯ 보노라
【上句ᄂᆞᆫ 言思及世情則無聊ᄒᆞ야 惟睡而已니라】
世上ㅅ ᄠᅳ덴 오직 ᄌᆞ오로미 더으ᄂᆞ니
盜賊에 敢히 시르믈 니저리아
【言惟以松菊으로 消遣愁寂耳라】
솔와 菊花왜 새려 저저 싯기니
새지븨 머리 와 노로ᄆᆞᆯ 慰勞ᄒᆞᄂᆞ다

[해설] 이 시는 시골에 내리는 비를 바라보며 관직의 감회를 생각하면서 세정의 어려움을 탄식한 내용을 담고 있다.

❀ 현대어역

> 촌우(시골에 내린 비)
>
> 빗소리가 이틀 밤을 전하는데
> 추운 일은 높은 가을이 서늘하도다.
> 허리띠를 잡아 붉은 관복을 보고
> 상자를 열어 검은 갖옷을 본다.
> 세상의 뜻엔 오직 졸음이 더하나니
> 도적에 감히 시름을 잊으랴.
> 소나무와 국화가 새로 젖어 씻기니
> 띳집에서 멀리 와 노는 것을 위로한다.

❀ 주석

- 빗소리: 빗소리. 비 + -ㅅ # 소리.
- 바ᄆᆞᆯ: 밤을. 밤 + -ᄋᆞᆯ.
  - "두 바ᄆᆞᆯ"은 '兩夜'을 언해한 것으로 '이틀 밤' 정도로 해석된다.
- 傳ᄒᆞᄂᆞ니: 전하는데. 傳ᄒᆞ- + -ᄂᆞ- + -니.
  - '傳ᄒᆞ다'는 '전하다'를 뜻하는데 여기에서는 이틀 밤 비가 오는 장면을 표현한 것으로 해석된다.
- 치운: 추운.
  - '치운'은 '치ᇦ-'의 'ㅸ'이 변화된 형태로 '치ᄫᅳᆫ 〉 치운'의 변화를 겪었다.
  - "치운 이ᄅᆞᆫ"은 '寒事'을 언해한 것으로 '추운 때의 일' 혹은 '추운 날의 경관' 등을 뜻하기도 하고 농사가 한가해지는 겨울철에 전쟁을 일으키는 것을 비유한 표현으로 해석하기도 한다.

• 이론: 일은. 일 + -온.

• ᄀᆞ술히: 가을이. ᄀᆞ숧 + -이.

- 'ᄀᆞ숧'은 'ㅎ' 종성 체언으로 '가을'을 뜻하는 명사이다.

• 서놀ᄒᆞ도다: 서늘하도다. 서놀ᄒᆞ- + -도- + -다.

• ᄯᅴ롤: 띠를. ᄯᅴ + -롤.

- 'ᄯᅴ'는 '띠'를 뜻하는 명사로 여기에서는 '허리띠'를 지시한다.

• 자바: 잡아. 잡- + -아.

• 朱紱: 주불. 붉은 관복.

• 箱子: 상자.

• 여러: 열어. 열- + -어.

• 거믄: 검은. 검- + -은.

• 갓오솔: 가죽옷을. 갓옷 + -올.

- '갓옷'은 '가죽옷'을 뜻하는 명사이다.

• 보노라: 본다. 보- + -ᄂᆞ- + -오- + -라.

- '-오-'는 1인칭 활용 선어말어미로, 보는 행위 주체가 시적 화자 자신임을 표시한 것이다.

• 世上ㅅ: 세상의. 世上 + -ㅅ.

- "世上ㅅ ᄠᅳ뎬"은 원문의 '世情'을 언해한 것으로 세상의 물정을 뜻한 것으로 이해된다.

• ᄌᆞ오로미: 졸음. ᄌᆞ오롬 + -이.

- 'ᄌᆞ오롬'은 '졸음'을 뜻하는 명사이다.

• 더으ᄂᆞ니: 더하는데. 더으- + -ᄂᆞ- + -니.

- '더으다'는 '더하다'를 뜻하는 동사이다.

• 盜賊에: 도적에. 盜賊 + -에.

• 시르믈: 시름을. 시름 + -을.

• 니저리아: 잊으랴. 닞- + -어- + -리- + -아.

- '닞다'는 '잊다'를 뜻하는 동사이며, '-어-'는 확인법 선어말어미다. 이 '-어-'는 어간이 타동사일 때 통합되었고, 선행 어간이 자동사일 때는 '-거-'가 통합되었다. 중간본에는 이 선어말어미가 통합되지 않은 '니즈리아'로 표기되었는데 선어말어미 '-어/거-'의 기능이 약화된 것을 보여주는 변화로 생각된다.

- 의문어미 '-아'는 판정 의문문일 때 통합되는 어미인데 선어말어미 '-리-' 뒤에 통합되어 '-리아', '-려/랴'로 실현되었다. 이때 '-리아', '-려/랴'를 '-리-'와 '-아'로 분석하고 이 '-아'를 의문 종결어미 '-가'의 'ㄱ'이 약화 탈락된 것으로 설명할 수 있다. 그런데 '-아'가 어간에 직접 결합되는 예가 확인되지 않고 항상 '-리-'나 '-니-'를 수반하기 때문에 '-리아', '-려/랴'를 분석하지 않기도 한다. 여기에서는 전자의 설명을 따랐다.

• 솔와: 소나무와. 솔 + -와.

- 공동격 조사 '-와'는 선행하는 음이 모음 '-이'와 반모음 'j', 'ㄹ'일 때 나타났으며 어두음이 [ɦ]이어서 연철되어 표기되지 않았다.

• 菊花왜: 국화가. 菊花 + -와 + -ㅣ.

- 공동격 조사는 [NP1와 NP2와]처럼 후행하는 명사 NP2에도 통합되었는데 이 공동격 조사 뒤에 '왜', '왜롤', '왯'처럼 주격 조사 '-이', 목적격 조사 '-롤, 관형격 조사 '-ㅅ' 등이 중첩되어 통합되기도 하였다.

• 새려: 새로.

• 저져: 젖어. 저지- + -어.

• 싯기니: 씻기니. 싯기- + -니.

- '싯기다'는 '씻기다'를 뜻하는 동사이다.

• 새지븨: 샛집에. 띳집에. 새집 + -의.

- '새집'은 '茅齋'를 언해한 것으로 '띠로 만든 집'을 가리킨다.

• 머리: 멀리.

• 노로ᄆᆞᆯ: 노는 것을. 놀- + -옴 + -ᄋᆞᆯ.

- '놀다'는 '놀다'를 뜻하는 동사이고 '-옴'은 동명사어미이므로 '노로ᄆᆞᆯ'은 '노는 것' 정도로 해석된다.

• 慰勞ᄒᆞᄂᆞ다: 위로한다. 慰勞ᄒᆞ- + -ᄂᆞ- + -다.

- 협주문의 "言惟以松菊으로 消遣愁寂耳라"(소나무와 국화를 생각하는 것으로 시름과 쓸쓸함을 없애버리는 것이다.)를 통해 이 구절이 담긴 의미를 참고할 수 있다.

- 중간본에는 '慰勞ᄒᆞᄂᆞ다'가 '慰勞하노라'로 표기되었다. 화자가 위로받고 있음을 드러내기 위해서 1인칭 활용 선어말어미가 통합된 '-노라'로 바꾼 것으로 해석된다.

《두시언해 권 12, 31b-32a》

❀ 원문 텍스트

朝雨

涼氣曉蕭蕭 江雲亂眼飄
風鴛藏近渚 雨燕集深條
黃綺終辭漢 巢由不見堯
草堂樽酒在 幸得過淸朝

❀ 언해문 텍스트

【蕭蕭ᄂᆞᆫ 風聲이라】
서늘ᄒᆞᆫ 氣運에 새배 蕭蕭ᄒᆞ니
ᄀᆞᄅᆞ맷 구루미 누네 어즈러이 나ᄇᆞᆺ기ᄂᆞᆺ다
ᄇᆞᄅᆞ맷 鴛鴦ᄋᆞᆫ 갓가온 믌ᄀᆞᅀᅢ 갈맷고
비옛 져비ᄂᆞᆫ 기픈 나못가지예 모댓도다
【黃綺ᄂᆞᆫ 四皓之一이라 此ᄂᆞᆫ 甫ㅣ 自喩不仕ᄒᆞ니라】
黃綺ㅣ ᄆᆞᄎᆞ매 漢을 말오
巢由ㅣ 堯ᄅᆞᆯ 보디 아니ᄒᆞ니라
草堂애 樽酒ㅣ 이실ᄉᆡ
幸혀 시러곰 ᄆᆞᆯᄀᆞᆫ 아ᄎᆞᄆᆞᆯ 디내노라

[해설] 성도 초당에서 지은 시로 가을 아침에 비 내리는 장면을 표현한 시다. 비 내리는 경치와 화자의 감정이 드러나 있다.

❀ 현대어역

> 조우(아침 비)
>
> 서늘한 기운에 새벽이 소소하니
> 강의 구름이 눈에 어지러이 나부끼는구나.
> 바람에 원앙은 가까운 물가에 숨어 있고
> 비에 제비는 깊은 나뭇가지에 모여 있도다.
> 황기가 마침에 한을 떠나고
> 소유가 요를 보지 아니하니라.
> 초당에 진주가 있으므로
> 다행히 능히 맑은 아침을 지내노라.

❀ 주석

- 서늘ᄒᆞᆫ: 서늘한. 서늘ᄒᆞ- + -ㄴ.
- 새배: 새벽.
- 蕭蕭ᄒᆞ니: 소소하니. 蕭蕭ᄒᆞ- + -니.
  - '蕭蕭ᄒᆞ다'는 '바람이나 빗소리 따위가 쓸쓸하다.'를 뜻하는 형용사이다. 협주문의 "蕭蕭ᄂᆞᆫ 風聲이라"(소소는 바람소리이다.)를 통해서 그 의미를 참고할 수 있다.
- ᄀᆞᄅᆞ맷 구루미: 강의 구름이. ᄀᆞᄅᆞᆷ + -애 + -ㅅ # 구룸 + -이.
  - "ᄀᆞᄅᆞ맷 구루미"는 '강의 구름이'로 해석되기는 하나 명확한 의미는 분명하지 않다. 즉 강에 떠 있는 구름을 말하는 것인지 강에 비친 구름을 말하는 것인지 그 명확한 의미를 찾기는 어렵다.
- 나븟기놋다: 나부끼는구나. 나븟기- + -ᄂᆞ- + -옷- + -다.
  - '나븟기다'는 '나부끼다'를 뜻하는 동사이다.

• ᄇᆞᄅᆞᄆᆡᆺ: 바람에의. 바람에. ᄇᆞᄅᆞᆷ + -애 + -ㅅ.

- ‘ᄇᆞᄅᆞᄆᆡᆺ’은 ‘바람에’, ‘바람 때문에’로 해석하는 것이 자연스럽다. 즉 관형격 조사 ‘-ㅅ’이 통합되기 어려운 자리여서 그 쓰임이 특기할 만하다. 아래 ‘비옛’도 마찬가지이다.

• 鴛鴦ᄋᆞᆫ: 원앙은. 鴛鴦 + -ᄋᆞᆫ.

• 갓가온: 가까운. 갓가오- + -ㄴ.

- ‘갓가오-’는 ‘갓갛-’의 ‘ㅸ’이 변화된 형태로 ‘갓가ᄫᆞᆫ 〉 갓가온’의 변화를 겪었다.

• 믌ᄀᆞᅀᅢ: 물가에. 믌ᄀᆞᇫ + -애.

- ‘믌ᄀᆞᇫ’이 중간본에는 관형격 조사 ‘-ㅅ’이 탈락된 ‘믈ᄀᆞ애’로 표기되었다.

• 갈맷고: 숨어 있고. 갊- + -아 # 잇- + -고.

- ‘갊다’는 ‘감추다’, ‘숨다’를 뜻하는 동사이다.

• 비옛: 비에의. 비에. 비 + -예 + -ㅅ.

- “ᄇᆞᄅᆞᄆᆡᆺ 鴛鴦ᄋᆞᆫ”과 “비옛 져비ᄂᆞᆫ”는 각각 ‘바람에 원앙은’, ‘비에 제비는’ 정도로 해석되는데 이때 ‘-ㅅ’의 쓰임이 특징적이다. 이와 같이 처소격 조사 뒤에 관형격 조사 ‘-ㅅ’이 통합될 때는 “ᄀᆞᄅᆞᄆᆡᆺ ᄃᆞᄅᆞᆫ”〈두초12:9a〉 “城엣 가마괴”〈두초12:8b〉처럼 장소 명사 뒤에 통합되어 ‘어디에 있는’, ‘어디에서의’ 정도로 해석되는데 이 경우에는 원인으로 해석되기 때문이다. 즉 ‘바람 때문에’, ‘비 때문에’ 정도로 해석되는 자리에 ‘-ㅅ’이 통합된 것이라서 그 성격에 대해서 면밀히 검토할 필요가 있다.

• 져비ᄂᆞᆫ: 제비는. 져비 + -ᄂᆞᆫ.

- ‘져비’는 ‘제비’를 뜻하는 명사이다.

• 기픈: 깊은. 깊- + -은.

• 나못가지예: 나뭇가지에. 나모 + -ㅅ # 가지 + -예.

• 모댓도다: 모여 있도다. 몯- + -아 # 잇- + -도- + -다.

- '몯다'는 '모이다'를 뜻하는 동사이고 '모도다'는 '모ᄋᆞ다'를 뜻하는 동사이다.

• 黃綺ㅣ: 황기가. 黃綺 + -ㅣ.

- '黃綺'는 진시황의 무도한 정치를 피해 상산으로 피신한 4명의 사람(동원공(東園公), 각리선생(角理先生), 하황공(夏黃公), 기리계(綺里季)) 중에 하황공과 기리계를 가리킨다. 협주문의 "黃綺ᄂᆞᆫ 四皓之一이라 此ᄂᆞᆫ 甫ㅣ 自喩不仕ᄒᆞ니라"(황기는 사호 중의 한 사람이다. 이는 두보가 자신이 벼슬에 나가지 않음을 비유한 것이다.)에서 그 의미를 참고할 수 있다.

• ᄆᆞᄎᆞ매: 마침내.

• 漢을: 한나라를. 漢 + -을.

• 말오: 떠나고. 말- + -오.

- 여기에서 '말다'는 '어떤 일이나 행동을 하지 않거나 그만두다.'를 뜻하는데 "漢을 말오"는 한나라를 떠나거나 그곳에 있기를 그만두는 의미로 해석된다.

• 巢由ㅣ: 소유가. 巢由 + -ㅣ.

- '巢由'는 요(堯)나라 때의 소부(巢父)와 허유(許由)를 말한다. 요나라 때의 소부와 허유가 깊은 산속에 은거하며 일생을 보냈다는 고사를 가리키는 것으로 해석된다. 요나라 임금이 어질다고 소문이 난 허유에게 임금 자리를 넘겨 주겠다고 하자 하남성(河南城) 기산(箕山)에 숨었는데 다시 구주(九州)라도 맡아달라는 하자 강가에서 귀를 씻었다. 이를 본 소부가 그 연유를 듣고서는 소를 이끌고 냇물의 윗부분에 가서 마시게 하고서는 그 두 사람은 기산에 들어가 은거하면서 살았다는 이야기이다.

• 堯를: 요 임금을. 堯 + -를.

• 보디 아니ᄒᆞ니라: 보지 않았다. 보- + -디 # 아니ᄒᆞ- + -니- + -라.

• 草堂애: 초당에. 초가집에. 草堂 + -애.

 - '草堂'은 초가집을 뜻한다.

• 樽酒ㅣ: 준주가. 樽酒 + -ㅣ.

 - '樽酒'는 통에다 넣어 빚은 술을 말한다.

• 이실ᄉᆡ: 있으므로. 이시- + -ㄹᄉᆡ.

 - '이시다'는 '있다'를 뜻하는 형용사이고 '-ㄹᄉᆡ'는 원인의 연결어미이다.

• 幸혀: 행혀.

• 시러곰: 능히.

• ᄆᆞᆯᄀᆞᆫ: 맑은. ᄆᆞᆰ- + -ᄋᆞᆫ.

• 아ᄎᆞᄆᆞᆯ: 아침을. 아ᄎᆞᆷ + -ᄋᆞᆯ.

 - '아ᄎᆞᆷ'은 '아침'을 뜻하는 명사이고 '아ᄎᆞᆷ 〉 아츰 〉 아침'의 음운 변화를 겪었다.

 - "ᄆᆞᆯᄀᆞᆫ 아ᄎᆞᄆᆞᆯ"은 원문의 '淸朝'를 언해한 것으로 여기에서는 비 내리는 서늘한 이른 아침을 뜻한다.

• 디내노라: 지내노라. 디내- + -ᄂᆞ- + -오- + -라.

 - '디내다'는 '지내다'를 뜻하는 동사이고, '-ᄂᆞ-'는 현재 시제 선어말어미이며 '-오-'는 1인칭 활용 선어말어미이다. '-라'는 평서법 종결어미이다.

《두시언해 권 12, 32a-32b》

❀ 원문 텍스트

對雨書懷走邀許主簿

東嶽雲峰起 溶溶滿太虛
震雷翻幕燕 驟雨落河魚
座對賢人酒 門聽長者車
相邀愧泥濘 騎馬到階除

❀ 언해문 텍스트

東岳애 구루미 묏부리ᄀᆞ티 니러나
펴뎌 큰 虛空애 ᄀᆞ독ᄒᆞ도다
震動ᄒᆞᄂᆞᆫ 울어옌 지빗 져비 드위티고
ᄲᆞᄅᆞᆫ 비옌 天河앳 고기 디놋다
【徐邈이 以酒ㅣ 淸者ㅣ 爲聖人이오 濁者ㅣ 爲賢人이라 陳平이 以席爲門ᄒᆞ니 門外에 多長者車轍ᄒᆞ니라】
안잿ᄂᆞᆫ ᄃᆡ 賢人酒ᄅᆞᆯ 對ᄒᆞ야셔
門에 얼우ᄂᆡ 술윗 소리ᄅᆞᆯ 듣노라
서르 마조매 길 즈로믈 붓그리노니
ᄆᆞᄅᆞᆯ 타 階除예 니르러 오라

[해설] 이 시는 비 내리는 날 허주부를 초청하여 함께 즐기고 싶은 마음을 읊은 시이다. 앞에서는 소나기가 내리는 날의 급박한 자연을 묘사하고 있다.

❀ 현대어역

대우서회주요허주부(비를 대하고 마음을 적어 달려가 허주부를 맞게 하다.) 동악에 구름이 산봉우리같이 일어나 펴져 큰 허공에 가득하도다. 진동하는 우레에는 집의 제비가 뒤집고 소나기에는 천하에 있는 고기가 떨어지는구나. 앉아 있는 곳에 현인주를 대하여 문에서 어른의 수레 소리를 듣는다. 서로 맞으매 길이 질척질척함을 부끄러워하니 말을 타 섬돌에 이르게 와라.

❀ 주석

- 東岳애: 동악에. 東岳 + -애.
  - '東岳'은 중국 산동성에 소재한 태산으로 이 외에 서악 화산, 남악 형산, 북악 항산, 중악 승산이 있다.
- 구루미: 구름이. 구룸 + -이.
- 묏부리: 멧부리.
  - '묏부리'는 '멧부리', '산봉우리'를 뜻하는 명사이다.
- ᄀᆞ티: 같이.
- 니러나: 일어나. 니러나- + -아.
  - '니러나다'는 '일어나다'를 뜻하는 동사이다.
- 펴뎌: 펴지어. 펼쳐져서. 펴디- + -어.
  - '펴디다'는 '펴지다', '펼쳐지다' 정도를 뜻하는 동사이다.

- '펴뎌'는 원문의 '溶溶'을 언해한 것인데 이 '溶溶'은 구름이 넓게 퍼져 있는 모습을 형상화한 것이다.

• 虛空애: 허공에. 虛空 + -애.

• ᄀᆞ독ᄒᆞ도다: 가득하도다. ᄀᆞ독ᄒᆞ- + -도- + -다.

- 'ᄀᆞ독ᄒᆞ다'는 '가득하다'를 뜻하는 형용사이다.

• 震動ᄒᆞᄂᆞᆫ: 진동하는. 震動ᄒᆞ- + -ᄂᆞ- + -ㄴ.

• 울어옌: 우레는. 울어 + -예 + -ㄴ.

- '울어'는 '울에'의 오기로 보인다. 처격 조사 '-예'가 실현된 것에서도 그것을 알 수 있다. 처격 조사 '-예'는 선행하는 음이 모음 '이', 반모음 'j'일 때 통합되기 때문에 '울어'와 같이 단모음일 때는 나타나지 않는다. 그러므로 '울어'는 '울에'의 오기로 판단된다. 중간본에는 '울에옌'으로 표기되었다.

• 드위티고: 뒤치고. 번드치고. 드위티- + -고.

- '드위티다'는 '뒤치다', '번드치다', '뒤집다' 정도로 해석되는 동사이다. 제비의 위태로운 모습을 표현한 것이다.

• ᄲᆞᄅᆞᆫ 비: 빠른 비. 소나기. ᄲᆞᄅᆞ- + -ㄴ # 비.

- 'ᄲᆞᄅᆞ다'는 '빠르다'를 뜻하는 형용사이다.

- 여기에서 "ᄲᆞ란 비"는 '驟雨'을 언해한 것으로 '소나기' 혹은 '갑자기 세차게 쏟아지거나 그치는 비'를 가리킨다.

• 天河앳: 천하에의. 천하 + -애 + -ㅅ.

• 디ᄂᆞ놋다: 떨어지는구나. 디- + -ᄂᆞ- + -옷- + -다.

- '디다'는 '떨어지다'를 뜻하는 동사이다.

- "天河앳 고기 디ᄂᆞ놋다"는 '강에 있는 고기가 떨어지는구나.' 정도로 해석되는데 고기가 물속 깊이 헤엄쳐 잠겨가는 모습을 표현한 것으로 보인다.

• 안잿는: 앉아 있는. 앉- + -아 # 잇- + -ᄂᆞ- + -ㄴ.

• ᄃᆡ: 데. 곳.

• 賢人酒를: 현인주를. 賢人酒 + -를.

 - '賢人酒'는 '白酒'를 가리킨다.

• 얼우ᄂᆡ: 어른의. 얼운 + -ᄋᆡ.

 - '얼운'은 '어른'을 뜻하는 명사인데 여기에서는 '長者'를 언해한 것으로 '어른', '덕망 있고 너그러운 사람' 등을 뜻한다. 여기에서 '長者'는 '허주부'를 가리킨다.

• 술윗: 수레의. 술위 + -ㅅ.

 - '술위'는 '수레'를 뜻하는 명사이다.

• 듣노라: 듣는다. 듣- + -ᄂᆞ- + -오- + -라.

• 서르: 서로.

• 마조매: 맞음에. 맞으매. 맞- + -옴 + -애.

 - "서르 마조매"는 원문의 '相邀'을 언해한 것으로 허주부를 초대하는 내용을 표현한 것으로 이해된다.

• 즈로믈: 질척질척함을. 즐- + -옴 + -을.

 - '즐다'는 '질다', '땅이 질척질척하다' 정도를 뜻하는 형용사이다.

• 붓그리노니: 부끄러워하니. 붓그리- + -ᄂᆞ- + -오- + -니.

 - '붓그리다'는 '부끄러워하다'를 뜻하는 동사이다. 여기에서 부끄러워하는 주체, 이 시의 서술 주체가 화자 자신인 두보이어서 1인칭 활용 선어말어미 '-오-'가 통합된 것이다.

• ᄆᆞ롤: 말을. ᄆᆞᆯ + -올.

• 타: 타서. 타- + -아.

• 階除예: 계제에. 階除 + -예.

 - '階除'는 '섬돌', '층계'를 가리킨다.

• 니르러: 이르러. 이르게. 니를- + -어.

 - '니르러'는 '이르러' 혹은 '이르게', '이르도록' 정도로 해석되는데 여기에서는 '이르게'나 '이르도록'이 더 자연스럽게 느껴진다. 즉 여기에서 연결어미 '-어'는 도달의 의미를 지니고 있는 것으로 파악된다.

• 오라: 와라. 오- + -라.

 - '-라'는 명령법 종결어미로 층계까지 말을 타고 오도록 말하는 장면을 표현한 것으로 해석된다.

《두시언해 권 12, 32b-33a》

❀ 원문 텍스트

白水明府舅宅喜雨得過字

吾舅政如此 古人誰復過
碧山晴又濕 白水雨偏多
精禱旣不昧 歡娛將謂何
湯年旱頗甚 今日醉絃歌

❀ 원문 텍스트

우리 아자븨 政治ㅣ 이 ᄀᆞᆮᄒᆞ니
녯 사ᄅᆞ민ᄃᆞᆯ 뉘 ᄯᅩ 너므리오
프른 뫼히 개얏다가 ᄯᅩ 저즈니
白水에 비 偏히 하도다
【言祈禱而得雨也ㅣ라】
精誠으로 비로미 ᄒᆞ마 아ᄃᆞᆨ디 아니ᄒᆞ니
즐겨호ᄆᆞᆫ 將次ㅅ 엇뎌ᄒᆞ니오
【湯時예 大旱七年ᄒᆞ니라】
成湯은 닐굽 ᄒᆡᄅᆞᆯ ᄀᆞᄆᆞ로미 ᄌᆞ모 甚ᄒᆞ야니와
오ᄂᆞᄅᆞᆫ 醉ᄒᆞ야셔 거믄고 놀며 놀애 브르노라

[해설] 이 시는 백수현의 현령인 외숙 최씨의 집에서 가뭄 끝에 비가 온 것을 기뻐하는 내용을 담은 시이다.

❀ 현대어역

백수명부구댁희우득과자(백수의 명부인 외숙 집에서 비가 옴을 기뻐하다.)

우리 외숙의 정치가 이와 같으니
옛 사람인들 누가 또 능가하랴.
푸른 산이 개어 있다가 또 젖으니
백수현에 비가 유독 많도다.
정성으로 비는 것이 이미 아득하지 아니하니
즐겨함이 장차 어떠하랴.
탕왕은 일곱 해 기간 동안 가뭄이 자못 심하였거니와
오늘은 취하야 거문고 타며 노래 부르노라.

❀ 주석

- 아자븨: 작은아버지. 외숙. [舅]. 아자비 + 의.
  - '아자븨'는 '아자비'에 속격 조사 '-의'가 결합될 때 '아자비'의 'ㅣ'가 탈락된 형태인데 '아비', '어미'의 경우에 이러한 'ㅣ' 모음 탈락 현상이 나타났다.
- 녯: 옛.
- 政治ㅣ: 정치가. 政治 + -ㅣ.
- 곧ᄒᆞ니: 같으니. 곧ᄒᆞ- + -니.
  - '곧ᄒᆞ다'는 '같다'를 뜻하는 형용사이다.
- 사ᄅᆞ민돌: 사람인들. 사ᄅᆞᆷ + -이- + -ㄴ돌.
  - '-이-'는 서술격 조사이고, '-ㄴ돌'은 양보의 접속어미이다.
- 뉘: 누가.

- ᄯᅩ: 또.
- 너므리오: 넘으랴. 능가하랴. 넘- + -으리- + -오.
  - 의문어미 '-오'는 선어말어미 '-리-' 뒤에 통합되어 '-리오', '-료'로 실현되었다. 이때 '-리오', '-료'를 '-리-'와 '-오'로 분석하고 이 '-오'를 의문 종결어미 '-고'의 'ㄱ'이 약화 탈락된 것으로 설명할 수 있다. 그런데 '-오'가 어간에 직접 결합되는 예가 확인되지 않고 항상 '-리-'나 '-니-'를 수반하기 때문에 '-리오', '-료'를 분석하지 않기도 한다. 여기에서 '-리오'는 전자의 설명을 따랐다.
- 프른: 푸른. 프르- + -ㄴ.
  - '프르다'는 '푸르다'를 뜻하는 형용사이다.
- 뫼히: 산이. 뫼ㅎ + -이.
  - '뫼ㅎ'은 '산'을 뜻하는 명사이다.
- 개얏다가: 개어 있다가. 개- + -야 # 잇- + -다가.
- 저즈니: 젖으니. 젖- + -으니.
  - '젖으니'는 원문의 '濕'을 언해한 것으로 비 때문에 내린 축축한 상황을 표현한 것으로 보인다.
- 白水에: 백수현에. 白水 + -에.
  - '白水'는 중국 사천성 청천에 있는 현 이름.
- 偏히: 편히. 치우쳐. 특별히.
- 하도다: 많도다. 하- + -도- + -다.
  - '하다'는 '많다', '크다'를 뜻하는 동사이다.
- 비로미: 비는 것이. 빌- + -옴 + -이.
- ᄒᆞ마: 이미.
- 아독디: 아득하지. 아독(ᄒᆞ)- + -디.
  - '아독ᄒᆞ-'와 '-디'가 축약되면서 'ᄒᆞ'가 탈락된 것으로 'ᄒᆞ' 앞의 음이

'ㄱ', 'ㄷ', 'ㅂ'일 때 'ᄒᆞ'가 모두 탈락되었으며 그 외의 환경에서는 'ᄒᆞ'의 'ㆍ'만 탈락되었다.

- "ᄒᆞ마 아독디 아니ᄒᆞ니"는 '정성으로 한 기도가 이미 아득하지 아니하니' 정도로 해석되는데 이는 기도가 아득하지 아니하고 현재 통하는 기도이므로 하늘이 들어준다는 것으로 해석된다. 협주문의 "言祈禱而得雨也ㅣ라"(기도하여 비를 얻는 것을 말한다.)를 참고할 수 있다.

• 將次ㅅ: 장차.

- '將次ㅅ'의 'ㅅ'은 중세 국어의 '쟝ᄎᆞᆺ'의 'ㅅ'을 표기한 것으로 파악된다.

• 엇더ᄒᆞ니오: 어떠하냐. 엇더ᄒᆞ- + -니- + -오.

- 의문어미 '-오'는 선어말어미 '-니-' 뒤에 통합되어 '-니오', '-뇨'로 실현되었다. 이때 '-니오', '-뇨'를 '-니-'와 '-오'로 분석하고 이 '-오'를 의문 종결어미 '-고'의 'ㄱ'이 약화 탈락된 것으로 설명할 수 있다. 그런데 '-오'가 어간에 직접 결합되는 예가 확인되지 않고 항상 '-리-'나 '-니-'를 수반하기 때문에 '-니오', '-뇨'를 분석하지 않기도 한다. 여기에서 '-니오'는 전자의 설명을 따랐다.

• 成湯은: 성탕은. 탕왕의 다른 이름. 成湯 + -은.

- '成湯은'은 맥락상 '성탕 시절에는' 정도로 해석하는 것이 자연스럽다. '성탕'은 중국 은나라의 초대 임금이다.

• 닐굽: 일곱.

- "닐굽 ᄒᆡ롤"에서 조사 '-롤'의 쓰임이 특기할 만하다. 시간 부사어 성분에 '-올/롤'이 통합되는 일이 있으나 이와 같이 이동 동사나 동작 동사가 아닌 'ᄀᆞ몰다'와 같은 동사 구문의 부사어에 '-올/롤'이 통합되는 경우는 흔치 않은 일이므로 주목할 만한 현상이다. 현재로서는 '닐굽 ᄒᆡ'를 강조하기 위해 사용된 것으로 해석되는데 그 용법에 대해서는 추후 심도 있게 논의할 만하다.

• ᄀᆞᄆᆞ로미: 가뭄이. 가무는 것이. 가ᄆᆞᆯ- + -옴 + -이.

- '가ᄆᆞᆯ다'는 '가물다'를 뜻하는 동사이다.

• ᄌᆞ모: 자못.

• 甚ᄒᆞ야니와: 심하거니와. 甚ᄒᆞ- + -야니와.

- '-야니와'는 앞 절의 사실을 인정하면서 관련된 사실을 이어주는 연결어미로 '-어니와', '-거니와'와 교체되어 나타났다. '-야니와'는 선행하는 어간이 'ᄒᆞ-'일 때 나타났고 '-어니와'는 선행하는 음이 모음 '이'이거나 반모음 'j', 'ㄹ'일 때 나타났고 그 외의 자리에는 '-거니와'가 나타났다.

• 오ᄂᆞ론: 오늘은. 오ᄂᆞᆯ + -온.

• 醉ᄒᆞ야셔: 취하여서. 醉ᄒᆞ- + -야셔.

• 거믄고: 거문고.

• 놀며: 놀며. 타며. 놀- + -며.

- '놀다'는 '놀다'를 뜻하는 동사인데 "거믄고 놀며"는 거문고를 타는 모양을 표현한 것이다.

• 놀애: 노래.

- '놀애'(노래), '몰애'(모래)의 경우에 'ㄹ'이 연철되지 않은 것을 근거로 '놀애', '몰애'의 'ㅇ'을 유성후두마찰음 [ɦ]으로 보며 '*놀개', '*몰개'로 재구하기도 한다.

• 브르노라: 부른다. 브르- + -ᄂᆞ- + -오- + -라.

- '브르다'는 '부르다'를 뜻하는 동사이다.

《두시언해 권 12, 33a-33b》

❀ 원문 텍스트

晨雨

小雨晨光內 初來葉上聞
霧交纔灑地 風逆旋隨雲
暫起柴荊色 輕霑鳥獸群
麝香山一半 亭午未全分

❀ 언해문 텍스트

져근 비 새뱃빗 소기로소니
처ᅀᅥᆷ 오ᄆᆞᆯ 닙 우희 드르리로다
雲霧ㅣ 섯거 아야라 ᄯᅡ해 ᄲᅳ리더니
ᄇᆞᄅᆞ미 거스리 부니 도ᄅᆞ혀 구루믈 좃놋다
잢간 柴荊ㅅ 비ᄎᆞᆯ 니르왇고
가ᄇᆡ야이 새 즘ᄉᆡᆼᄋᆡ 무를 저지놋다
【麝香山이 在稊歸縣ᄒᆞ니라】
麝香山ㅅ ᄒᆞᆫ 半이 나지ᄃᆞ록
오로 눈호디 몯ᄒᆞ얫도다

[해설] 새벽에 가랑비와 안개가 섞이어 바람에 날리는 비의 모습을 표현한 시다.

❀ 현대어역

신우(새벽비)

적은 비가 새벽빛 속이니
처음 옴을 잎 위에서 들으리로다.
운무가 섞이어 겨우 땅에 뿌리더니
바람이 거스르게 부니 도리어 구름을 좇는구나.
잠깐 섶과 가시나무의 빛을 일으키고
가볍게 새와 짐승의 무리를 적시는구나.
사향산의 한 반이 낮이 되도록
온전히 나누지 못하여 있도다.

❀ 주석

• 져근: 적은. 젹- + -은.

– "져근 비"는 원문 '小雨'을 언해한 것으로 '가늘게 내리는 비', 혹은 '잠시 동안 내리는 비' 정도로 해석되는데 전자로 해석하는 것이 더 자연스럽게 느껴진다.

• 새뱃빗: 새벽빛. 새배 + -ㅅ # 빛.

• 소기로소니: 속이니. 속 + -이- + -로소- + -니.

– '-로소-'는 감탄의 의미를 나타내는 선어말어미로 서술격 조사 '-이-', 선어말어미 '-리-' 뒤와, '-(으)니', '-(으)이-', '-(으)녀' 등 매개 모음이 있는 어미 앞에서 나타나기 때문에 별도로 감탄의 선어말어미 '-로소-'로 분석하지 않고 '-롯-'이 연철과 음운 동화('ᄉᆞ'의 'ㆍ'가 '로'의 모음에 이끌려 동화됨)를 겪어 나타난 형식으로 해석하기도 한다.

– "져근 비 새뱃빗 소기로소니"는 원문을 직역한 것인데 자연스럽게 의역

하면 '새벽빛 속에 내리는 가랑비'로 해석된다.

- 처섬: 처음.
- 오몰: 옴을. 내림을. 오- + -옴 + -올.
- 닙: 잎.
  - '닙'은 '닢'의 'ㅍ'이 8종성 표기법에 따라 표기된 형태이다. '닢 > 잎'의 어두 'ㄴ' 탈락이 되는 변화를 겪었다.
- 우희: 위에. 우ㅎ + -의.
  - '우ㅎ'은 'ㅎ' 종성 체언으로 후행하는 음이 모음일 때는 'ㅎ'이 연철되어 표기되었고 조사 '-과'가 통합될 때 "하놀 우콰 하놀 아래"〈월석 2:38b〉처럼 '우콰'로 실현되기도 하였다. 한편 "하놀 우 하놀 아래"〈월석1:52a〉처럼 단독으로 쓰일 때는 'ㅎ'이 실현되지 않았다.
  - 여기에서 조사 '-의'는 처소격조사 '-에'로 쓰였다.
- 드르리로다: 들으리로다. 들- + -으리- + -로- + -다.
  - '들-'은 '듣-'의 'ㄷ'이 불규칙활용을 보인 표기이다.
- 섯거: 섞어. 섞이어. 섥- + -어.
  - '섥-'은 '섞-'를 뜻하는 어간 형태인데 여기에서는 '섞이다'로 해석하는 것이 자연스럽다. 한편 '섥-'는 중세 국어에서는 겹받침 'ㅺ'이어서 모음이 후행할 때 '섯거'처럼 연철되어 표기되었고 자음이 후행할 때는 '섯ᄂᆞ니'처럼 첫 자음 'ㅅ'이 표기되었다. '섥- > 섞-'의 변화를 겪었다.
  - 원문의 '霧交'는 안개와 비가 섞이는 것을 가리킨다.
- 아야라: 겨우.
- 싸해: 땅에. 싸ㅎ + -애.
  - '싸ㅎ'은 'ㅎ' 종성 체언으로 '땅'을 뜻하는 명사이다.
- 쁘리더니: 뿌렸는데. 쁘리- + -더- + -니.
  - '쁘리다'는 '뿌리다'를 뜻하는 동사이다.

• ᄇᆞᄅᆞ미: 바람이. ᄇᆞᄅᆞᆷ + -이.

- 'ᄇᆞᄅᆞᆷ'은 '바람'을 뜻하는 명사이다.

• 거스리: 어긋나게. 거스르게. 거슬- + -이.

- '거슬다'는 '거스르다'를 뜻하는 동사로 '거스리'는 '거슬-'에 부사파생 접미사 '-이'가 결합된 형태이다.

- "ᄇᆞᄅᆞ미 거스리 부니"는 바람이 불어와서 비가 날리는 장면을 표현한 것으로 해석된다.

• 도ᄅᆞ혀: 도리어.

• 구루믈: 구름을. 구룸 + -을.

• ᄧᅩᆺᄂᆞᆺ다: 쫓는구나. ᄧᅩᆺ- + -ᄂᆞ- + -옷- + -다.

- 'ᄧᅩᆺ다'는 'ᄧᅩᆾ-'의 종성 'ㅊ'이 8종성 표기법에 따라 'ㅅ'으로 표기된 형태이며 '쫓다'를 뜻하는 동사이다. 이 구절은 비가 바람에 날리는 구름을 쫓아가는 장면을 표현한 것이다.

• 잢간: 잠깐.

• 柴荊: 시형. 섶과 가시나무.

• 비층: 빛을. 빛 + -을.

• 니르왇고: 일으키고. 니르왇- + -고.

- '니르왇-'은 '니르받-'의 'ㅸ'이 변화된 형태로 '니르받- 〉 니르왇-'의 변화를 겪었다. 'ㅸ'과 '아'가 결합된 'ᄫᅡ'가 '와'로 변화된 것이다.

- 언해문 "柴荊ㅅ 비층 니르왇고"은 섶과 가시나무의 빛깔을 일으키는 것을 묘사한 것이다.

• 가ᄇᆡ야이: 가볍게.

- '가ᄇᆡ야이'는 '가ᄇᆡ얍-'의 'ㅸ'이 변화된 형태로 '가ᄇᆡ야ᄫᅵ 〉 가ᄇᆡ야이'의 변화를 겪었다. 'ㅸ'과 '이'가 결합된 'ᄫᅵ'가 '이'로 변화된 것이다.

• 즘싱: 짐승.

• 무를: 무리를. 물 + -을.

- '물'은 '무리'를 뜻하는 명사이다.

• 저지놋다: 적시는구나. 저지- + -└- + -옷- + -다.

- '저지다'는 '적시다'를 뜻하는 동사이다.

• 麝香山ㅅ: 사향산의. 기주 일대에 있는 산 이름. 麝香山 + -ㅅ.

• ᄒᆞᆫ 半이: 한 반이. 한쪽 반이. ᄒᆞᆫ # 半 + -이.

• 나지ᄃᆞ록: 낮이 되도록. 낮 + -이- + -ᄃᆞ록.

• 오로: 온전히.

• ᄂᆞᆫ호디: 나누지. ᄂᆞᆫ호- +-디.

- 'ᄂᆞᆫ호다'는 '나누다'를 뜻하는 동사이다.

• 몯ᄒᆞ얏도다: 못하여 있도다. 몯ᄒᆞ- + -야 # 잇- + -도- + -다.

- 언해문 "오로 ᄂᆞᆫ호디 몯ᄒᆞ얏도다"는 새벽부터 내린 가랑비 때문에 사향산의 반이 정오가 되도록 흐릿하게 보이는 장면을 묘사한 것이다.

《두시언해 권 12, 33b-34a》

❀ 원문 텍스트

江閣對雨有懷行營裴二端公

南紀風濤壯 陰晴屢不分
野流行地日 江入度山雲
層閣憑雷殷 長空面水文
雨來銅柱北 應洗伏波軍

❀ 언해문 텍스트

【南紀ᄂᆞᆫ 嶺南也ㅣ라】
南紀예 ᄇᆞᄅᆞᄆᆡᆺ 믌겨리 壯大ᄒᆞ니
어드우며 개요ᄆᆞᆯ ᄌᆞ조 ᄂᆞᆫ호디 몯ᄒᆞ리로다
ᄆᆡ해 흐르ᄂᆞᆫ ᄆᆞᄅᆞᆫ 짜해 녀ᄂᆞᆫ 나리오
ᄀᆞᄅᆞᄆᆞᆫ 뫼ᄒᆞ로 건너가ᄂᆞᆫ 구루므로 드러가ᄂᆞᆺ다
【殷은 雷聲이라】
層層인 樓閣은 울엣소리예 비겻고
긴 虛空은 믌 文을 向面ᄒᆞ얫도다
【伏波將軍馬援이 征南蠻ᄒᆞ야 立銅柱ᄒᆞ니
時예 裴端公이 討長沙之亂故로 比馬援而云今雨必洗此兵馬也ㅣ라】
비 銅柱ㅅ 北녀긔 오ᄂᆞ니
당당이 伏波의 軍을 싯ᄂᆞᆺ다

[해설] 이 시는 강가의 누각에서 비를 바라보면서 배규를 그리워하며 읊은 시이다.

❀ 현대어역

강각대우유회행영배이단공(강가의 누각에서 비를 대하여 군영에 있는 배규를 그리워하다.)

남기에는 바람에 물결이 장대하니
어두우며 갬을 자주 나누지 못하리로다.
들에 흐르는 물은 땅에 다니는 날(빛)이고
강은 산으로 건너가는 구름으로 들어가는구나.
층층인 누각은 우렛소리에 의지하고
긴 허공은 물결을 마주하여 있도다.
비가 동주의 북녘에 오는데
응당 복파의 군대를 씻기는구나.

❀ 주석

• 南紀예: 남기에. 양자강과 한수 이남 지방. 南紀 + -예.

• ᄇᆞᄅᆞ맷: 바람에. 바람에 인. ᄇᆞᄅᆞᆷ + -애 + -ㅅ.

- 'ᄇᆞᄅᆞ맷'은 '바람에' 정도로 해석되는데 이때 'ㅅ'이 결합된 것은 특기할 만하다. 'ᄇᆞᄅᆞ맷'이 후행하는 명사를 수식하는 것이 아니어서 그 기능을 관형격 조사로 처리하기에는 어려움이 있다. 앞의 시에서 검토한 "ᄇᆞᄅᆞ맷 鴛鴦ᄋᆞᆫ"과 "비옛 져비ᄂᆞᆫ"에서의 'ㅅ'과 그 기능이 유사한 부분이 있다. 여기에서는 잠정적으로 강조의 'ㅅ'으로 보고 추후에 면밀히 검토하기로 한다.

• ᄆᆞᇇ겨리: 물결이. ᄆᆞᇇ결 + -이.

- 이 'ᄆᆞᇇ결'은 중간본에 관형격 조사 '-ㅅ'이 탈락한 'ᄆᆞ겨리'로 표기되었다.

• 壯大ᄒᆞ니: 장대하니. 壯大ᄒᆞ- + -니.

• 어드우며: 어두우며. 어드우- + -며.

– '어드우-'는 '어ᄃᆖᇦ-'의 'ㅸ'이 변화된 형태로 '어드ᄫᅳ며 > 어드우며'의 변화를 겪었다.

• 개요ᄆᆞᆯ: 갬을. 맑음을. 개- + -욤 + -ᄋᆞᆯ.

– '-욤'은 명사형어미로 '-옴'에 반모음 'j'이 삽입된 형태인데 이는 선행하는 어간 '개-'의 'ㅐ'가 단모음이 아니고 이중모음이어서 일어난 첨가 현상으로 이해된다. 즉 선행하는 반모음의 영향을 받아서 '-옴'이 '-욤'으로 나타난 것이다. 중세 국어에서는 모음 '이'와 반모음 'j' 뒤에 '오', '우'가 오면 'j'가 첨가되어 '요', '유'로 실현되는 일이 있었다.

• ᄌᆞ조: 자주.

• ᄂᆞᆫ호디: 나누지. ᄂᆞᆫ호- + -디.

– 'ᄂᆞᆫ호다'는 '나누다'를 뜻하는 동사이다.

• ᄆᆡ해: 들에. ᄆᆡㅎ + -애.

– 'ᄆᆡㅎ'은 'ㅎ' 종성 체언으로 '들'을 뜻하는 명사이다.

• ᄆᆞ른: 물은. ᄆᆞᆯ + -은.

– 'ᄆᆞᆯ'은 근대 국어 시기에 와서 'ᄆᆞᆯ > 물'의 모음 변화를 겪었다.

• ᄯᅡ해: 땅에. ᄯᅡㅎ + -애.

– 'ᄯᅡㅎ'은 '땅'을 뜻하는 명사로 'ㅎ' 종성 체언이다.

• 녀ᄂᆞᆫ: 다니는. 가는. 녀- + -ᄂᆞ- + -ㄴ.

– 'ᄯᅡㅎ'은 'ㅎ' 종성 체언으로 '땅'을 뜻하는 명사이다.

• 나리오: 날이고. 햇빛이고. 날 + -이- + -오.

– '나리오'는 '날이고'를 뜻하는데 여기에서 '날'은 '햇빛'을 표현한 것으로 해석된다.

– 이 '-오'는 연결어미 '-고'의 'ㄱ'가 약화된 형태인데 선행하는 형태가

서술격 조사이거나 선행하는 음이 반모음 'j', 자음 'ㄹ'일 때 '-오'가 통합되었고 그 외의 환경에서는 '-고'가 통합되었다.

• ᄀᆞᄅᆞᄆᆞᆫ: 강은. ᄀᆞᄅᆞᆷ + -ᄋᆞᆫ.

- 'ᄀᆞᄅᆞᆷ'은 '강'을 뜻하는 명사이다.

• 뫼ᄒᆞ로: 산으로. 뫼ㅎ + -ᄋᆞ로.

- '뫼ㅎ'은 '산'을 뜻하는 명사이고 '-ᄋᆞ로'는 방향을 나타내는 조사이다. 중세 국어 시기에서는 '-ᄋᆞ로'와 '-으로'가 교체되었다. '-ᄋᆞ로' 선행하는 음절 모음이 양성일 때 '-으로'는 음성일 때 나타났다.

• 구르므로: 구름으로. 구름 + -으로.

• 드러가놋다: 들어가는구나. 드러가- + -ᄂᆞ- + -옷- + -다.

- '-놋-'은 현재 시제 선어말어미 '-ᄂᆞ-'와 감탄법 선어말어미 '-옷-'이 축약된 형태이다.

• 울엣소리예: 우렛소리에. 울에 + -ㅅ # 소리 + -예.

- '울엣소리'는 '우렛소리'를 뜻하는 명사이다.

• 비겻고: 빙자하여 있고. 의지하여 있고. 비기- + -어 # 잇- + -고.

- '비기다'는 '빙자하다', '의지하다'를 뜻하는 동사인데 이때 '비겻-'은 '비기어 # 잇-'이 축약된 형태이다.

• 虛空은: 허공은. 虛空 + -은.

• 믌 文을: 물의 문을. 믈 + -ㅅ # 文 + -을.

- "믌 文"이 무엇을 의미하는지 분명하지 않은데 맥락을 고려할 때 '물결' 정도로 해석된다.

• 向面ᄒᆞ얫도다: 향면하여 있도다. 마주하여 있도다. 向面ᄒᆞ- + -아 # 잇- + -도- + -다.

• 비: 비가. 비.

• 銅柱ㅅ: 동주의. 구리로 만든 기둥의. 銅柱 + -ㅅ.

• 北녀긔: 북녘에. 北녁 + -의.

- 이때 조사 '-의'는 처소격 조사로 쓰였다.

• 당당이: 당연히. 마땅히.

• 伏波의: 복파의. 伏波 + -의.

- '伏波'는 한나라 때 장군을 가리킨다.

• 싯놋다: 씻는구나. 싯- + -ᄂᆞ- + -옷- + -다.

- '싯다'는 '씻다'를 뜻하는 동사인데 여기에서는 '씻기다', '쓸어버리다' 정도로 해석하는 것이 자연스럽다.

- 협주문의 "時예 裴端公이 討長沙之亂故로 比馬援而云今雨必洗此兵馬也ㅣ라"(당시에 배단공이 장사의 난을 토벌한 고로 마원에 비교하여 이번의 비가 반드시 이 병사들과 군마를 씻을 것을 말한 것이다.)에서 두시가 배단공을 그리워하며 이 시를 지은 것임을 알 수 있다.

《두시언해 권 12, 34b-35a》

❀ 원문 텍스트

對雨

莽莽天涯雨 江邊獨立時
不愁巴道路 恐失漢旌旗
雪嶺防秋急 繩橋戰勝遲
西戎甥舅禮 未敢背恩私

❀ 원문 텍스트

莽莽ᄒᆞᆫ 하ᄂᆞᆳ ᄀᆞᅀᆡᆺ 비여
ᄀᆞᄅᆞᇝ ᄀᆞᅀᆡ ᄒᆞ오ᅀᅡ 셧논 ᄢᅵ로다
巴山ㅅ 길흘 시름 아니ᄒᆞ가니와
漢ㅅ 旌旗ᄅᆞᆯ 일흘가 전노라
【雪嶺繩橋ᄂᆞᆫ 皆蜀地니 時예 吐蕃入寇ᄒᆞ니라】
雪嶺엔 ᄀᆞᅀᆞᆯ힛 防戍ᄅᆞᆯ ᄲᆞᆯ리ᄒᆞ고
繩橋앤 사화 이긔요ᄆᆞᆯ 더듸ᄒᆞᄂᆞᆺ다
【中宗이 金城公主로 妻贊普ᄒᆞ니라】
西ㅅ녁 되ᄂᆞᆫ 甥과 舅왓 禮니
구틔여 恩私ᄅᆞᆯ 져ᄇᆞ롤 디 아니니라

[해설] 가을비를 바라보며 당시 토번이 들어와 약탈할 것을 걱정하며 읊은 시이다.

❀ 현대어역

> 대우(비를 대하다.)
>
> 망망한 하늘 가장자리에 내리는 비여.
> 강가에 홀로 서 있는 때로다.
> 파산의 길을 시름하지 아니하지만
> 한의 깃발을 잃을까 두려워하노라.
> 설령에서는 가을 방비를 빨리하고
> 승교에서는 싸워 이기기를 더디하는구나.
> 서녘 오랑캐는 생과 구의 예니
> 구태여 은사를 저버릴 것이 아니니라.

❀ 주석

- 莽莽ᄒᆞᆫ: 망망한. 넓고 먼. 莽莽ᄒᆞ- + -ㄴ.
- 하ᄂᆞᆳ: 하늘의. 하ᄂᆞᆯ + -ㅅ.
  - 중간본에는 '-ㅅ'이 탈락된 '하ᄂᆞᆯ'로 표기되었다.
- ᄀᆞᅀᆡᆺ: 가장자리에의. 가장자리에 내리는. ᄀᆞᇫ + -ᄋᆡ + -ㅅ.
  - 여기에서 '-ᄋᆡ'는 처소격 조사로 쓰였다.
- 비여: 비여. 비 + -여.
  - '-여'는 정중하게 부르는 호격 조사로 감탄이나 호소의 뜻을 지니고 있다.
- ᄀᆞᄅᆞᆳ: 강의. ᄀᆞᄅᆞᆷ + -ㅅ.
- ᄒᆞ오ᅀᅡ: 혼자. 홀로.
- 셋ᄂᆞᆫ: 서 있는. 셔- + -어 # 잇- + -ᄂᆞ- + -ㄴ.
  - '셔다'는 '서다'를 뜻하는 동사이며 '셋'은 '셔- + -어 # 잇-'이 축약된

형태이다.

- ᄣᅵ로다: 때로다. ᄣᅵ + -로- + -다.
  - 'ᄣᅵ'는 '때'를 뜻하는 명사이다.
- 巴山: 파산. 중국 산시성 시상현 서남에 있는 산.
- 길흘: 길을. 길ㅎ + -을.
  - '길ㅎ'은 '길'을 뜻하는 명사로 'ㅎ' 종성 체언이다.
  - "巴山ㅅ 길흘"은 파산으로 가는 길을 가리킨 것으로 해석된다.
- 아니ᄒᆞ가니와: 아니하거니와. 아니하지만. 아니ᄒᆞ- + -오- + -거니와.
  - 어미 '-가니와'는 화자 1인칭 선어말어미 '-오-'와 연결어미 '-거니와'로 분석된다. 중세 국어에서 '-오-'와 '-거-'가 결합하여 '-가-', '-과-'로 축약되어 나타났는데 여기에서는 '-가-'로 나타났다. 1인칭 활용 선어말어미 '-오-'는 시름하지 않는 주체가 시적 화자 자신임을 지시한다. 중간본에는 '-오-'가 통합되지 않은 '아니ᄒᆞ거니와'로 표기되었다.
- 旌旗: 정기.
  - 정과 기를 아우르는 말로 깃대 끝을 장목(꿩의 꽁지깃)으로 꾸민 깃발을 지시한다.
- 일흘가: 잃을까. 잃- + -을가.
  - '-을가'는 '어떤 일에 대한 물음이나 추측을 나타내는 종결어미'로 간접 의문문에 주로 쓰였다.
- 전노라: 두려워하노라. 전- + -ᄂᆞ- + -오- + -라.
  - '전-'은 '젛-'의 'ㅎ'이 후행하는 'ㄴ'에 이끌려 비음화가 일어난 형태인데 8종성법에 따라 'ㅎ'이 'ㄷ'으로, 다시 'ㄷ'이 'ㄴ'에 동화된 음운 현상으로 이해된다.
- 雪嶺엔: 설령에는. 雪嶺 + -에 + -ㄴ.

• ᄀᆞᅀᆞᆳ힛: 가을에의. ᄀᆞᅀᆞᆳㅎ + -ᄋᆡ + -ㅅ.

- 'ᄀᆞᅀᆞᆳㅎ'은 '가을'을 뜻하는 명사이다. 여기에서 '-ᄋᆡ'는 처소격 조사로 쓰였다.

• 防戍: 방술. 방비.

• 繩橋앤: 승교에서는. 밧줄 다리. 繩橋 + -애 + -ㄴ.

- 협주문의 "雪嶺繩橋ᄂᆞᆫ 皆蜀地니 時예 吐蕃入寇ᄒᆞ니라"(설령과 밧줄 다리는 모두 촉나라 땅에 있던 것이니 당시에 토번이 들어와 약탈하였다.)에서 설령과 밧줄 다리를 정비하는 이유를 알 수 있다.

• 사화: 싸워. 사호- + -아.

- '사호다'는 '싸우다'를 뜻하는 동사이다.

• 이긔요ᄆᆞᆯ: 이기기를. 이긔- + -욤 + -ᄋᆞᆯ.

- '이긔다'는 '이기다'를 뜻하는 동사이다.

• 더듸ᄒᆞᄂᆞ다: 더디구나. 더듸ᄒᆞ- + -ᄂᆞ- + -옷- + -다.

- '더듸ᄒᆞ-'는 부사 '더듸'와 'ᄒᆞ-'가 결합된 합성 동사이다.

• 西ㅅ녁: 서녘. 서쪽.

- "西ㅅ녁 되"는 '西戎'을 언해한 것으로 중국의 서쪽에 사는 민족으로 중국이 서방 이민족을 일컫던 말이다.

• 되ᄂᆞᆫ: 되는. 되 + -ᄂᆞᆫ.

- '되'는 이민족, 혹은 두만강 근방에 살던 미개 민족을 이르는 말이다.

• 舅왓: 구의. 舅 + -와 + -ㅅ.

- "甥과 舅왓"은 후행하는 명사 '舅'에도 공동격 조사 '-와'가 통합된 것이 특징적이다. 이 시기에 공동격 조사는 [NP1와 NP2와]처럼 후행하는 명사 NP2에도 통합되었는데 주격 조사 '-이', 목적격 조사 '-ᄅᆞᆯ', 관형격 조사 '-ㅅ' 등이 중첩되기도 하였다. 따라서 "甥과 舅왓"은 '생(사위)과 구(장인)의 예니' 정도로 해석된다.

• 구틔여: 구태여.

• 恩私롤: 은사를. 은혜를. 恩私 + -롤.

• 져ᄇᆞ룔: 저버릴. 져ᄇᆞ리- + -오- + -ㄹ.

- 이때 '-오-'는 피수식어가 의미상 수식하는 서술어의 목적어일 때 통합되는 대상활용 선어말어미이다.

• 디: 것이. ᄃᆞ + -ㅣ.

- 여기에서 'ᄃᆞ'는 형식 명사이며 '-ㅣ'는 주격 조사이다. 'ᄃᆞ'와 '-ㅣ'가 축약되어 '디'로 실현된 것이므로 '것이' 정도로 해석된다.

• 아니니라: 아니니라. 아닌 것이다. 아니- + -니- + -라.

《두시언해 권 12, 35a-35b》

❀ 원문 텍스트

雨

始賀天休雨 還嗟地出雷
驟看浮峽過 密作渡江來
牛馬行無色 蛟龍鬪不開
干戈盛陰氣 未必自陽臺
中丞嚴公雨中垂寄見憶一絕奉答二絕

❀ 원문 텍스트

비르서 하늘히 비 마로믈 慶賀ᄒᆞ다니
도로 ᄯᅡ해 울엣소리 나믈 嗟嘆ᄒᆞ노라
ᄲᆞᆯ리 峽으로 ᄠᅥ 디나가믈 보노니
칙칙ᄒᆞ야 ᄀᆞᄅᆞᄆᆞ로 건나오믈 짓ᄂᆞ다
ᄆᆞᆯ와 쇼왜 녀매 비치 업스니
蛟龍ᄋᆡ 사호ᄆᆞᆫ 여디 아니ᄒᆞ놋다
【言非神女之所爲也ㅣ라】
干戈애 陰氣ㅣ 盛홀 ᄲᅮᆫ니언뎡
구틔여 陽臺로브터 아니니라

[해설] 이 시는 끊이지 않는 전쟁으로 음기가 쌓이어 마침내 장마로 변해 내리게 되었다는 내용을 담고 있다.

❀ 현대어역

우(비)

비로소 하늘이 비 멈추기를 경하하였는데
도로 땅에 우렛소리 나는 것을 차탄하노라.
급히 협곡으로 떠 지나가는 것을 보는데
빽빽하여 강으로 건너옴을 만드는구나.
말과 소가 다니매 빛이 없으니
교룡의 싸움은 열지 아니하는구나.
전쟁에 음기가 성할 뿐이지
반드시 양대로부터는 아니니라.

❀ 주석

- 비르서: 비로소.
- 하늘히: 하늘이. 하늘ㅎ + -이.
  - '하늘ㅎ'은 'ㅎ' 종성 체언으로 '하늘'을 뜻하는 명사이다.
- 마로믈: 말기를. 그치기를. 멈추기를. 말- + -옴 + -을.
  - 여기에서 '말다'는 '하늘이 비 내리기를 그만두다. 혹은 하지 않다.' 정도로 해석할 수 있다.
- 慶賀ᄒᆞ다니: 경하하였더니. 慶賀ᄒᆞ- + -더- + -오- + -니.
  - '다'는 선어말어미 '-더-'와 '-오-'가 축약된 것으로 주어는 1인칭 화자 자신이다.
  - 이 구절은 계속된 비가 그친 상황에 대한 화자의 심경을 드러낸 표현이다.

- 울엣소리: 우렛소리. 울에 + -ㅅ # 소리.
- 나ᄆᆞᆯ: 남을. 나는 것을. 나- + -옴 + -ᄋᆞᆯ.
- 嗟嘆ᄒᆞ노라: 차탄하노라. 嗟嘆ᄒᆞ- + -ᄂᆞ- + -오- + -라.
- ᄲᆞᆯ리: 빨리. 급히. 돌연히.
  - 'ᄲᆞᆯ리'는 원문의 '驟'을 언해한 것인데 여기에서는 비가 세차고 급하게 협곡에 흘러가는 모양을 표현한 것으로 해석된다.
- 峽으로: 협곡으로. 峽 + -으로.
- ᄠᅧ: 떠서. ᄠᅳ- + -어.
  - 'ᄠᅳ다'는 '뜨다'를 뜻하는 동사이다.
- 디나가ᄆᆞᆯ: 지나감을. 지나가는 것을. 디나가- + -옴 + -ᄋᆞᆯ.
- 보노니: 보는데. 보- + -ᄂᆞ- + -오- + -니.
- 칙칙ᄒᆞ야: 빽빽하여. 칙칙ᄒᆞ- + -야.
  - '칙칙ᄒᆞ다'는 '빽빽하다'를 뜻하는 형용사이다.
  - '칙칙ᄒᆞ야'는 원문의 '密'을 언해한 것으로 비가 많이 내리는 모양을 표현한 것으로 해석된다.
- ᄀᆞᄅᆞᄆᆞ로: 강으로. ᄀᆞᄅᆞᆷ + -ᄋᆞ로.
  - 'ᄀᆞᄅᆞᆷ'은 '강'을 뜻하는 명사이다.
- 건나오ᄆᆞᆯ: 건너옴을. 건너는 것을. 건나오- + -옴 + -ᄋᆞᆯ.
  - '건나오다'는 '건너오다'를 뜻하는 동사이다.
- 짓ᄂᆞ다: 짓는구나. 만드는구나. 짓- + -ᄂᆞ- + -다.
  - '짓다'는 '짓다'를 뜻하는 동사인데 여기에서는 그친 비가 다시 쏟아지기 직전 비구름이 만들어지는 것을 의미하므로 '만들다' 정도로 해석하는 것이 자연스럽다. 즉, "건나오ᄆᆞᆯ 짓ᄂᆞ다"는 '건너오는 상황이 되었구나.' 정도로 해석할 수 있다.
- ᄆᆞᆯ와: 말과. ᄆᆞᆯ + -와.

- ‘물’은 ‘말’[馬]을 뜻하는 명사이고 ‘-와’는 공동격 조사이다. 공동격 조사 ‘-와’는 모음과 ‘ㄹ’ 뒤에서 통합되었고 그 외의 환경에서는 ‘-과’가 통합되었다.

• 소왜: 소가. 소 + -와 + -이.

- ‘-왜’는 공동격 조사 ‘-와’와 주격 조사 ‘-이’가 통합된 구성이다. 중세국어 시기에는 [NP1와 NP2와]처럼 후행하는 NP2에도 공동격 조사가 통합되면서 주격 조사나 목적격 조사, 처격 조사와 중첩되는 일이 있었다.

• 녀매: 다니매. 녀- + -매.

- ‘녀다’는 ‘다니다’, ‘가다’ 등을 뜻하는 동사이고 ‘-매’는 어떤 일에 대한 원인이나 근거를 나타내는 연결어미이다.

• 비치 업스니: 빛이 없으니. 빛 + -이 # 없- + -으니.

- “비치 업스니”는 원문의 ‘無色’을 언해한 것인데 이는 비가 많이 와서 말과 소를 분간할 수 없는 혹은 그 모습이 보이지 않는 상황을 표현한 것으로 해석된다.

• 蛟龍의: 교룡의. 蛟龍 + -의.

- ‘蛟龍’은 전설상의 용의 한 종류이다.

• 사호몬: 싸움은. 사호- + -옴 + -온.

- ‘사호다’는 ‘싸우다’를 뜻하는 동사이다.

- “사호몬 여디 아니ᄒᆞᄂᆞ다”는 원문의 ‘鬪不開’를 언해한 것으로 싸움이 그치지 않는 당시 시대 상황을 표현한 것으로 보인다.

• 干戈애: 간과에. 병장기에. 전쟁에. 干戈 + -애.

• 陰氣ㅣ: 음기가. 陰氣 + -ㅣ.

• 盛홀 ᄯᆞᄅᆞ미언뎡: 성할 뿐이언정. 뿐이지. 盛ᄒᆞ- + -ㄹ # ᄯᆞᄅᆞᆷ + -이- + -언뎡.

• 구틔여: 구태여. 반드시.

- 여기에서 '구틔여'는 '必'을 언해한 것으로 '반드시' 정도로 해석하는 것이 자연스럽다.

• 陽臺로브터: 양대로부터. 陽臺 + -로브터.

- 여기에서 '陽臺'는 남녀의 정교를 가리키는 것으로 해석된다.
- "구틔여 陽臺로브터 아니니라"는 전쟁으로 음기가 성해져서 비가 오는 것이지 무산 양대에 사는 신녀, 즉 무산 신녀 때문에 비가 오는 것이 아니라는 뜻이다. 전쟁이 그치고 평온한 삶이 오기를 바라는 마음을 표현한 것으로 보인다. 협주문의 "言非神女之所爲也ㅣ라"(신녀가 한 것이 아님을 말한 것이다.)의 내용을 참고할 수 있다.

• 아니니라: 아니니라. 아닌 것이다. 아니- + -니- + -라.

《두시언해 권 12, 35b-36a》

❀ 원문 텍스트

中丞嚴公雨中垂寄見憶一絶奉答二絶

雨映行宮辱贈詩 元戎肯赴野人期
江邊老病雖無力 強擬晴天理釣絲
何日雨晴雲出溪 白沙青石洗無泥
只須伐竹開荒徑 柱杖穿花聽馬嘶

❀ 언해문 텍스트

【行宮ᄋᆞᆫ 指贈詩所過之處ㅣ라 元戎ᄋᆞᆫ 指中丞ᄒᆞ고 野人ᄋᆞᆫ 甫ㅣ라】
비 行宮의 비취엿거ᄂᆞᆯ 글 주믈 辱ᄃᆞ외 ᄒᆞ니
元戎은 野人의 期約애 오ᄆᆞᆯ 즐길가
【言元戎이 肯來則當理釣絲以待也ㅣ라】
ᄀᆞᄅᆞᇝ ᄀᆞᅀᅵ 늘거 病ᄒᆞ야 비록 히미 업스나
갠 하ᄂᆞᆯ해 낛주를 다ᄉᆞ리고져 고ᄃᆞᆯ파 너기노라
어느 나래 비 개야 구루미 시내예 나
ᄒᆡᆫ 몰애와 프른 돌히 싯겨 ᄒᆞᆰ기 업스려뇨
【言欲見元戎之來訪也ㅣ라】
오직 모로매 대 버혀 거츤 길흘 열오
막대 디퍼 고ᄌᆞᆯ 들워 가 ᄆᆞᆯ 우루믈 드로리라

[해설] 이 시는 두보 시인과 가깝게 지낸 중승 엄공이 보낸 시를 읽은 후에 보답 시로 지은 시이며 총사령관이 방문해 오는 것을 기다리는 내용을 담고 있다.

❀ 현대어역

중승엄공 우중수기견억일절 봉답이절(중승 엄공께서 비가 오는 중에 옛일을 생각하는 절구 한 수를 내려보냈기에 절구 두 수를 받들어 답하다.)

비가 행궁에 비치여 있거늘 글 주는 것은 욕되게 하니
원융은 야인이 기약에 옴을 즐길까.
강가에서 늙어 병이 있어 비록 힘이 없으나
갠 하늘에 낚싯줄을 다스리고자 고달파 여기노라.
어느 날에 비가 개어 구름이 시내에 나타나
흰 모래와 푸른 돌이 씻겨 흙이 없겠느냐.
오직 모름지기 대를 베어 거친 길을 열고
막대를 짚어 꽃을 뚫고 가서 말의 부르짖음을 들으리라.

❀ 주석

• 行宮의: 행궁에. 行宮 + -의.

- 이때 조사 '-의'는 처소격 조사로 쓰였다. '-의'가 관형격 조사로 쓰이는 것이 일반적인데 중세 국어와 근대 국어 시기에 처소를 나타내는 조사로도 쓰였다.
- '行宮'은 임금이 거동길에 머무는 별궁을 말하는데 여기에서는 증정하는 시가 통과해 가는 곳을 가리킨다. 협주문의 "行宮은 指贈詩所過之處ㅣ라"(행궁은 증정 시가 통과해 가는 곳을 지시한다.)를 통해 알 수 있다.

• 비취엿거늘: 비치어 있거늘. 비취- + -어 # 잇- + -거늘.

- '비취다'는 '비치다'를 뜻하는 자동사인데 경우에 따라서는 '비추다'를 뜻하는 타동사로도 쓰였다. 가령, "光明이 世界를 ᄉᆞ뭇 비취샤"〈석

상,6:18a〉는 '광명이 세계를 비추시어' 정도로 해석되고 이때 '비취다'는 타동사로 쓰인 예이다.

- '비취엿거늘'은 '비가 내리는 모양'을 표현한 것으로 해석된다.

• 주믈: 줌을. 드림을. 주- + -움 + -을.

• 辱ᄃᆞ외: 욕되게.

- '-ᄃᆞ외'는 체언 어기에 붙어 형용사를 파생하는 '-ᄃᆞᆸ-'에 부사파생 접미사 '-이'가 붙어 형성된 것이다. 즉 '辱ᄃᆞᆸ- + -이-'로 분석되는 '辱ᄃᆞᄫᅵ'가 '辱ᄃᆞᄫᅵ 〉 辱ᄃᆞ외'의 변화를 겪었다.

• 元戎: 원융. 군사의 우두머리.

- 여기에서 '元戎'은 중승 엄공을 가리킨다. 협주문의 "元戎ᄋᆞᆫ 指中丞ᄒᆞ고"(원융은 중승을 가리킨다.)에서 알 수 있다.

• 野人의: 야인이. 野人 + -의.

- 이때 조사 '-의'는 명사절 구성의 의미상 주어에 통합된 것이다. " 二十里ᄅᆞᆯ 녀시ᄂᆞ니 轉輪王ᄋᆡ 녀샤미 ᄀᆞᄐᆞ시니라"〈석상,6:23a〉에서 '轉輪王'은 명사절 서술어인 '녀샤미'의 의미상 주어인데 이때도 관형격 조사 '-ᄋᆡ'가 통합되었다. 이처럼 명사절 구성과 관형사절 구성의 경우 그 서술어의 주어에 관형격(혹은 속격) 조사가 통합되는 일이 있다.

- 여기에서 '野人'은 두보 자신을 가리킨다. 협주문의 "野人ᄋᆞᆫ 甫ㅣ라"(야인은 두보이다.)에서 알 수 있다.

• 期約애: 기약에. 期約 + -애.

- 조사 '-애'는 처소격 조사로 '-에'와 교체되었는데 선행하는 음이 양성모음일 때 나타났다.

• 오ᄆᆞᆯ: 옴을. 오는 것을. 오- + -옴 + -ᄋᆞᆯ.

• 즐길가: 즐길까. 즐기- + -을가.

- '-을가'는 중세 국어의 하라체 의문어미로 간접화법 의문문이나 어떤

일에 대한 물음이나 추측을 나타내는 종결어미이다.

• ᄀᆞᄅᆞᇝ: 강의. ᄀᆞᄅᆞᆷ + -ㅅ.

• ᄀᆞᇫᄋᆡ: 가에서. ᄀᆞᇫ + -ᄋᆡ.

– 여기에서 '-ᄋᆡ'는 처소격 조사로 쓰였다. '-ᄋᆡ'도 주로 관형격 조사로 쓰였으나 처소를 표시하는 기능으로도 쓰였다. "ᄀᆞᄅᆞᇝ ᄀᆞᇫᄋᆡ"는 '강가에서'로 해석된다.

• 늘거: 늙어. 늙- + -어.

• 病ᄒᆞ야: 병하여. 병들어. 病ᄒᆞ- + 야.

– '病ᄒᆞ다'는 '병하다', '병들다'를 뜻한다.

• 히미: 힘이. 힘 + -이.

• 업스나: 없으나. 없- + -으나.

• 하ᄂᆞᆯ해: 하늘에. 하ᄂᆞᆯㅎ + -애.

– '하ᄂᆞᆯㅎ'은 'ㅎ' 종성 체언으로 '하늘'을 뜻한다.

• 낛주를: 낚싯줄. 낛줄 + -을.

– '낛줄'은 '낛싯줄'을 뜻하는 명사인데 이때 '낚시'를 뜻하는 '낛'은 '낛-'에서 파생된 명사이며 여기에 품사를 바꾸지 않는 접미사 '-이'가 결합되어 '낙시'가 되었다. 이 '낙시'는 동사 '낚-'를 고려하여 '낚시'로 표기하게 되었다.

• 다ᄉᆞ리고져: 다스리고자. 다ᄉᆞ리- + -고져.

– '-고져'는 의도나 목적을 뜻하는 연결어미로 '-고져 〉 -고쟈 〉 -고자'의 변화를 겪었다.

• 고ᄃᆞᆯ파: 고달파. 고달프게. 고ᄃᆞᆯ프- + -아.

– '고ᄃᆞᆯ프다'는 '고달프다'를 뜻하는 형용사인데 여기에서 '고ᄃᆞᆯ파'는 '고달프게' 정도로 해석하는 것이 자연스럽다.

• 나래: 날에. 날 + -애.

- 개야: 개어. 개- + -야.
- 구루미: 구름이. 구룸 + -이.
- 시내예: 시내에. 시내 + -예.
  - '-예'는 처소격을 나타내는 조사로 선행음이 모음 '이'이거나 반모음 'j' 일 때 나타났다. 중세국어에서는 "시내"의 'ㅐ'가 이중모음이어서 조사 '-예'가 통합된 것이다.
- 나: 나타나서. 일어나서. 나- + -아.
  - '나다'는 '나타나다', '일어나다', '나가다' 등을 뜻하는 동사로 쓰였다.
- 힌: 흰.
- 몰애와: 모래와. 몰애 + -와.
  - '몰애'는 '모래'를 뜻하는 명사이다.
- 프른: 푸른. 프르- + -ㄴ.
- 돌히: 돌이. 돌ㅎ + -이.
  - '돌ㅎ'은 'ㅎ' 종성 체언으로 '돌'을 뜻하는 명사이다.
- 싯겨: 씻겨. 싯기- + -어.
  - '싯기다'는 '씻기다'를 뜻하는 동사이다.
- 홀기: 흙이. 홁 + -이.
  - '홁'은 '흙'은 뜻하는 명사이다.
- 업스려뇨: 없겠느냐. 없- + -으리어- + -뇨.
  - '-으리어-'는 미래의 확정된 사실을 드러낼 때 쓰인 어미인데 '-으리-'와 '-어-'로 분석하여 그 의미를 설명하기도 한다.
- 모로매: 모르매. 모름지기. 모르- + -옴 + -애.
- 대: 대나무.
- 버혀: 베여. 버히- + -여.
  - '버히다'는 '베다'를 뜻하는 동사이다.

• 거츤: 거친. 거츠- + -ㄴ.

- ‘거츠-’는 ‘거츨-’의 ‘ㄹ’이 ‘ㄴ’ 앞에서 탈락된 형태이다.

• 길흘: 길을. 길ㅎ + -을.

- ‘길ㅎ’은 ‘길’을 뜻하는 명사이다.

• 열오: 열고. 열- + -오.

- 이 ‘-오’는 연결어미 ‘-고’의 ‘ㄱ’가 약화된 형태인데 선행하는 형태가 서술격 조사이거나 선행하는 음이 반모음 ‘j’, 자음 ‘ㄹ’일 때 ‘-오’가 통합되었고 그 외의 환경에서는 ‘-고’가 통합되었다. 한편, 중세 국어에서 ‘ㄱ’가 약화된 형태는 ‘알어늘’(알-어늘/거늘), ‘알오’(알-오/고)에서도 확인된다. ‘ㄱ’가 약화된 ‘ㅇ’은 유성후두마찰음 [ɦ]이므로 선행하는 어간의 말음이 후행하는 어미에 연철되지 않았다.

• 막대: 막대.

• 디퍼: 짚어. 딮- + -어.

- ‘딮다’는 ‘짚다’를 뜻하는 동사이다.

• 고ᄌᆞᆯ: 꽃을. 곶 + -ᄋᆞᆯ.

- ‘곶’은 ‘꽃’을 뜻하는 명사이다.

• 들워: 뚫어. [穿]. 들우- + -어.

- ‘들우-’는 ‘드ᇕ-’의 ‘ㅸ’이 변화된 형태로 ‘들ᄫᅥ 〉 들워’의 변화를 겪었다. ‘들우다’는 ‘뚫다’를 뜻하는 동사이다.

• ᄆᆞᆯ: 말. [馬].

• 우루믈: 울음을. 부르짖음을. 우르- + 움 + -을.

- ‘우르다’는 ‘울다’, ‘부르짖다’를 뜻하는 동사이다.

• 드로리라: 들으리라. 들- + -오- + -리- + -라.

- 주어 1인칭 선어말어미 ‘-오-’는 듣는 주체인 시적 화자와 호응한다.

《두시언해 권 12, 36a》

❀ 원문 텍스트

晴二首

久雨巫山暗 新晴錦繡文

[초간본 이후 낙장]

❀ 언해문 텍스트

오란 비예 巫山이 어듭더니 새려 개니

[초간본 이후 낙장]

❀ 현대어역

청 이 수(맑음 두 수)

오랜 비에 무산이 어둡더니 새로 개니

❀ 주석

- 오란: 오랜. 오라- + -ㄴ.
  - '오라다'는 '오래다'를 뜻하는 형용사이다.
- 비예: 비에. 비 + -예.
  - 여기에서 조사 '-예'는 장소를 표현하는 기능으로 쓰인 것이 아니고 원인의 의미로 쓰였다.
- 어듭더니: 어둡더니. 어듭- + -더- + -니.
  - '어듭다'는 '어둡다'를 뜻하는 형용사이다.
- 새려: 새로.
- 개니: 개니. 개- + -니.

참고문헌

강성위 외(2001),『두시언해』, 한국방송통신대학교출판문화원.

강성철(1988),「「내훈」의 활용어미 연구」,『국어국문학논문집』 34-1, 서울대학교 사범대학 국어국문학연구회, 1-98.

강신항(2003),『훈민정음 연구(수정증보)』, 성균관대학교출판부.

강신항(2011),『훈민정음 창제와 연구사』, 경진.

계명대학교동산도서관 편(2000),『두시언해』, 계명대학교출판부.

고영근(1961),「석보상절과 월인석보와의 한 비교 -몇 개의 어형변화를 중심으로-」,『한글』 128, 한글학회, 269-277.

고영근·남기심(1997),『중세어 자료 강해』, 집문당.

고영근 외 3인(2003),『월인천강지곡 텍스트 분석』, 집문당.

고영근(2020),『표준중세국어문법론』, 집문당.

구자황 역(2012),『신정심상소학』, 경진.

국립청주박물관(2011),『조선 왕실의 한글 편지 숙명 신한첩』, 국립청주박물관.

국어사대계간행위원회(2019),『국어사연구1·2』, 태학사.

김기민(2004),『첩해신어의 개수과정과 어휘 연구』, 보고사.

김남경(2000),「《구급 간이방》의 국어학적 연구」,『어문학』 70, 한국어문학회, 23-50.

김남경(2005), 「구급방류 의서의 언해 비교」, 『언어과학연구』 32, 언어과학회, 21-40.

김남이 (2012). 「조선 전기 두시(杜詩) 이해의 지평과 『두시언해(杜詩諺解)』 간행의 문학사적 의미」, 『동악어문학』 58, 123-164.

김동소(1998), 『한국어 변천사』, 형설출판사.

김동언(2003), 「현대 국어 번역 문체 변천 연구 -천로역정과 성경을 중심으로-」, 『어문논집』 47, 민족어문학회, 129-159.

김만원 외 5인(2015), 『두보 고체시 명편』, 서울대학교 출판부.

김민수(2020), 『국어사강의』, 박이정출판사.

김상억(1975), 『용비어천가』, 을유문화사.

김성옥(2020), 「17세기 왕실 언간인 '숙명·숙휘신한첩'의 격조사 표기에 관한 고찰」, 『언어와 문화』 16-2, 한국언어문화교육학회, 25-47.

김성주(2017), 「『두시언해』 권5의 동사와 형용사 연구」, 『동악어문학』 73, 동악어문학회, 233-264.

김성주(2019), 「『두시언해』의 문법 형태와 어휘의 고찰」, 『영주어문』 43, 영주어문학회, 5-33.

김수정(2018), 「계명대 소장본 <언간독>에 담긴 담화 관습 교육 내용 연구」, 『어문학140』, 한국어문학회, 269-297.

김양진(2011), 「『박통사』(上)의 명사류 난해어에 대하여」, 『국어사연구』 13, 국어사학회, 239-266.

김영배(1972), 『석보상절 권23·24 주해』, 일조각.

김영배(2000), 『국어사자료연구』, 월인.

김완진(1975), 「번역박통사와 박통사언해의 비교연구」, 『동양학』 5, 단국대학교 동양학연구원, 15-28.

김은희·신천·배영환(2021), 「『번역노걸대(飜譯老乞大)』·『번역박통사(飜譯朴通事)』의 입성(入聲) 소고(小考) -『사성통해(四聲通解)』의 입성(入聲)과의 비교를 통하여-」, 『영주어문』 47, 영주어문학회, 121-144.

김일근(1959), 「「신한첩」의 문헌적 가치」, 『국어국문학』 21, 국어국문학회, 174-176.

김정시(1984),「첩해신어와 개수첩해신어의 비교연구 -문헌검토, 표기, 음운을 중심으로-」,『한민족어문학』11, 한민족어문학회, 239-263.

김주원(2001),「소학언해 연구: 17세기 후기 간본을 중심으로」,『국어학』37, 국어학회, 3-31.

김주필(2011),『음운변화와 국어사 자료 연구』, 역락.

김지오(2008),「두보 시 언해에 관한 비교 연구 - 〈두시언해〉와 〈고문진실언해〉의 두보 시를 중심으로 -」,『국어사연구』8, 7-40.

김형배(1998),「16세기 초기 국어의 사동사 파생과 사동사의 변화 :「번역노걸대」와「번역박통사」를 중심으로」,『한말연구』4, 한말연구학회, 105-125.

남광우·성환갑(1978),『월인천강지곡』, 형설출판사.

남길임·송현주(2008),「조선시대 필사본 음식조리서의 음식 용어 의미 주석을 위한 연구 -「음식디미방」을 중심으로」-,『한국어 의미학』26, 한국어의미학회, 47-72.

남성우(2011),『구급방언해와 구급간이방의 동의어 연구』, 지식과교양.

단국대학교 동양학연구원(1982),『구급간이방언해』, 단국대학교출판부.

민병찬(2017),「『첩해신어』의 〈'못' 부정〉과 그 개수에 관한 일고찰」,『비교일본학』40, 한양대학교 일본학국제비교연구소, 239-256.

박금자(1997),『15세기 언해서의 협주 연구』, 집문당.

박기선(2012),「개화기 소설의 한·중·일 번역 양상에 관하여-『천로역정』의 고유명사 표기를 중심으로-」,『이중언어학』48, 이중언어학회, 49-84.

박병채(1989),『국어발달사』, 세영사.

박성훈(2010),『번역박통사사전』, 태학사.

박영섭(1998),『두시언해 어휘 자료집』, 박이정.

박영섭(2000),『두시언해 한자 대역어 연구』, 박이정.

박용찬(2011),「"두시언해" 초간본과 중간본의 문법적 특징 비교」,『우리말 글』53, 우리말글학회, 1-44.

박재환(2003),『첩해신어의 부사연구』, 제이앤씨.

박종국(2007),『훈민정음종합연구』, 세종학연구원.

박창희(2015),『역주 용비어천가』, 한국학중앙연구원출판부.

박형우(2004), 『국어 부정문의 변천 연구』, 한국문화사.
박형우(2016), 「후기 중세국어 부정문의 서법별 변천 양상 연구」, 『한민족어문학』 74, 한민족어문학회, 5-33.
배영환(2017), 「조선시대 언간 자료의 어휘적 특징 -언간 자료에 나타나는 특징적인 어휘를 중심으로-」, 『영주어문』 35, 영주어문학회, 65-96
백두현(2005), 「진행 중인 음운변화의 출현 빈도와 음운사적 의미 - 17세기 후기 자료 음식디미방의 자음변화를 중심으로 -」, 『어문학』 90, 한국어문학회, 45-72.
백두현(2006), 『음식디미방 주해』, 글누림.
백채원(2019), 「한글박물관 소장 『내훈촬요』의 국어사적 연구」, 『어문학』 143, 한국어문학회, 33-78.
서종학(1983), 「중세국어「브터」에 대하여」, 『국어학』 12, 국어학회, 169-191.
서종학(1986), 「「구황촬요」와 「신간구황촬요」에 관한 고찰 : 경제근대화의 문제와 관련하여」, 『국어학』 15, 국어학회, 163-194.
서종학(2005), 『문자생활의 역사』, 영남대학교 출판부.
세종대왕기념사업회 편집부(2021), 『역주 분류두공부시언해(권2 상·하)』, 세종대왕기념사업회.
신상순·이돈주·이환묵 편(1998), 『훈민정음의 이해』, 한신문화사.
신승용(2022), 『쉽게 풀어 쓴 국어사 개론』, 집문당.
심은리(1996), 「개화기 국어 교과서 연구: 『신정심상소학』을 중심으로」, 『강남어문』 9, 강남대학교 국어국문학과, 83-113.
안병희·이광호(1990), 『중세국어문법론』, 학연사.
안병희(1992), 『국어사 자료연구』, 문학과지성사.
안병희(1993), 「월인석보의 편간과 이본」, 『진단학보』 75, 진단학회, 183-195.
안병희(1998), 「杜詩諺解의 書誌學的 考察」, 『杜詩와 杜詩諺解 硏究』, 한국정신문화연구원 인문연구실 편, 109-139.
안병희(2009), 『국어사 문헌 연구』, 신구문화사.
안병희(2013), 『훈민정음 연구』, 서울대학교출판부.
양영희(1993), 「내훈」, 『국어사 자료와 국어학의 연구』, 문학과지성사.

양영희(2003), 「『번역 박통사』와 『번역 노걸대』 바로읽기를 위한 제언」, 『우리말 글』 29, 우리말글학회, 155-172.
여찬영(2015), 「『杜詩諺解』의 번역학적 연구」, 『인문과학연구』 25, 49-68.
유경민(2014), 「『동국신속삼강행실도』(1617) 언해문의 어휘와 번역 양상 연구 - 고빈도어인 '사람' 관련어를 중심으로 -」, 『한국언어문학』 88, 한국언어문학회, 29-55.
유창돈(1980), 『국어변천사』, 통문관.
육완정(1984), 『내훈』, 열화당.
윤석민 외(2006), 『쉽게 읽는 重刻杜詩諺解』, 서울: 도서출판 박이정.
윤용선(1993), 『두시언해, 국어사 자료와 국어학의 연구』, 문학과지성사.
이광호(1996), 「언문간찰의 형식과 표기법」, 『한국학』 19-3, 한국학중앙연구원, 95-131.
이광호(2000), 「음식디미방의 분류 체계와 어휘 특성」, 『문화와 융합』 22, 문학과 언어학회, 1-26.
이규범(2015), 「『삼강행실도』의 국어사 교육 자료로서의 가치 연구 - 언해 양상을 중심으로 -」, 『우리말연구』 42, 우리말학회, 167-200.
이규필(2022), 「번역소학」과 『소학언해』 번역의 특징 비교 연구」, 『동방한문학』 93, 동방한문학회, 335-364.
이근영(1989), 「『소학언해」에 나타난 음운 변동규칙 연구」, 『논문집』 28-1, 건국대학교 51-72.
이기문(1987), 「내훈에 대하여」, 『규장각』 10, 서울대학교 규장각한국학연구원, 1-16.
이기문(1972), 『개정 국어사개설』, 탑출판사.
이기문(1991), 『국어 어휘사 연구』, 동아출판사.
이기문(2006), 『국어사개설(신정판)』, 태학사.
이동림(1959), 『주해 석보상절(권6·9·13·19)』, 동국대학교출판부
이상규(2022), 『훈민정음 연구사』, 경진출판.
이상혁(2004), 『훈민정음과 국어연구』, 역락.
이상훈(2019), 「계명대학교 동산도서관 소장 『삼강행실도』의 국어사적 가치」, 『한

국학논집』 75, 계명대학교 한국학연구원, 45-68.

이선영·이승희(2011), 『내훈』, 채륜.

이선희(2013), 「『첩해신어』 원간본 5종의 선후관계」, 『규장각』 42, 서울대학교 규장각한국학연구원, 43-96.

이성연(2000), 「『내훈』과 『어제내훈』의 비교 연구」, 『인문학연구』 24, 조선대학교 인문학연구원, 1-17.

이숭녕(1961), 『중세국어문법』, 을유문화사.

이승희·이병기·이지영(2017), 『국어사 자료 강독』, 사회평론아카데미.

이영희(2007), 「행실도류 언해서의 국어학적 연구 - 『삼강행실도』와 『동국신속삼강행실도』, 『오륜행실도』의 동일 부분을 중심으로 -」, 『한국말글학』 24, 한국말글학회, 93-106.

이옥희(2020), 「왜학서(倭學書) 『첩해신어(捷解新語)』와 『개수첩해신어(改修捷解新語)』의 표기 · 음운현상 연구」, 『우리어문연구』 68, 우리어문학회, 333-373.

이익섭(1992), 『국어표기법연구』, 서울대학교출판부.

이태영(1997), 『첩해신어(역주)』, 태학사.

이현희(1994), 『중세국어 구문 연구』, 신구문화사.

이현희 외 3인(1997ㄱ), 『두시와 두시언해 6』, 신구문화사.

이현희 외 3인(1997ㄴ), 『두시와 두시언해 7』, 신구문화사.

이현희(2002), 「중세·근대국어 형태론의 몇 문제」 『문법과 텍스트』, 서울대학교출판부, 139-155.

이호권(2001), 『석보상절의 서지와 언어』, 태학사.

이호권(2003), 「杜詩諺解 重刊本의 板本과 言語에 대한 硏究」, 『震檀學報』 95, 震檀學會, 135-164.

임동훈(2005), 「'-오-' 논의의 쟁점들」, 『우리말 연구 설흔아홉마당』, 태학사, 641-669.

임홍빈(2011), 『역주 분류두공부시언해 권 10』서울: 세종대왕기념사업회.

임홍빈(2021), 『역주 분류두공부시언해 권 12』서울: 세종대왕기념사업회.

장경희(1993), 「노걸대·박통사의 언해본」, 『국어사 자료와 국어학의 연구』, 문학과

지성사.
장계향(2014), 『음식디미방-쉽게 읽는 최초의 한글 조리서』, 돌도래.
장숙영(2008), 『번역박통사』, 한국문화사.
장숙영(2012), 「〈박통사〉 언해류에 나타난 물음말 연구」, 『겨레어문학』 48, 겨레어문학회, 327-350.
장요한(2010), 『15세기 국어 접속문의 통사와 의미』, 태학사.
장요한 외 4인(2014), 『『석보상절』 권 24와 『월인석보』 권 25의 역주 및 비교 연구』, 역락.
장요한(2017), 「계명대학교 소장본 『신한첩(宸翰帖) 곤(坤)』에 대한 국어학적 연구」, 『언어와 정보사회』 32, 서강대학교 언어정보연구소, 209-240.
장요한(2019ㄱ), 『『신한첩 곤』의 연구 및 역주』, 계명대학교출판부.
장요한(2019ㄴ), 「계명대 동산도서관 소장본 『언간독』의 서지 및 구성 체제 연구」, 『동서인문학』 57, 계명대학교 인문과학연구소, 139-169.
장요한(2023), 『국어의 역사를 품고 있는 한글 문헌 자료 읽기』, 계명대학교출판부.
장윤희(2002), 『중세국어 종결어미 연구』, 태학사.
장충덕(2003), 「『음식디미방』의 표기와 음운현상」, 『개신어문연구』 20, 개신어문학회, 183-219.
장향실(2008), 「『번역박통사(飜譯朴通事)』 편찬자에 대한 재고(再考)」, 『어문논집』 57, 민족어문학회, 121-144.
전재호(1973), 『두시언해의 국어학적 연구』, 통문관.
정길남(1990), 「개화기 국어교과서의 어휘와 표기에 관하여 : 〈국민소학독본〉, 〈소학독본〉, 〈신정심상소학〉을 중심으로」, 『논문집』 23, 서울교육대학교, 55-78.
정수현(2017), 「『번역수학』, 『수학언해』 비교 연구」, 『영주어문』 37, 영주어문학회, 5-32.
정수현(2018), 「『내훈』, 『어제내훈』 어미 비교 연구」, 『교육과학연구』 20-2, 제주대학교 교육과학연구소, 117-144.
정승혜(1999), 「≪첩해신어(捷解新語)≫에 나타나는 한 일 양어의 상호 어휘 차용」, 『국어학』 33, 국어학회, 265-294.
정양완(1988), 『내훈』, 학원사.
정하영(1993), 「《월인석보》의 서사문학적 성격」, 『진단학보』 75, 진단학회, 259-274.
정호완 외 2인(2015), 『(역주) 동국신속삼강행실도(효자도 권 1·2·3·4)』, 세종대왕기념사업회.
조규태(2006), 『용비어천가』, 한국문화사.
조남호(2001), 『두시언해 어휘 색인』, 태학사.
조재형 외 6인(2018), 『용비어천가의 국어학적 분석과 현대역』, 국학자료원.
조현진(2015), 『번역소학과 소학언해 연구』, 박이정.
조현진(2017), 『번역소학과 소학언해 연구』, 박이정.
존 번연(1678), 『천로역정[유성덕 번역(2018), 『천로역정』, CH북스(크리스천다이제스트)]
진우회 편(1994), 『언해소학집주증해』, 이화문화사.
최명옥(2003), 「과거시제의 형성과 변화」, 『진단학보』 94, 135-163.
최미현(2008), 「『구급간이방』에 반영된 한자음의 변화 양상」, 『우리말연구』 22, 우리말학회, 83-108.
최현배(1971), 『우리말본』, 정음사.
한국정신문화연구원 인문연구실(1998), 『두시와 두시언해연구』, 태학사.
한국학중앙연구원(2005), 『조선 후기 한글 간첩(언간) 영인본』, 태학사.
한미경(1995), 『첩해신어 경어연구』, 박이정.
한재영(1999), 『선어말어미'-오/우-', 국어연구 어디까지 왔나』, 동아출판사.
한학중(2022), 「『음식디미방』의 '디미'에 대하여」, 『영남학』 81, 경북대학교 영남문화연구언, 395-429.
허용(1997), 「특수어간 교체어 재고」, 국어학30, 65-102.
허웅(1955), 『용비어천가』, 정음사.
허웅(1975), 『우리옛말본』, 샘문화사.
허웅·이강로(1962), 『주해 월인천강지곡』, 신구문화사.
허재영(2005), 「한글 편지에 쓰인 어휘 변천에 대한 연구」, 『한글』 268, 한글학회,

87-121.
허재영(2008), 『국어사 국어교육 자료집』, 박이정출판사.
홍윤표(1993), 『국어사문헌자료연구』, 태학사.
홍윤표(1994), 『근대국어연구(Ⅰ)』, 태학사.
홍윤표(2017), 『국어사 자료 강독』, 태학사.
황문환(2015), 『언간』, 역락.

찾아보기

ㅁ

ㅂ

저자소개

장요한

서강대학교 대학원 국어국문학과에서 박사학위(2009)를 받고, 서울대학교 국어국문학과 Post-doc(2009-2011), 서강대학교 국어국문학과 대우교수(2012)를 거쳐 현재 계명대학교 국어국문학과 부교수로 재직 중이다. 중세 국어와 근대 국어의 문법 전공으로 대표 논저로는『15세기 국어 접속문의 통사와 의미』(국어학총서, 2010),『석보상절 권24와 월인석보 권25의 역주 및 비교 연구』(공저, 2014),『『宸翰帖 坤』의 연구 및 역주』(2019),『국어의 역사를 품고 있는 한글문헌자료읽기』(공저, 2023),「문법사의 시대 구분 연구 쟁점과 과제」(2019),「초기 근대 이행기 국어 인식과 그 양상의 역사성-'훈민정음' 창제 관련 문헌과 '正音'의 의미를 중심으로-」(2021),「중세 국어 원인 '-(으)니' 접속문의 용법과 '-ᄂᆞ니'와의 상관성」(2021),「계명대학교 동산도서관 소장본 고소설 희귀본의 가치와 고소설의 언어 의식」(2022) 등이 있다.